新版K式発達検査法 2001年版
発達のアセスメントと支援

松下 裕・郷間英世 編
Yu Matsushita & Hideyo Goma

ナカニシヤ出版

編著者の序

　2008 年 1 月「新版 K 式発達検査法 2001 年版　標準化資料と実施法」がナカニシヤ出版から公刊された。その序でもふれたが，この 2001 年版の解説書は「検査の考え方」および「検査の使い方」の二部に分けて出版しようということになった。本書はその後半部分の検査の使い方についてのものである。内容的には，この検査の講習会用のテキスト「新版 K 式発達検査 2001　―臨床的適用の諸問題―」（発達・療育研究 2005.10 別冊）を土台にして，その後の研究活動の成果や講習会テキストの追加資料などがつけ加えられており，本のタイトルも「新版 K 式発達検査法 2001 年版　発達のアセスメントと支援」とすることに決まった。

　以下，「新版 K 式発達検査法（2001 年版）」を新 K 式検査 2001 と略称する。また「新版 K 式発達検査（増補版）」は新 K 式検査 1983，新 K 式検査 2001 と新 K 式検査 1983 を総称する場合は単に新 K 式検査，1980 年の標準化前の検査は旧 K 式検査と呼ぶことにする。

　新 K 式検査は，ビネー以来の年齢尺度という考え方にたって作成されている。ビネーの年齢尺度は各年齢級を代表する課題を難易度の順に配列したもので，そこには年齢を単位とする発達段階という考え方がみてとれよう。ピアジェも発達段階説の立場から，それぞれの段階を代表する行動を示す。たとえば感覚運動的知能と表象的知能の段階を分ける行動は「ことば」が獲得されているかいないかであるし，また，前操作的段階と操作的段階は「物理量の保存についての概念」が獲得されているか，いないかなどである。このように，ビネーと同じく，ピアジェも各発達段階を代表する行動の獲得を指標としてどの発達段階に達しているかを判断しようとしている。ゲゼルは発達段階ということばは使っていないが，発達診断の立場から鍵年齢（key age）という概念を用いている。すなわち，4, 16, 28, 40, 52 の各週，18, 24, 36, 60 の各月を鍵年齢と考え，各時期のそれぞれについて基準と考えるべき行動（normative behavior）を示し，それらに基づいて発達を多面的にとらえようとしている。

　新K式検査は上記のビネー，ゲゼル，ピアジェなどの発達理論を参考にして作成されており，広義の発達段階説にたって発達をとらえようとした検査といえる。そのうえで，生澤（1996）は一つ一つの項目からなる検査場面を「構造化された観察場面」と呼ぶ。すなわち，

　①実施手引書に定められた手続きにしたがって子どもの反応を観察する。検査者は子どもが課題をどのように理解し，どのように反応したのかを，手引き書に示されている観察のポイントにしたがって記録する。

　②発達支援などの観点からは，子どもの理解の内容をさらに詳しく知りたい場合がある。構造化された観察場面というのは，一つの構造であるから，課題の特性や難易度をいろいろ変換して子どもの反応を多面的に観察することができる。

　また，近年の認知発達心理学や神経心理学のめざましい発展にともなって，発達観察のポイントそのものが精緻化され，検査項目間の機能連関についての知識の蓄積とあいまって子どもの発達理解は一段と深められるようになった。このように最新の研究活動の諸成果に対して常に開かれている点にも，この検査の特色をみることができよう。

　ところで，新K式検査2001年の公刊にいたる1990年代の後半から2000年代にかけて，わが国の学校教育は明治5年の学制以来の危機的状況を迎えている。危機の一端を，苅谷は，文部科学省によって矢継ぎ早に繰り出される教育改革がもたらしたものは「意欲をもつ者ともたざる者，努力を続ける者と避ける者，自ら学ぼうとする者と学びから降りる者との2極分化の進行であり，さらに問題と思われるのは，降りた者たちを自己満足・自己肯定へと誘うメカニズムの作動である」と述べている（苅谷，2001）。また佐藤の「教育の世界ではどんなみずみずしい言葉も，砂漠に移植した草木のように，たちまち生命力を失ってしまう。しかも教育の世界ほど無意味な言葉が氾濫し，生命力を失った言葉が呪縛力を発揮している世界はないのである」ということばは，教育に携わる人々の苦悩の深さを表現して余りある（佐藤，1995）。

　こうしたなかで特別支援教育が実施された。支援教育の基本構想では，地域社会における関係機関の連携の重要性を繰り返し強調しているが，「連携」の中

核になるのは発達アセスメントである。支援教育の対象は何らかの障害をもっている子どもであるが，筆者は支援教育の構想こそ教育の原点ではないかと考えており，長い歴史をもつわが国の学校教育の1つの到達点を示すものとして，混迷する学校教育に一石を投じ得る可能性をもっていると考えている。

以下，掲載する5つの論文についてそれぞれの概要を述べる。

第1章では発達アセスメントの社会的意義や課題について述べ，新K式検査2001を通して発達をとらえるプロセスの概要を解説する。同4節では，1990年代なかばから世代間，集団間，個人間で文脈が共有されにくくなっている今日のわが国の社会文化的状況のなかで，児童・青年期の発達をめぐる諸問題（先に述べた学校教育の危機的状況と表裏の関係にある）について考察する。また，岡本（1985）の「一次的ことば」と「二次的ことば」，佐伯（2004）の「わかること」と「できること」という発達段階的概念に着目しながら，子どもが育つ望ましい環境や，発達支援の在り方について考察する。

第2章では新K式検査2001のもっとも大きな変更点である検査の適用年齢を成人まで拡張したことについて，拡張の過程，成人向けの課題の特徴，成人対象者への実施上の問題点や注意事項などについて述べる。

第3章では，新K式検査1983と新K式検査2001，および，1950年代のはじめに作成された新K式検査の前身である旧K式検査の資料を加えて，最近50年間のわが国の子どもの発達の変遷についての分析結果を述べる。

1960年代から70年代は経済の高度成長に呼応するかのように，わが国の子どもの身長や体重の平均値は年々向上し，また，それにともなって運動能力も高まりつつあった。子どもの認知面での発達も年々向上していると考えられていたが，新K式検査1983のデータと新K式検査2001のデータを比較してみると子どもの発達が遅れてきている。そこで，現代の子どもの発達の特徴を明らかにし，発達の変化の原因と問題点，および，今後の課題などについて考察する。

第4章では発達アセスメントの考え方と実際について事例を挙げながら説明する。発達相談や支援教育は，子どもの発達にかかわる教育，福祉，医療，心理学などの分野の人々，および保護者の協力によって進められる。ここでは，新K式検査2001を通じて発達的視点から得られた子どもについての情報を，そ

のような協力関係のなかで生かしていく「検査者」の役割やその専門性に焦点を当てながら述べる。

第5章では，肢体不自由児・者への新K式検査2001を実施する場合の留意点について述べる。特に，運動面や姿勢保持などに障害をもつ児・者には，手引書どおりに検査を実施できないことが多い。肢体不自由児施設での長年の臨床経験をもつ著者が検査実施上の工夫や留意点，解釈などについて述べる。

最後になったが，新K式検査の標準化を思い立った1977年以来三十数年にわたって，常に，研究会のメンバーの活動を方向づけ，支えてこられた京都国際社会福祉センターの所久雄所長をはじめ，検査使用者に対する窓口としてきめの細かい対応をこころがけてこられた同センターの職員の皆さんに心からのお礼を申し上げる。なかでも，百数十回を数える新K式検査の各種講習会を実施し，検査作成者と受講生との間で新K式検査の考え方や使い方をめぐって意見交換の場を設けてきたことは特筆されよう。そこでの話題は，検査のことだけでなく，発達アセスメントや支援などの問題，心理検査の社会的役割や責任などの問題および，常に，われわれ研究会のメンバーの自覚と認識を新たにしてくれたように思う。これもひとえに京都国際社会福祉センターの組織をあげての協力があったればこそである。改めてお礼を申し上げる。

2010年9月13日　編著者代表　松下　裕

文　献

生澤雅夫　1996　発達をとらえる視点をめぐって　京都国際社会福祉センター紀要　発達・療育研究　1996.6別冊
苅谷剛彦　2001　階層化日本と教育危機―不平等再生産から意欲格差社会へ―　有信堂高文社
岡本夏木　1985　ことばと発達　岩波新書
佐伯　胖　2004　「わかり方」の探究　小学館
佐藤　学　1995　学び　その死と再生　太郎次郎社

目　次

編著者の序　i

I 発達のアセスメントと支援 …………………………… 1
　はじめに　1
　I-1 発達アセスメントとその社会的意義　2
　I-2 発達のとらえ方　10
　I-3 認知発達研究の進展と新K式発達検査　28
　I-4 今日のわが国における児童・青年期の発達をめぐる諸問題　34
　I-5 発達支援の考え方　42
　I-6 子どもにとって環境の豊かさとはなにか─発達アセスメントの課題─　46

II 新K式検査2001における成人級課題について ………… 53
　II-1 新K式検査2001の再標準化と検査対象の成人への拡張　53
　II-2 追加された成人用項目　54
　II-3 新K式検査2001を成人対象者に実施する場合の留意点について　54
　II-4 新K式検査2001における成人級課題の分析　62
　II-5 おわりに　70

III 最近の子どもは以前の子どもに比べて発達が遅れてきているか
　　─新K式検査を用いて検討した現代の子どもの発達と問題点─ …………………………… 73
　III-1 はじめに　73
　III-2 1983年から2001年にかけての子どもの発達の変化　75
　III-3 発達の遅れが目立った描画項目の検討　81
　III-4 人物画検査から見た描画発達　86
　III-5 50年間の日本の子どもの発達の変遷　92

Ⅲ-6 現代の子どもの発達の特徴と変化の要因　96
　　Ⅲ-7 おわりに　105

Ⅳ 新K式検査2001を用いたアセスメントと発達相談　109
　　Ⅳ-1 新K式検査を活用する際の基本姿勢　109
　　Ⅳ-2 検査結果を発達相談に活かすためのいくつかの留意点　115
　　Ⅳ-3 乳幼児健診および就学前相談での活用　120

Ⅴ 肢体不自由児への検査の適用　145
　　Ⅴ-1 肢体不自由児への適用　145
　　Ⅴ-2 障害程度の判定　146
　　Ⅴ-3 発達支援の手がかりとして　148
　　Ⅴ-4 検査実施上の留意点　149
　　Ⅴ-5 肢体不自由児に対する新K式検査実施　166
　　Ⅴ-6 おわりに　184

あとがき　187
索　引　189

I 発達のアセスメントと支援

はじめに

　筆者がロールシャッハ検査を学びはじめてしばらくした頃，河合隼雄さんが，臨床検査の要諦は検査者が事前にクライエントの検査結果を予測できることである，という意味のことを述べられた。後に，このことばを幾度となく思い出しては，アセスメントに携わるものとしての自戒の念としたものである。このことばは，心理検査が，何よりも，私たちがクライエントについて理解していることを再確認する場であることを強調したものである。

　分子生物学を専門とする福岡は実験実習の最初の時間に顕微鏡を使って，たとえばネズミの膵臓の細胞を観察させ，学生には「今見えているものをスケッチするように」という課題を与えてみるという。学生が描いているものをみると，幼児の絵と見まがうほどに頼りなくとりとめのないものである。福岡はここで忘れかけていたことに気づく。すなわち，自分が膵臓の細胞を見ることができるのはそれがどのように見えるのかをすでに知っているからである，私たちは知っているものしか見ることができない，と述べている（福岡，2008）。

　発達検査について，山口（1987）も同じような主旨のことを述べている。たとえば新K式検査はビネー，ゲゼル，ビューラー，ピアジェ，ウズギリスとハントなどの発達理論が下敷きになっているのであるが，彼らは長い臨床経験の末に現在知られている形のものに到達したのであり，新K式検査を実施する者はこれら先輩たちの臨床的体験を追体験することを要請されているのである。すなわち，検査によって先輩たちや個々の検査者が蓄積してきた臨床経験を呼び覚まし，そのなかに子どもたちを位置づけることができるようにならなければならない。

新K式検査は，特定の発達理論に基づいて作成されたものではない。そうではなく，子どもの発達を調べ，理解する出発点の一つとして考案されている。しかし，この検査を使用する者が問われるのは，上記のように，検査者の発達観であり，またそのような発達理論に基づいた子どもの理解と，子どもの望ましい発達の在りようを考える専門性である。

　新K式検査が公刊されてから30年が経過し，この検査を中心にさまざまな臨床経験が集積されてきている。私たちがこの検査を介して子どもたちを発達的に理解しようとしてきた経過を振り返ってみたとき，そこでの経験は，河合や山口のことばと，より広義には，福岡のことばとも重なってくる。発達検査とは，私たちが発達的観点からクライエントについて知っていることを，まず，再確認する場である。そこに生じた理解のズレや，予想外の発見があればそれらのズレや発見とあわせて考察する。その考察の内容を整理したものが発達アセスメントに他ならない。そこにはクライエントに対する望ましいかかわり方や，クライエントの予後についての考え方を含む暫定的な処遇方針が示されているとともに，その後の発達をフォローすることが織り込まれている。

I-1　発達アセスメントとその社会的意義

I-1-1　発達検査が意味をもつ社会

　1970年代は，それまでに公刊されていたおびただしい数の知能検査や発達検査の使用をめぐってさまざまな問題が生じており，知能検査や発達検査の使用が躊躇されるような状況にあった。これらの検査を使用すれば，それは必然的に就学猶予や免除のような差別・選別的手段として，より広義には，人々を能力という画一的な価値観で評価することを意味していたからである。ウルフ（Wolf, T. H., 1973）の「ビネの生涯―知能検査のはじまり―」をわが国に紹介した宇津木によれば，折からの心理検査に対する批判の運動のなかで，一部の学生は知能検査を開発したビネーを名指ししながら，彼に人間差別の意図があったかのような論旨を展開していたという。宇津木は，ビネーの検査作成の経緯について正確な知識をもっていなかったため，彼らの主張に反駁することができなかったことを，翻訳の動機の一つに挙げている。アメリカにおいても知

表 I-1　1970 年代以降に実施された主な障害児・者対策
(内閣府, 2008, 松下が一部改変;京都市児童福祉史研究会, 1990)

1970 年	心身障害者対策基本法の成立
1973 年	療育手帳制度の実施
1975 年	国連総会で「障害者の権利宣言」
1977 年	1 歳 6 か月児童健康審査制度の実施
1979 年	養護学校教育義務制の実施
1981 年	WHO「国際障害分類 (ICIDH)」を基本理念とする障害者に関する世界行動計画を採択
1986 年	障害者基礎年金の創設
1987 年	アメリカ精神医学会　DSM-Ⅲ-R で発達障害という分類項目を設ける
1990 年	障害をもつアメリカ人法 (American with Disability Act: ADA) の成立
1992 年	WHO 国際疾病分類第 10 版 (ICD-10) が公刊される
1993 年	国連　障害者の機会均等化に関する標準規則の採択
1995 年	障害者プラン (ノーマライゼーション 7 か年戦略) の策定 (障害者対策推進本部)
2001 年	WHO　ICIDH を改訂し「国際生活機能分類 (ICF)」を提唱・採択
2005 年	発達障害者支援法の実施 (厚生労働省)
2007 年	特別支援教育の実施 (文部科学省)

能検査に対して厳しい批判がなされ，州によってはその使用が禁止されるなど，法律上の厳しい監視がなされる状況であったという (辰野，1995)。批判の内容は，検査の構成と理論が必ずしも妥当性・信頼性をもたないこと，少数派，とりわけ英語が不得手な子どもに不利であり差別を助長しかねないこと，検査結果の差が遺伝の差を表しているとする考え方などであった (辰野，1995)。ビネー (Binet, A.) の先進的な取り組みにもかかわらず，フランスにおいても障害児の全員就学が実現したのは，1975 年の障害者法の制定以後のことである (溝上，1985)。

　こうした状況に転機をもたらしたのは，世界保健機構 (以下 WHO と略称) をはじめ，世界各国で進められた障害児・者の教育や福祉に対する取り組み，とりわけ，障害児教育の前進であった (表 I-1)。表 I-1 に見られるように，1970 年代から 80 年代にかけて，わが国においても，教育，福祉，医療，保健などの分野で発達上の問題をもつ児童に対する支援制度が徐々に整備・拡充されてきているが，発達検査が子どもの発達や福祉にとってもつ意味を，表 I-1 のような障害児・者に対する取り組みを先導してきた原理，あるいは障害観の

変遷のなかで考えてみたい。

I-1-2　障害観の変化

1950年代の後半に，デンマークのバンク - ミケルセン（Bank-Mikklesen, N. E）らが知的障害者の福祉の目的は「知的障害者の生活条件を可能な限り正常な生活条件に近づけることである」とするノーマライゼーションの原理を提唱した。もともと排除と隔離を念頭においた障害者処遇の在り方への当然すぎる反省にたったこの運動は，北アメリカで展開された「自立生活運動」などと呼応しながら，WHOによる，すべての障害者の自己決定，平等，社会参加，差別の禁止等を求める「障害者の権利宣言」（1975）へ，さらに「国際障害者年」（1981）における国連の行動計画へと発展しながら今日にいたっている。ミケルセンは，1985年に京都文化センターでワークショップを行ったが，そのなかで「ノーマライゼーションとは新しい"主義"ではない。それは精神遅滞者のための特別な理解を必要としているということではなく，あらゆる意味での人間としての平等を意味している反ドグマ（antidogma）である」ことを強調した（所，2000）。ミケルセンによれば，何がノーマルか，その解釈は国や文化によって異なるし，時代時代の社会的条件によっても変わってくる。このように，ノーマライゼーションは知的障害者だけでなく，すべての障害児・者や高齢者などを含む人々の地域での生活保障，自己決定，生活の質（Quality of Life：QOL）を追求する運動である。これらの動きは発達アセスメントの考え方にもさまざまな影響をもたらすことになる。

（1）障害の階層構造

1980年に，WHOは障害の階層構造を明らかにした国際障害分類（International Classification of Impairments, Disabilities and Handicaps. 以下ICIDHと略称）を提唱した（図I-1）。すなわち，障害とは疾患・変調（病気やけがなど）から生じた機能・形態障害（impairment），および，そこから二次的に生ずる能力障害（disability），社会的要件から受ける不利な状態（handicap）という階層構造からなる。この考え方は1981年に国連の国際障害者年世界行動計画の基本理念として採用され，障害者運動を含め障害関連の諸事業に大きな影響を与えた。

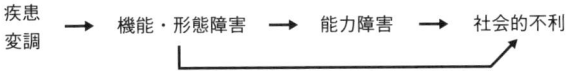

図 I-1　ICIDH（国際障害分類）モデル（上田，2005）

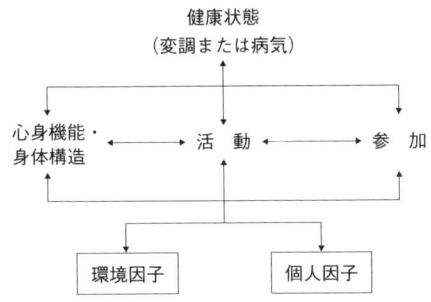

図 I-2　ICF（国際生活機能分類）モデル（上田，2005）

(2) ICIDH モデルから ICF モデルへ

　ICIDH モデルは障害の階層構造を明らかにした点で画期的なモデルであったが，その後さまざまな批判がなされ，また多くの誤解が生じていたため1993年から広く世界各国の専門家と障害当事者との協力のもとに改訂作業が進められ，2001年に「生活機能・障害・健康の国際分類」（International Classification of Functioning, Disability and Health. 以下 ICF，日本語訳では「国際生活機能分類」と略称）を誕生させ，WHO の総会で採択された（図 I-2）。

　図 I-2 の中央の列に人が生きることの全体像を示す「生活機能」（Functioning）が「心身機能・構造」「活動」「参加」という3つのレベルで表されている。ICF では3つのレベルが相互に影響し合う相互作用を重視し，ICIDH で一方向であった矢印が ICF ではすべて双方向に改められている。また，たとえば「活動」が低下すると「生活不活発病」（専門用語では「廃用症候群」という）という心身機能の低下が生じたり，食習慣・運動習慣・喫煙などが肥満・糖尿病・がんなどの生活習慣病として健康状態に大きく影響するというように，双方向の矢印で示される相互作用には悪循環，および，良循環が想

定されている。

　ICFのもう一つの特徴は背景因子（Contextual Factors）として「環境因子」と「個人因子」を導入した点である。環境因子には建築・道路・交通機関・福祉用具など物的なもの，家族・友人・仕事上の仲間や社会が障害者や高齢者をどのように見たりどのように扱うかといった人的なもの，サービス・制度・政策など制度的なものなどが非常に広範囲にとらえられている。「個人因子」（Personal Factors）は年齢・性別・民族・生活歴から価値観・ライフスタイル・困難に対処する仕方にいたるまで，その人固有の特徴，すなわち個性を尊重することがうたわれている。「環境因子」と「個人因子」も上列の3つの「心身機能・構造」「活動」「参加」と相互に影響しあっている。

　ICFの第3の重要な変化は「健康状態」の内容である。ICFでは生活機能低下（障害）を起こす原因として，これまでの「疾患や変調」の枠を広げて，妊娠や高齢，ストレス状態その他が含まれていることである。ICFが障害の分類でなく「すべての人の生きることの分類」であるといわれるゆえんである。

　ICFの第4の特徴は，活動を「できる活動（能力）」と「している活動（実行状況）」に分けて，両方を重視すべきであるとしている点である。重要なのは，できる活動のなかには，特別支援教育やリハビリテーションなどの場で，教師や専門家が経験・知識・技術を生かして働きかけてはじめて「できる」ようになる，いわゆる，潜在的な能力と呼ばれていたものが含まれていることである。

　以上，ICFの考え方とその特徴の要旨を紹介したが，詳しくは上田敏（2005）を参照していただきたい。

I-1-3　発達障害とはなにか

　障害観の変化で，ICFモデルが，すべての人の生きることの全貌をとらえ，かつ，そのなかでさまざまな生活機能が制約されている人々がいること，また制約を助長したり取り除いたりするさまざまな要因と，それらの相互作用という視点から障害をとらえ直していることを見てきた。

　こうした視点は，本書のテーマである子どもが発達することのなかで育まれ，獲得されるさまざまな「できること」とつながる考え方である。

　さて，障害のなかでもとくに子どものこころの発達と関係の深いものに発達

障害がある。精神医学の診断分類のなかで発達障害が明確な位置づけを得たのは比較的最近のことで，1987年にアメリカ精神医学会が精神障害の診断と統計のマニュアル（以下DSMと略称）の改訂3版（DSM-Ⅲ-R　1987）において，精神遅滞を「発達障害」という新しい項目のもとに包括したのがはじまりである。また，1992年にはWHOが100年以上の歴史をもつ国際疾病分類の第10版（以下ICD-10と略称）において「心理的発達の障害」を設けて広汎性発達障害や特異的発達障害を包括させている。発達障害の概念規定はDSM-ⅣとICD-10では多少のズレがあるが，わが国ではICD-10の心理的発達の障害の序論のなかの3項目がひろく用いられている。

（1）発症が乳幼児期あるいは小児期であること
（2）中枢神経系の生物学的成熟に深く関係した機能発達の障害あるいは遅滞であること
（3）精神障害の多くを特徴づけている寛解や再発が見られない安定した経過を示すこと

精神遅滞も上記の規定に当てはまり発達障害と考えられるから，発達障害は次の4つの心理的発達障害に大別される。

①精神遅滞（知的障害）
②広汎性発達障害（自閉症スペクトラム）
③特異的発達障害
　　a 学習障害
　　b 運動能力障害
　　c コミュニケーション障害
④注意欠陥／多動性障害

DSMやICDは対象の本質をとらえてそれによって定義や分類するのでなく，症状の形式だけに基づく操作的な診断システムを採用している。このため，なにが本質かはあえて問わず，診断基準に形式上当てはまれば①～④のいずれかにカテゴライズされる。

滝川（2004）によれば，①～④を貫く共通性は精神発達の「遅れ」であるという。発達の遅れ方を精神発達の構造に照らして分ければ，基本的には，①認識能力の全般的な発達の遅れ，②関係性（社会性）の全般的な発達の遅れ，③

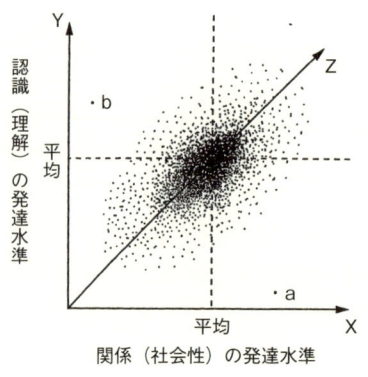

図I-3 精神発達の全体分布（滝川，2004）

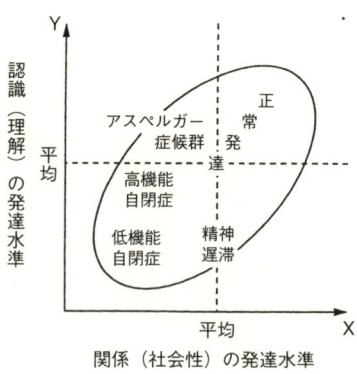

図I-4 正常発達と発達障害の連続性
（滝川，2004）

ある特定の精神能力の発達の遅れ，となって現れよう。④も注意集中困難・多動・衝動性という乳幼児の行動特徴を乳幼児期を過ぎても過度にもち続けている点で発達の遅れとみなせよう。では，なぜ認識や関係の発達が遅れるという現象が起きるのか。人間の精神機能は社会的文化的共同性を本質としており，その共同性は生まれてのち，あとから獲得されなければならないからであるとする。認識の歩みと同じく，関係を培うにも個人差がある。こうした個人差は生物学的（遺伝子的）にも環境的にも非常に多数の因子の重なり合いによって決まってくると考えられる。したがって，認識の発達の度合いも，関係性（社会性）の獲得の度合いも，高い者から低い者まで幅広い連続的な広がりをもち，大多数は平均的な水準の周辺に集まり，そこから離れるほど数が大きく減る正規分布をなすはずである（図I-3）。

　精神発達とは，単なる生物学的成熟ではなく，社会的に共有されている意味や概念を通して世界をとらえてゆく認識の発達と，社会的な相互関係や交流性を培ってゆく関係の発達とからなるものであり，発達障害はそこにおける遅れを本質とする以上，社会的な概念であるほかはない。連続的な分布のなかで，どこに線を引くかは社会の関数である（図I-4）。したがって，発達障害の分野で用いられるカテゴリーに行政的規定が多いのは当然かもしれない。ビネーがはじめて知能検査を作成した動機も義務教育の実施という社会の節目においてであった。どのように線引きするかは，社会の在りようとその社会を生きるわ

れわれの姿を反映する。

I-1-4　発達アセスメントの課題

　発達障害のカテゴライズの恣意的な側面をみてきたが，実は先に述べたICFの障害観は，障害の分類ではなく，生活機能の制約，すなわち，人が生きることの全体からとらえられていた。生活機能低下（障害）を起こす原因は，相対化され，これまでの「疾患や変調」の枠を広げて，妊娠や高齢，さらには，個々人のストレス状態や心理・行動上の問題までを包含している。

　特別支援教育の基本構想のなかからこうした状況をみてみよう。文部科学省は「21世紀の特殊教育の在り方について――一人一人のニーズに応じた特別な支援の在り方について――」の最終報告で5つの基本的な考え方を示した（内閣府，2002）。

　①ノーマライゼーションの進展に向け，障害のある児童生徒の自立と社会参加を社会全体として生涯にわたって支援する。

　②教育，福祉，医療，労働などが一体となって乳幼児期から学校卒業まで，障害のある子どもおよびその保護者などに対する相談および支援を行う体制を整備する。

　③障害の重度・重複化や多様化をふまえ，盲・聾・養護学校等における教育を充実するとともに，通常の学級の特別な教育的支援を必要とする児童生徒等に積極的に対応する。

　④児童生徒の特別な教育的ニーズを把握し，必要な教育支援を行うため，就学指導の在り方を改善する。

　⑤学校や地域における魅力と特色ある教育活動を促進するため，特殊教育に関する制度を見直し，市町村や学校に対する支援を充実する。

　上記の考え方は単なる目標ではなく，学校教育の場でその実現を目指して取り組まれていくべきことがうたわれている。特に，発達障害のある子どもへの支援については，「一人一人の教育的ニーズに応じた支援を行うことが喫緊の課題である」とし，「教育，医療，福祉，労働関係機関等の連携が重要である」と付言されている（内閣府，2008）。

　上記の5つの基本的考え方を，子ども一人ひとりに則して実現していく作業

こそが発達アセスメントに課せられた課題にほかならない。

I-2 発達のとらえ方

I-2-1 ビネーの方法

19世紀には自然科学がおさめた成功のもとで要素還元主義的な世界観が支配的であり，そのような世界観を反映して，人間の精神活動も感覚や記憶，あるいは反応速度などの単純な心的過程に分析できると考えられた（ただし，感覚能力のすぐれた者が知能もすぐれているという考えは，その後の研究で否定されている）。

ビネーは，単純な心的作用を厳密に測定してそれらを総合しても人間の高度で複雑な知的活動をとらえることはできないと考えて，判断，注意，推理などの知的活動そのものを測定しようとした。彼はそれらの知的活動のサンプルになるような，日常的で，具体的な知的作業を広く集め，それらを実際にやらせてみる，という方法をとった。

それらの課題を与えて解決させてみると，千差万別と思われた解決方法が実はいくつかの類型に整理されること，しかも類型として取り出された解決法は，それぞれ特定の年齢段階の子どもに特徴的な反応であること，そこで，各年齢段階を表す課題を難易度の順に配列してどこまでできるかをみれば，知的水準がわかると考えた。このようにビネーは，発達段階ということばこそ使っていないが，年齢を単位とした発達段階を考えていたことがわかる。年齢尺度といわれるゆえんである。

発達評価に際しては，ビネーは医学的方法，教育的方法，心理学的方法など総合的評価の必要性や，検査で考慮されない注意力や意欲などの重要性も十分認識していたが，義務教育制度の実施にともなう緊急の要請に応じて知的水準の測定法の確立に意を注いだ（Binet, A. & Simon, Th., 1908）。

いずれにせよ，日常的に経験する課題の中から代表的なサンプルを介して能力を測定するという着想こそが，その後100年にわたってこの検査法が臨床診断法としての価値をもち続けた原動力になっていたと考えられる。

I-2-2　ゲゼルの発達診断の考え方

　ゲゼルは心理学を学んだ後，乳幼児の発達過程を明らかにしようと考えたが，それには医学の知識が不可欠であることを知り，医学を学んでいる。医師としてのゲゼルは，小児科医は単なる身体疾患の治療だけでなく，心身両面にわたる健全な成長・発達を目指すべきものと考えた。そのためには，まず正常な乳幼児の発達過程を明らかにして，その知識に基づいて診断を行う必要があり，そのような手続きを通して心身の障害が早期に発見され，かつ適切な治療や指導が行えるとした。ゲゼルはこうした考え方や診断手続きを表すために発達診断（developmental diagnosis）という概念を提案した（Gesell, A. & Amatruda, C. S., 1941）。

　彼の発達診断の考え方を要約すると次の通りである。

　①行動の発達は，基本的には遺伝的プログラムにしたがってすすめられる諸機能の分化と統合のプロセスであり，したがって行動パターンの出現する順序と時期（年齢）はほぼ一定である。

　②乳幼児の行動は未分化であるから，中枢神経系の障害のサイン（徴候）の多くは，従来の標準的な検査法では明らかにすることができない。これら障害のサインは，行動パターンの分化や統合の遅れや欠陥として現れるはずである。

　③行動の遅れや欠陥についての評価は，彼の多年にわたる研究の成果である「発達基準表」（多数の健康な乳幼児の行動発達の平均的な傾向として抽出されたもの）に照らしてなされる。

　④ヒトという個体は複雑な活動組織であるから，適切な発達診断には次の5つの側面から観察する必要がある。

　　粗大運動
　　微細運動
　　適応行動
　　言語行動
　　個人-社会行動

　ゲゼルの考案した検査項目は，反応を引き出すための系統的な心理刺激からなり，「構造化された観察場面」というのがふさわしい。また発達診断を行うべき重要な時期（ゲゼルはこれを鍵年齢 key age と呼ぶ）として，生後4週，16

週，28週，40週，52週，18か月，24か月，36か月，60か月を挙げ，上記の各時期のそれぞれについて，基準と考えるべき行動（normative behavior）を示し，上記5つの側面とともに，子どもの心身両面にわたる発達状況の評価がなされるよう工夫がされている．

I-2-3 ビネー，ゲゼルの方法の今日性
（1）精神機能の数量化―発達的曲線―
　横軸に年齢（時間区分）をとり，縦軸に身長・体重・運動能力・認知能力などについての計測値をとってつなぎ，その変化の様相を直感的に把握できるようにしたものを発達曲線（あるいは成長曲線）と呼ぶ．基本的と考えられる諸機能や行動，器官の量などについての測度においては，それぞれかなり定型化した曲線が認められる（図I-5）．

　ビネーの精神活動の水準を表す方法は，彼の長期にわたる研究活動の末にたどり着いたひとつの洞察であった．彼は個人差を精神水準の差で表す「年齢尺度」を考案したが，彼の年齢尺度は，周知のようにアメリカのターマン（Terman, L. M. 1877-1956）による改訂などによって，検査作成の手順が精緻

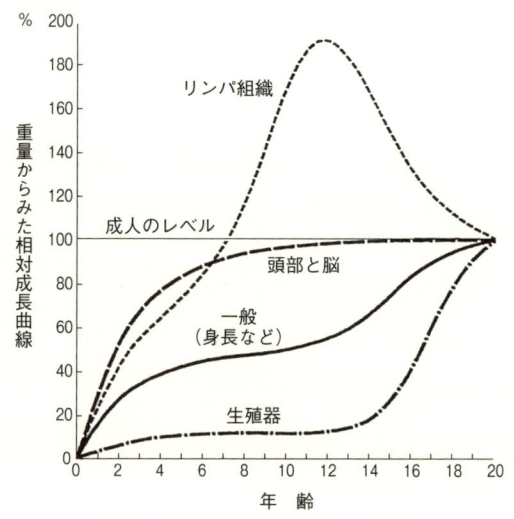

図I-5　身体成長曲線（小林，1999）

化(標準化と呼ばれる)され，精神活動，およびその発達的変化を数量化する道を開いた。こうして人間の高度で複雑な精神活動も身長や体重などと同じように，発達曲線を描いて変化することが示されたのである。

(2) 知能検査と到達度評価法

津守式乳幼児精神発達診断法は，子どもの発達状況をよく知っている母親や保育士に対する質問紙による評価法で，いわゆる到達度評価法である。到達度評価法の目的は，教育や訓練などのカリキュラム作成や，その効果をみるための材料を提供することにある。

津守式乳幼児精神発達診断法と乳幼児精神発達検査(牛島ら，1949)との相関をみると，0～3歳未満で$r=.71$とかなり高い値がみられるが，3～7歳未満の検査と鈴木-ビネー検査(実際的個別的智能測定法 鈴木，1948)との相関は表I-2のとおりであった。

津守は表I-2の結果から，彼らが作成した乳幼児精神発達診断法が知能検査とは別の内容を測定していることを認め，質問紙が何を測定しているのかを考察している。その結果，各分野の得点が子どもの日常生活で観察される発達の状況とかなりよく一致することを確認し，幼稚園・保育園のクラス担任が自分の保育法を反省したり，保育効果をみる材料とすることを提案している(津守・磯部，1965)。

アメリカでも，知能検査に対する批判が高まった1970年代には，一部の州で知能検査の使用を停止し，知能検査以外の方法，たとえば教育の評価，適応状況の評価，過去の成績や動機づけの評価，および行動観察などを含むテストバッテリーを開発して，就学指導がなされたという(辰野，1995)。

かつて，ドルは知的障害者の適応行動の内容や程度をすべて知能指数に帰属させることの問題点を指摘し，ヴァインランド社会成熟尺度を開発した(Doll, 1947)。そうして社会成熟度(Social Maturity Quotient, SQと表示)は必ずしもIQと相関せず，教育によって高いSQを獲得することも可能であるとした。

表I-2 知能検査と到達度評価法の関係
鈴木ビネー検査と津守式乳幼児精神発達診断法の相関 (津守・磯部，1965)

N=357	総合得点	運動	探索	社会	生活習慣	言語
IQ	.281	.175	.147	.217	.105	.372

表 I-3　知能検査と適応行動尺度との違い（Nihira, 1985　松下が一部改変）

知能検査	適応行動尺度
・学業達成可能性の客観的評定の必要性に端を発している ・個人のパフォーマンスの最高の可能性を評定しようとする ・知能は標準的な刺激への反応から推量される特性である	・本来学業的でない環境要求に対処する個人の能力をみようとする ・個人のパフォーマンスの典型や平均を評定しようとする ・自然な環境における個人の日常の行動の記述である

　ニヒラは知的障害者のアセスメントを目的として開発されたさまざまな社会適応性（適応行動）の尺度を概観して，これらの尺度が身辺自立，運動能力，コミュニケーション，自己管理，集団生活への参加，認知機能など共通の適応スキルとコンピテンスの領域から構成されているとし，伝統的な知能検査法との違いについて論じている（Nihira, K., 1985）。ニヒラの考えを要約して表 I-3 に示す。

　子どもの遂行や達成を評価する項目は，年齢が低いほど，あるいは障害が重度であるほど，発達検査や知能検査の項目と重なる部分が多くなる。津守式乳幼児精神発達診断法の場合 3 歳未満でかなり高い相関が得られていることや，適応行動尺度も障害が重度になるほど IQ との相関が高いのはこうした事情によるものと思われる。

　本稿では，子どもの発達アセスメントには知能検査（発達検査）と到達度評価法の両面が必要であることを指摘するにとどめる。

(3) ゲゼルの「新しさ」

　ゲゼルは子どもの行動発達を綿密に観察・記述し，そこから発達の法則を導きだそうとした。その上で，ビネーと同じように，行動－精神活動の進齢にともなう変化の規則性を原理とする発達診断の方法を構想しているが，それにとどまらない。彼の方法，あるいは思想の根底にあるのは，「身体（soma）が形をとるように，精神（psyche）が同じく形をとる，と単純に仮定する」という徹底した一元論的な立場である。とりわけ，乳児は「身体として生まれてくるのと同じ仕方で，その心（mind）も生まれてくる」のであり，「全生体（organism）の反応において新しい形と型を構成し創造する」プロセスを発達と呼んだ。その上で，彼自身の観察・記述の目標は，胎芽から胎児へ，さらに乳児，小児へ

とひろがる「微妙な連鎖」について，その発達のプロセスに統一性と力動的なデザインを与える諸条件と諸機構のあるものを示すことであるとする（Gesell, A. & Amatruda, C. S., 1945）。ゲゼルの発達論は，今日，再検討されるべき内容を数多く含んでいるが（多賀，2002），第3節において，彼の検査項目の発達的意味について，あるいは，検査項目間の機能的連関について考察する。

I-2-4　ピアジェの発達段階説

　ピアジェ（Piaget, J.）は，当初の専門分野であった生物学と認識論を結ぶものとして心理学に関心をもった。1920年から，ビネー協会のシモン（Simon, T.）のもとで知能検査の標準化作業に携わったが，そこで検査の際の子どもの誤答プロセスに着目し，テスト問題をめぐって子どもと自由に会話をしながら観察する「臨床法」を用いて，子どもの論理構造の発達的変化を研究した。その後，周知のように，ルソー研究所で子どもの言語，判断，推理，倫理，世界観などについての一連の研究を進めた。

　ピアジェの構成論的発達の考え方によれば，精神発達は，各種知的機能が重層的に組織化されていき，新しい構造が段階的に現れてくるプロセスとしてと

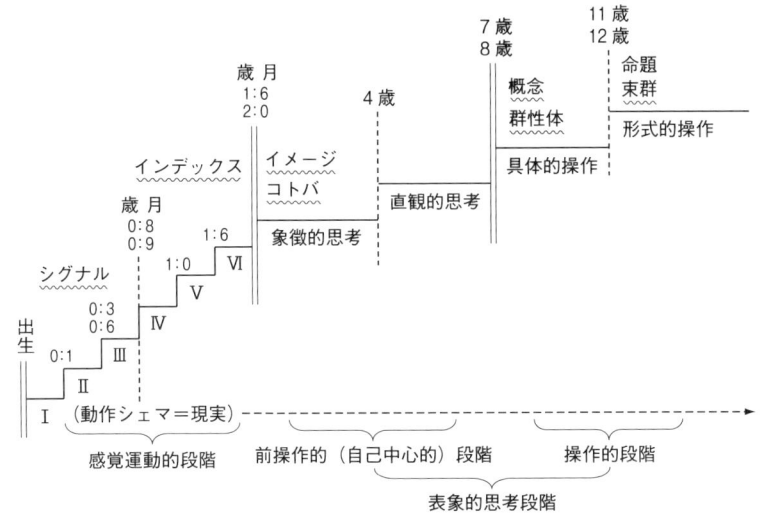

図 I-6　ピアジェの発達段階（岡本，1986　松下が一部改変）

表 I-4 ピアジェによる感覚運動的知能の6段階 （岡本，1986　松下が一部改変）

ピアジェ発達段階	月齢	感覚運動的知能の発達とその指標	
I	出生～	反射シェマの行使・自発運動	
II	1・2か月～	手と口の協応・目と手の協応 （第1次循環反応）	→獲得性の習慣 →シグナルの再認・利用
III	3・6か月～	興味ある光景を再現，持続させるための行動 （第2次循環反応）	→意図性の芽生え
IV	8・9か月～	目的-手段の分化 対象の永続性の成立	→インデックスの再認・利用 →モノの慣用操作の発達 →意図的伝達行動の開始
V	12か月～	能動的探索による新手段の発見 （第3次循環反応）	
VI	18か月～	象徴機能の形成　→「ふり」「見立て」の発達 　　　　　　　　→言語・身ぶりによる伝達	

らえられる（図 I-6）。したがって，この段階の継起は，どの子どもにおいても，年齢的な遅速はあっても，ほぼ同一の順序で生起すると考えられる。

　発達段階というのはピアジェにとっては一つの構造を意味するから，発達段階が進むということは，構造から構造へと変換されていくということである。変換を導くのは，個体と環境との相互作用，すなわち「行為」を通してである。彼はそれぞれの段階を代表する行動を示し，それらを指標にしながら感覚運動的知能の発達を説明している（表 I-4）。

　たとえば，ピアジェが「対象の永続性の成立」と呼んだ発達の一つの指標についてみてみよう。子どもが視野から消えた自動車を探そうと試みるのは，対象についての表象（シェマ）をもつこと，すなわち知覚像が指示する対象は知覚的場の外側でも存続し続けるようになっていることを意味する。さらに，対象の永続性は「保存」という，より基本的な概念を表す最初のものともなっている。

I-2-5 「発達の順序尺度」の構想と発達における動機づけの役割

(1) 行動発達の順序性

ウズギリスとハント（Uzgiris, I. C. & Hunt, J. McV., 1975）は，ピアジェの研究成果に立脚しつつ，行動発達の順序性の発生の問題について

　①各能力水準が達成されていく順序は不変であることの根拠
　②各個人が示す発達段階を達成する速度には差があること

の二つの視点から問い直す。従来，ともすれば①と②は同一の現象を二つの側面からみたものと考えられ，その結果，発達が生活年齢によって決定されているという印象を与えてきた。しかし，その後の環境条件と種々の行動指標の出現する年齢に関する一連の研究や，多くの経験的事実から，発達の順序や発達段階ということと，生活年齢を切り離して考えるべきであるとした。

彼らは，ピアジェが6つの感覚運動期のそれぞれを識別するのに使った行動指標（表 I-4）に，ハントが見いだした情報処理や活動に固有の動機づけなどの指標を加えて，発達を知能と動機づけの構造が階層的に展開するプロセスであるという立場から，次のような目的に資する順序尺度を作成した。

　①乳幼児の活動が，彼らの認知構造の水準を直接的に示すのに役立つこと
　②それを用いることによって精神発達について理解を広げることができること
　③発達におけるさまざまな種類の環境の影響についての研究を促しうること
　④年齢の低い子どもの発達を支援するプログラムの研究に役立つこと

(2) 内発性動機づけ

1950年代の後半から1960年代にかけて，それまでの心理学で優勢であった動因低減説への反論として内発性動機づけという概念が導入された。この立場は，生体を，本来活動的で環境との相互交渉を積極的に行いつつ，自らの有能さを追求していく存在として概念化している。この概念については（3）の⑤「内発性動機の後成的過程における順序性」で考察されている。

(3) 行動発達の順序性を規定する要因

ウズギリスとハントは行動発達の順序性を規定する要因として次のものを挙げた。

　①遺伝プログラムに規定された順序性

②論理的に組み込まれた順序性

より高次の達成はそれ以下の次元の達成を含んでいる。180°の弧を追視可能な子どもは，それより狭い範囲，たとえば60°とか90°の追跡が可能である。また，例前ができれば例後は可能である。

③階層的構造化に基づく順序性

単純な感覚運動シェマがより組織化されたシステムへと組み込まれる。追視の際の目－頭の協応動作や，視覚的にとらえた対象に手を伸ばし，かつ，つかむといったリーチング行動などが該当する。

④表象の中枢プロセスの永続性に基づく順序性

追視している対象物が視野から消えてしまっても，対象物を探す。

⑤内発性動機の後成的過程における順序性

・刺激に対する注意（定位反射）や覚醒度の上昇による反応の生起[1]。
・刺激に対する馴れ（慣れ）による反応の減弱と，刺激の変化（新奇性）による反応の回復[2]。
・自発行動およびその随伴現象への気づきと循環反応。
・自らの予測とその充足が新たな強化的性質を獲得する。
・自らの意図とその充足が新たな強化的性質を獲得する（ピアジェが「意図の発生」とか「手段と目的の分化」の指標とした反応である）。

⑥複雑さに基礎をおく順序性

(a) 動作や音声の模倣の発達

・子どもが発した音声を大人が真似返してやると模倣する
・子どもが行った動作を大人が繰り返してやると模倣する
・子どもが自分の目に見える身体部位の動作を大人が繰り返してやると模倣する
・子どもが自分のレパートリーにある動作を大人が繰り返してやると模倣する
・子どものレパートリーにない動作でも，大人が繰り返してやると模倣する
・子どもが自分の目に見えない身体部位の動作でも，大人が繰り返してやると模倣する

---

1 条件反射の機制が該当する。
2 早期の乳児研究の方法として広く応用されている馴化－脱馴化パラダイムの原理である。

・延滞模倣：以前に見た他者の動作を時間を経た後で模倣する
（b）空間関係
・位置関係についての認識の発達
・2つの対象を交互に見る
・音源に対する耳 − 目の協応
・動いている対象の軌道の追視。特に対象が見えなくなってからの行動に着目する

I-2-6　ヴィゴツキーの文化 - 歴史的発達理論

　ピアジェは，周知のように，認知主体の活動を中心に発達をとらえようとしたが，これに対して，ヴィゴツキー（Vygotsky, L. S.）の発達論は「人間の高次な精神機能は人々との協同活動のなかで発生する」という命題に集約されるように，高次な心理機能はすべて社会的起源をもつこと，すなわち「概念のはじまり」は社会的形式で遂行され，のちに個人的な形式へと発達していくと考え，この過程を「精神間機能から精神内機能へ」と定式化した。ヴィゴツキーの「概念のはじまり」というのは，今日の認知発達研究において「共同注意行動」として取り上げられているさまざまな社会行動や社会的認知の発達についての知識を念頭においてみるとよく理解されよう。
　ヴィゴツキーの発達論については，わが国でも，近年すぐれた紹介や論考ががなされているのでそちらを参照していただくことにして（中村，1998, 2004），本書ではK式発達検査の幼児期から学童期にかけての検査の諸項目の理解を深める目的で，彼のキーワードの一つである「発達の最近接領域」を紹介しておく。
　発達の最近接領域とは，子どもがある課題を独力で解決できる能力の発達水準と，大人や自分より能力のある仲間と共同でなら解決できる能力の発達水準とのへだたりをいう。このへだたりは，いまは大人や仲間の援助のもとでしか解決できないが，やがては独力で解決が可能となる知的発達の可能性の領域を意味している（中村，2004）。
　新K式検査の検査項目のなかには，「例前」と「例後」がペアにされている項目がいくつかある。これらの項目では，例前で子どもの反応を観察し，基準

を満たす反応が得られない場合には,検査者が例示してみせ,子どもの反応がどう変わるかを観察するのであるが,これらの手続きを通して子どもの認知発達のプロセスについて少なからぬ手がかりが得られる。手本を示すことはもとより,たとえば「P88 四角構成 例前」で「シカク」とか「カタチ」のようなことばが側で発せられるだけでも,それがヒントになって課題の難易度に影響する。また,例後は検査項目として設定されてはいなくても,必要があればどの項目でも随時試みることができる。このように周囲の人々との相互作用や共同活動のなかで,子どもの生きた発達の姿をかいま見ることができるが,それだけに基準となる検査の教示が正しくなされることの必要性もまた理解されよう。

ヴィゴツキーの発達の最近接領域という概念は,学校教育のもとで,学齢期の子どもに発達しつつある心理機能(自覚性と随意性)や,生活概念と科学概念の発達的関係などに限定して取り扱うべきであるとの中村の指摘に賛意を表しながらも,本書では広義の社会的協同,すなわち,大人や仲間との相互作用や共同活動のもつ子どもの心理活動への効果としてとらえることにする。

ヴィゴツキーの文化-歴史的発達理論は,発達支援の問題を考えるうえでも重要な視点を提出しているので,5節で改めて取り上げることとする。

I-2-7 発達検査の予測性をめぐる問題

発達検査による発達の予測性の問題について,生澤は,乳幼児の検査結果から将来の予測ができるかという観点からなされた追跡研究や,その後の予測改善研究のいくつかを紹介し,乳幼児発達検査を未来の予測として取り上げる限り限界があると概括している。そのうえで,追跡研究などでは発達上の問題をもつケースは,はじめから対象児から除かれている可能性が強く,この点に着目したイリングワースの検査対象児の選択を行わない追跡調査ではかなりの予測力があることが示されているし,ノブロックとパサマニクの追跡調査でも同様な結果が得られていると述べている(生澤ら,1985)。また,こうした諸研究を広く調べたマッコールも,乳幼児検査は発達上の問題をもつ子どもの早期発見に有効であると述べている(McCall, R. B., 1979)。

土居(2002)は,発達検査の予測性を問題としてなされた研究の多くが,測定期間が近接する場合は高い相関関係があるが,期間をおくと相関が減少する

傾向を示しているのは，IQやDQのような総合的な評価を指標に用いているためではないかという。そこで，新K式検査1983による追跡調査の資料に基づいて，それぞれの発達期における諸機能の関連性を多変数（量）間相関を統制した偏相関係数（パス係数）によって分析した。なお，追跡調査に参加した乳児は89名。生後6か月から12か月までは1か月間隔，12か月から18か月までは2か月間隔で実施した。さらに89名中66名は3歳，6歳期にも調査が実施されている。調査の詳細については，土居（2002）を参照していただきたいが，それによると6か月～36か月期を通じて認知・適応領域と言語・社会領域の領域間に高い相関傾向がみられる。この領域間の相関は2つの領域の内容からみて予測された結果といえる。筆者が興味をいだいたのは，姿勢・運動領域と言語・社会領域の領域間の関連性についてである。6か月期に姿勢・運動領域と言語・社会領域の間に両方向の関連性（姿勢・運動領域→言語・社会領域が.42，言語・社会領域→姿勢・運動領域が.31）がみられたが，その後これらの2領域間相互の関連性はほとんどなくなり，36か月期になって再び関連性が強まっている（.31と.40）。

このように，時間系列のなかで各機能間の連関性をみることは発達研究に欠かせないが，土居は発達検査の総合的評価の構成成分として異なる発達領域や，その下位の諸機能の関連から，後続の発達を制御する要因を明らかにすることを通して，発達過程における予測性に寄与する可能性を示唆する。さらに，発達初期の乳児の将来の知的機能を予測する指標として，たとえば，注意や刺激への感受性，社会的・情緒的な個人特性などについての近年の諸研究についても言及している。

I-2-8　発達の機能連関の問題

前項で述べた発達検査の予測性の問題は，より広義には，発達の機能連関の問題と言い換えることができよう。検査項目の発達的意味も，機能連関のなかではじめてその意味が明らかになる。ビネーの年齢尺度によって示される発達水準的意味にはじまり，ゲゼルの行動機構の内発的成熟のプロセス，ピアジェの発達段階によって示される発達的意味などは彼らの発達理論の展開とともにその内容を豊かにしてきた。

表 I-5　意図的伝達行為のレベル（小山，1991）

A 群	5 名	注視，発声，リーチングによる伝達
B₁ 群	3	クレーン現象による伝達
B₂ 群	6	ギビング（Giving），ショウイング（Showing）による伝達
B₃ 群	5	指さしによる伝達
C 群	8	言語，身ぶり（指さし以外）による伝達

注視，発声：側にいる大人に声をかけ，欲しいものと大人の顔をじっと注視する
リーチング：欲しいものに手を伸ばす
クレーン：大人の手を引いて要求を達成しようとする
ギビング：子どもが手にしているものを手渡す
ショウイング：子どもが手にしているものを見せる

　そこで新K式検査の項目を中心に，今日の認知発達心理学の分野で進められている発達研究の諸成果を引用しつつ，それらの検査項目の発達的意味を考えてみたい。

　小山は新K式検査1983の認知・適応領域の諸項目と意図的伝達行為の発達の関連性について以下のような知見を得ている（小山，1991）。対象児は母子通園施設に通所する知的障害児27名（男児14名，女児13名，平均年齢24か月，新K式検査1983で平均DQ＝52.9，$SD＝11.8$）。約7か月にわたる自由遊びの場面で，療育者に対する自発的な伝達行為に着目しながら，療育をすすめていく過程で伝達手段に使用される行為が変化した時期（変化した時期からおおむね1週間以内）に新K式検査1983を実施し，その認知・適応領域の項目への反応を調べて認知・対物操作能力について検討した。対象児はいずれもベイツ（Bates, E.）のいう意図的伝達行為が出現しているが，その意図的伝達行為のレベルによってA，B，Cという3つの発達段階，かつ，意図的伝達行為の内容からA群，B1群，B2群，B3群，C群の5群に分けて検討した（表I-5）。

　なおK式検査1983の認知・適応領域の領域別発達年齢を各群ごとにプロットしたものが図I-7である。

　図I-7から，注視，発声，リーチングなどを手段とした意図的伝達行為の出現には7か月レベル，クレーン・ギビング・ショウイングによる伝達には10か月レベル，指さしによる伝達には11か月レベル，言語による伝達には13か月レベルの認知発達が前提にあると考えられる。

表 I-6 新版K式発達検査（認知・適応）領域各項目の群別獲得状況 (小山, 1991)

分類	項目	A群	B₁群	B₂群	B₃群	C群	分類	項目	A群	B₁群	B₂群	B₃群	C群
積木	持ち替え	●	●	●	●	●	鐘	柄を持つ	●	●	●	●	●
	第3提示落とさぬ	●	●	●	●	●		机に打ちつける	●	●	●	●	●
	拇指先把握	○	●	●	●	●		振り鳴らす	●	●	●	●	●
	第2積木を叩く	△	●	●	●	●		柄先から持つ	○	●	●	●	●
	積木と積木	△	●	●	●	●		鐘舌に触る	—	○	●	●	●
	積木を置く	△	○	●	●	●	紐付き輪	輪へ伸ばす	●	●	●	●	●
	片手に2個保持	—	○	○	●	●		とにかく引き寄せる	●	●	●	●	●
	積もうとする	—	—	○	●	●		輪と紐で遊ぶ	●	●	●	●	●
	積木の塔 2	—	—	○	●	●		すぐ輪を引き寄せる	△	●	●	●	●
	積木の塔 3	—	—	○	●	●		紐で下げる	—	○	○	●	●
	積木の塔 5	—	—	—	○	●	自動車	部分隠し	●	●	●	●	●
	積木の塔 6	—	—	—	—	△		全体隠し	○	●	●	●	●
山積木	両手に持つ	○	●	●	●	●		包み込み	—	○	○	●	●
	順に選ぶ	○	●	●	●	●		予期的追視	—	—	△	—	○
積木とコップ	コップをみる	●	●	●	●	●	はめ板	円板をはずす	△	●	●	●	●
	コップに触る	●	●	●	●	●		円板をはめる	—	△	○	●	●
	中の積木に触る	●	●	●	●	●		円板回転	—	—	○	●	●
	中の積木を出す	○	●	●	●	●		はめ板 全（例無）	—	—	—	○	△
	コップの上に示す	△	●	○	●	●		はめ板 全（回転）	—	—	—	○	●
	コップに入れる（例後）	—	○	○	●	●	描画	なぐり描き（例後）	—	—	○	●	●
	コップに入れる（例前）	—	○	○	●	●		なぐり描き（例前）	—	—	○	●	●
小鈴	熊手状かき寄せ	○	●	●	●	●		円錯画	—	—	△	△	●
	持ち上げる	○	●	●	●	●	課題箱	丸棒（例後）	—	△	—	△	○
	拇指側かき寄せ	○	●	●	●	●		角板（例後）	—	—	—	△	○
	鋏状把握試みる	○	●	●	●	●		角板（例前）	—	—	—	—	△
	示指を近付ける	○	●	●	●	●	記憶	2個のコップ	—	—	—	—	○
	鋏状把握	○	○	●	●	●		3個のコップ	—	—	—	—	○
	釘抜き状把握不完全	△	△	●	●	●	入れ子	入れ子 3個	—	—	—	—	○
	釘抜き状把握	—	—	△	○	●		入れ子 5個	—	—	—	—	○
瓶と小鈴	小鈴に手を出す	△	○	●	●	●	形の弁別	形の弁別Ⅰ 1/5	—	—	—	—	△
	小鈴を取る	△	●	●	●	●		形の弁別Ⅰ 3/5	—	—	—	—	—
	入れようとする	—	○	○	●	●		形の弁別Ⅱ 8/10	—	—	—	—	—
	瓶に入れる（例後）	—	△	○	●	●		形の弁別Ⅲ 10/10	—	—	—	—	—
	瓶に入れる（例前）	—	—	○	○	●							
	瓶から出す	—	—	—	△	△							

● = 全事例が獲得している項目　　△ = 半数未満の事例が獲得している項目
○ = 半数以上の事例が獲得している項目　　— = 全事例が獲得していない項目

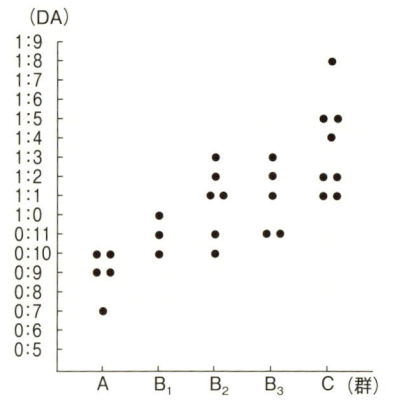

figⅠ-7 知的障害のある子どもの伝達行為のレベルと認知発達との関連 (小山, 1991)

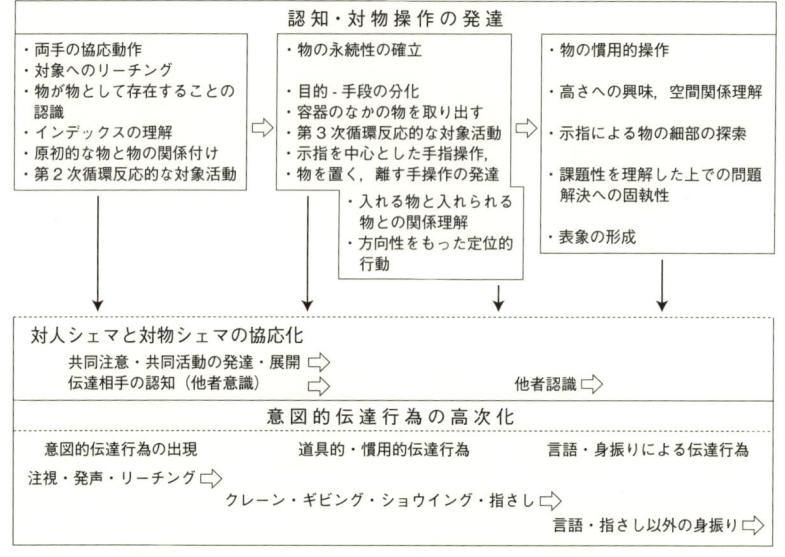

図Ⅰ-8 意図的伝達行為における手段となる行為の発達とその認知的前提 (小山, 1991)

　小山は，3群の全例が通過した認知・適応領域の項目からみた認知・対物操作の発達の状況を表Ⅰ-6に，認知・対物操作の発達と意図的伝達行為における手段との関連を図Ⅰ-8に示している。表Ⅰ-6，および，図Ⅰ-8から，子どもと他者との間にものが介在することによって徐々に対象物と他者（伝達相手）が意

識される，すなわち共同注意が形成され，共同活動へと発展していく過程，さらに一方では，こうした活動のコミュニケーション的側面に子どもが気づいて，意図的伝達行為へと発展させる，といった関連がみえてこよう。

表I-6からA，B群とC群の認知・適応領域の項目の通過状況に違いが見られるのは，

　　積木：「積もうとする」
　　瓶と小鈴：「入れようとする」「瓶に入れる（例前・例後）」「瓶から出す」
　　鐘：「鐘舌に触る」
　　自動車：「包み込む」
　　描画：「なぐり描き（例前・例後）」

などである。これらの課題が表す認知発達的意味は図I-8の一番右のボックスに要約されている。以上はK式発達検査の項目と意図的伝達行為のレベルとの関連性であるが，この他にも対象概念の成立と対象理解の発達，自己理解の発達，他者理解の発達などについての諸研究が，K式発達検査の項目間の発達連関を徐々に明らかにしているので，第3節において改めて取り上げることにする。

I-2-9　発達の機能連関からみた新K式検査の実施上の注意

新K式検査では検査対象者は比較的年齢の低い子どもの場合が多く，検査に集中できる時間には制約がある。検査対象となる子どもの負担などを考慮すると，検査の所要時間は短い方がよい。一方，検査対象者の反応によっては所要時間が伸びるが，そんな場合，急いだり項目を飛ばしたりするのでは何のための検査かが問われよう。この辺の兼ね合いは実施手引書の「II-1　実施上の注意」や「III-8　検査の完了とプロフィールの描き方」（生澤ほか，2002）を再度確認していただくこととするが，本書では所定の手続きでプロフィールが描けた場合でも，その反応を確認しておきたい項目がいくつかあるので，その考え方について述べる。

（1）系列化された類似の課題の無試行通過

新K式検査では無試行通過とする手続きが定められている。その原則はI-2-5（3）で述べた行動発達の順序性を規定する要因①〜⑥のなかで，②の論理

的に組み込まれた順序性,すなわち「より高次の達成はそれ以下の次元の達成を含んでいる」ような場合である。例前ができれば例後は無試行通過であるし,また「数の復唱」や「逆唱」のような単純な記憶課題も,5数の復唱ができれば,4数以下の復唱は無試行通過としてよい。同じように系列化された課題でも,0歳児の検査では,検査の実施順序が定められていてそれにしたがって実施されるから,無試行通過とされることはないが,1歳を超えた子どもで第3葉の検査項目から実施した場合などで,2葉以下の検査項目を確認する必要が生ずることがある。その際「歩く2・3歩」が通過なら「一人立ち」や「支え歩き片手」などは無試行通過となる。

(2) 系列課題の上限と下限

検査対象者のなかには特定の課題系列(領域)を得意とする場合がある。このような検査対象者に対しては,たとえば「5数復唱」が通過すれば必ず「6数復唱」へ,「6数復唱」が通過すればさらに「7数復唱」へと進み,この課題系列の上限通過項目を確かめておく必要がある。

同じ理由で「数の逆唱」「模様構成」「釣り合いばかり」などの系列課題についても通過項目の上限を確かめる。

逆に,特定の課題系列が不得手な検査対象者の場合には,その課題系列の下限の課題を確認しておく。

上記のような系列課題だけでなく,検査項目全体の上限と下限は検査対象者の発達やその支援を考えるうえで重要な手がかりになる場合があるので確認しておく。

(3) 検査項目の発達段階とその順序性

行動発達の順序性を規定する要因①～⑥のなかで,②以外は無条件で無試行通過とならない。とりわけ,発達上の問題をもつケースでは行動発達の順序性が見極めにくい場合が少なくない。ピアジェの発達論についてのすぐれた論考のなかで,中垣(2007)は,課題に対して,等価にみえる反応でも,子どもがどのような構造を利用して解決したのかについては慎重に検討する必要があると述べ,その例として推移律課題($A>B$, $B>C$ ならば $A>C$)が非対象関係の加法的合成という操作的構造によって解かれるだけでなく,幼児が棒系列の関数的関係という表象的構造を利用して,また,あるリスザルはオペラント

条件づけ（感覚運動的構造）を利用してこの課題に成功している場合を挙げている。子どもにとって，推移率課題ほど複雑な構造をもつ課題ではないが，同じような観点からK式検査の「入れ子5個」「玉つなぎ」「階段の再生」「模様構成」「財布探し」などは子どもの知的操作の発達をみるうえで貴重な資料を提供してくれる。たとえば「入れ子5個」は大小比較という表象的構造によっても，試行錯誤という感覚運動的構造を利用しても可能であろう。ピアジェの発達論は感覚運動的知能の時期にも「行為の論理（Logic of action）」[3]が存在し，それが表象的知能の時期に成立する知的操作の源泉になると考えている。こうして下記のように，順序づけ，選言，分類などの論理が感覚運動的な相互作用のなかで子どもに気づかれて（創造的に獲得されて）いくところに発達の本質をみているのである（中垣，2007）。

・順序づけ：欲しい物（赤い輪）が直接手に届かないところにあるとき，輪についた紐の先が手を伸ばせば届く位置に置かれていれば，紐をもって輪を手元に引き寄せる。この行為において，紐を引っ張るというシェマと，輪をつかむというシェマの順序づけの論理を認めることができる。ちなみに「紐つき輪」はこうした一連のシェマの発達をみる課題である。

・選言：欲しい物（子犬の玩具）をA，B二つのコップの一方Aに隠し，子どものみているまえでA，Bの位置をずらしてB，Aのようにする。子どもはまずBで子犬を探し，なければAの場所で探す。この行為（A$\overline{\text{B}}$エラーと呼ばれる）[4]には，場所BになければAにあるはずであるという選言の論理を認めることができる。ちなみに「2個のコップ」は，A$\overline{\text{B}}$エラーを克服し，さらにコ

3　ピアジェの発達論の重要なカテゴリーの一つに「論理数学的経験」がある。この経験は，たとえば子どもが，物の数はそれを数える順序とは独立であることを発見するときのように，対象の物理的特性ではなく，対象に対して行使される行為からの抽象に基づいている。つまり，子どもが発見したのは，あるやり方でおはじきを配列し（順序づけし），それらを数える，という2つの行為の間の関係である。ピアジェは感覚運動的知能の時期にも「行為の論理」（行為間の関係）への気づきがあり，それが表象的知能の時期に成立する知的操作の論理の源泉になると考えている。

4　実験者が場所Aに置かれた自動車をハンカチで隠し，それを乳児がハンカチを取り除いて自動車を取り出すということを2, 3回繰り返した後，実験者が（Aとは異なる）場所Bで自動車をハンカチで隠すと，乳児は場所Bに自動車が隠されるのを見ていたにもかかわらず，場所Aのハンカチの下を探すという行動を示す。このエラーは11〜12か月までみられる。

ップの移動を考慮して探すことができるかどうかをみている。

・分類：対象物の特徴に応じて遊び方を変えるような場合，子どもは行為的に対象物を区別している。こうした行為には分類の論理が含まれている。

(4) 反応の質および発達水準

子どもは，年少児であっても年長児のような高度な反応をしたり，年長児でも年少児のようなプリミティブな反応をすることがあり得る。「了解問題Ⅰ・Ⅱ・Ⅲ」「語の定義」「絵の叙述」などは，同じように通過基準を満たす反応でも，発達段階としてみた場合はかなりの幅をもっており，アセスメントに際しては反応の質を多面的に評価する必要がある。

I-3 認知発達研究の進展と新 K 式発達検査

I-3-1 乳児における対象理解の発達
(1) 対象概念の成立

ある対象についての概念は，即時的な感覚運動的な経験とは異なり，心的操作の結果であり，それは思考の産物，あるいは思考システムそのものである。

対象概念の成立の問題は，これまでにもピアジェの「対象の永続性」の成立と関連して取り上げられてきた。ウェルナーとカプラン（Werner, H. & Kaplan, B., 1963）は，「行動物」（things of action）と「静観対象」（objects of contemplation）を区別し，触ったりいじったりするといった対象に対する感覚運動的活動とは違った接近の仕方，すなわち対象をあたかも知るためにのみ眺めているかのような行動に着目し，ヘッツアーら（Hetzer, H., Beaumont, H., & Wiehemeyer, E.）の研究を紹介している。それによれば，日常見られ

図Ⅰ-9 Hetzer-Wiehemeyer の研究で用いられたカード（Werner & Kaplan, 1963）

表 I-7　Hetzer-Wiehemeyer のカードに対する乳児の反応（全応答時間に対する各反応時間の比率の平均値）(Werner & Kaplan, 1963)

月　齢	触ったり，いじったりする	見つめている
9 〜 12	80%	20%
12 〜 15	40%	60%
15 〜 18	0%	100%

ない形（それぞれカードに描かれ，違った色が塗られている）を9か月から16か月の幼児に提示したところ，「見つめている」時間が，「触ったり，いじったりする」時間にとって代わるようになる（図I-9，表I-7）。こうしたことは，幼児が対象との関わりにおいて，本能的要求を充足させるといった流れから自由になること，それによって指さしのような指向的身ぶりや，シンボル活動へと向かうことができるようになるのではないかと述べている。

ゲゼルが「鐘舌に触る」を項目として取り上げたのは，ゲゼルならではの慧眼と思われるが，この項目の発達的意味は上記の静観的態度の形成と呼んだものにほかならない。すなわち，乳児にとってそれまで対象が感覚運動的世界の中で一体となっていた鐘が，知的な関心のもとで眺める対象として，あるいは他者と共有できる対象として出現しているのである。新K式検査の9〜11か月の年齢級の関連している項目群には「指さしに反応」「鐘舌に触る」「チョウダイ渡す」「指さし行動」などがあり，I-2-8で述べた，小山（1991）のC群を特徴づけている認知活動の諸項目が含まれている。

(2) 探索・気づき・創造

この時期の子どもの心性を特徴づけているのは乳児自身の探索，気づき，さらに，創造であろう[5]。新K式検査の各項目は，何らかの意味で，子どものこうした探索や気づきのプロセスを観察しているわけであるが，そうした過程がわかりやすい項目の例を示そう。

「予期的追視」「2個のコップ」「3個のコップ」などの項目によって幼児の気づきの様子を観察することができる。これらの課題は，個々の対象に慣用的に

5　ピアジェは，認識の獲得が，対象世界から抽象されると考える経験論の立場でも，主体の中に生まれながらにして備わっているとする生得論の立場でもなく，主体と客体とのダイナミックな相互作用において創造される（構成 construction される）と考える（注3参照）。

反応したり，興味にかられて手を出したりしていたのでは適切に反応できない。これらの課題は場面を構成する要素が多く，それらを関係づけ，1つの事象として認知しなければならないが，そのためには何よりも静観的態度がポイントになる。静観というのは，具体的には対象との間に距離をおいて眺める，あるいは，待つ構えがとれるといったことである。その背景では，それまで気づかなかった新たな意味に気づく，あるいは，新たな事象を発見するといったプロセスが進行している。発達障害をもつ子どもや，多動，注意散漫，情緒不安定などの問題をもつ子どもがこれらの課題場面に導入されにくいのは，これらのプロセスのどこかでつまづくからであろう。

(3) 乳児における対象理解の発達

ロシャらはドーナツ型の物体（直径30㎝，同6㎝，チリンチリンなどの音を出す）を振りながら6回提示したあと，明かりを消して乳児のリーチングを観察した（赤外線カメラ使用）。5か月児は，大きい輪には両手を，小さい輪には片手を伸ばし，リーチングを行う。輪が出す音により対象を予期することを，実験者は「対象の表象」に基づくものと考えた（Rochat, P., 2001）。また，スペルキらは多くの巧妙な実験によって，少なくとも生後4か月から乳児が物体の振る舞いを支配する数々の原理を理解していることを示した。たとえば「物体は同時に二つの場所に存在することはできない」とか「物体は物体の中を通り抜けることはできない」，「物体は（他の物体と物理的接触をしない限り）独立的に動くことはない」などである（Rochat, P., 2001）。これらの研究によれば，乳児は少なくとも生後4か月頃から対象概念を獲得していると考えられる。すなわち，乳児は，ピアジェが指摘したよりも5か月ほど早く対象の永続性理解の兆しを見せ，一時的に見えなくなる対象を表象し，それについて推論できる。

ただし，これらの研究が明らかにした「対象」と，対象の永続性や静観対象の「対象」とは，同じ感覚運動期のシェマであるが次元を異にすることに注意したい。ピアジェは精神活動において，「シェマ」と「シェマが表示している現実」との間で相互照応させながら，シェマを高次化させていく過程を操作と呼んだ。すなわち，思考活動とは現実のものの代わりに記号（シグナル・インデックス・シンボルなど）を置き，その記号を頭のなかで動かしてみるという心内活動（心的操作）である。したがって，ある対象についての概念とは，即

時的な感覚運動的経験とは異なり，心的操作の結果であり，思考の産物である。こうしたプロセスは，次にみるように自己鏡映像の認知の水準などの問題としても現れる。

I-3-2 乳児における自己理解の発達

新K式検査の第1葉，第2葉の項目をみると，ゲゼルが1920〜30年代に，すでに，人間という種に固有な行動パターン，および，その発達をどうとらえるかという問題に対して，今日の認知発達研究の視点を先取りしているかのような洞察に満ちた考え方をしていたことがうかがわれる。その一つに，「鏡」（鏡映像）に対し乳児がどう反応するかを観察する項目がある。

鏡：「自像に注視」「自像に発声」「自像に触る」「ボールを押しつける」

浜田（2002）は，鏡は虚像を生み出し，世界を二重化するが，この二重化は鏡の虚像が実物の反映であるという対応関係を理解することであり，そこに記号的関係の発達が密接に関係していること，また，そこからは人間固有の象徴世界の形成に通じるいくつかの重要な様相が取り出せるのではないかという。

彼は自己鏡映像の理解の発達についての諸研究を概観して，1歳代前半までは実物の他者のように見て探索する時期があり，それが1歳代後半には，鏡映像に対し不安で回避的な行動が目立つようになるという。この時期は実像－虚像の区別の移行期で，この時期の反応からみて，子どもは自分を鏡映像に重ねるという働きがすでにはじまっている。鏡映像が自分であることが理解できるのは2歳代前半である。こうした自己鏡映像

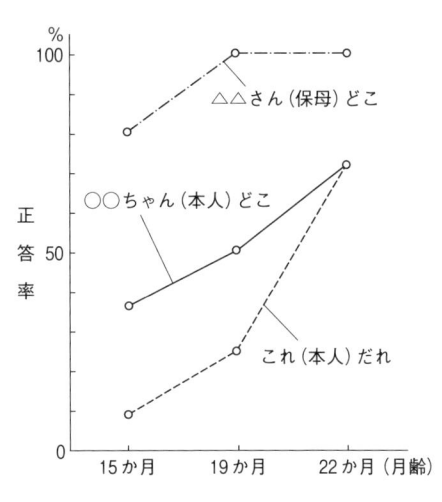

図 I-10 鏡像の理解と年齢（百合本，1981）

の理解と年齢との対応関係は百合本（1981）の研究でも裏付けられている（図I-10）。

さて，自己理解の発達について，今日の認知発達研究はどう考えているのであろうか。その一端を眺めてみよう。ロシャは，乳児が自分の身体とそれ以外のものを早い時期から区別していることを実験的に示した（板倉，2006）。彼女らは，生後24時間以内の新生児を対象に，口唇探索反応（rooting response 乳児の口の端に触れると，顔を向け口を開ける反応）について，実験者が頬をなでた場合（シングルタッチ）と，乳児の片手が頬に触れた場合（ダブルタッチ）とを比較したところ，シングルタッチの場合には3倍の頻度で口唇探索反応を示した。乳児が自分で頬や口に触れた場合よりも，他者が触れた場合のほうがより多く口唇探索反応がみられたのである。このことは，乳児が自分で生成した刺激と他者の生成した刺激とを弁別できることを示している（板倉，2006, Rochat, P., 2001）。

2か月を過ぎる頃から，乳児は新しい身体の有効性を発見し，環境中の行為者として自分自身の知覚を調整するようになる。こうして，彼らはランダムに遭遇する環境内の刺激に対する直接的な反応ではなく，明確なゴールや志向性をもって意図的で体系的な自己探索を行い，環境に対する自分の行為の効果（随伴現象）に特別な注意を払うようになる。

板倉によれば，さきに触れた自己鏡映像の問題について，鏡の前の乳児の反応を整理すると，鏡に映った自分の像を「他者」だと見る時期，そして次第に鏡の像を注意深く観察したり鏡の後ろを探ったりする反応がみられる時期，次いで鏡を避けようとする時期を経て，21～24か月頃から鏡映像を「自己」とみなすようになる。このように鏡映像に対する反応にはいくつかの水準があるが，ここでは板倉（2006）にしたがって，ロシャの提唱した自己鏡映像の認知に関する6つの水準を示す（表I-8）。人間の子どもは誕生直後からすでにレベル1にあること，鏡に映った自己像を自分であると認識するのはレベル3で，ルージュテストで評価される。ルージュテストというのは，子どもに気づかれないように顔のある部分に口紅をつけ，鏡を呈示して，それに気づくかどうかを調べるテストである。

以上，発達の機能連関の観点から見れば，新K式検査の第1葉，第2葉の

表 I-8 自己鏡映像の認知に関する6つの水準（Rochat, 2001 に基づき松下が作成）

レベル0	まわりの世界と映像の切り分けができない。鏡や鏡映像それ自体に気づかない。
レベル1	鏡映像を他者とみなすが，鏡映像と実世界の違いに気づきはじめる。 →鏡映像の随伴性への気づき。
レベル2	鏡映像を他者とみなしつつも，自分の動きと鏡映像の動きがどのような関係にあるのかを探索しようとする。 →鏡に対し不安や回避的反応が現れる。
レベル3	他の人でなく，自分であることがわかる。 →ルージュテストにパス。
レベル4	写真やビデオのなかの自分も同定できる。「自己の永続性」の認識（ずいぶん前の自分や，衣服が違っていても自分は自分である）が可能になる。
レベル5	自己を第三者的視点（三人称的視点）からも眺めることができる。 →他者の目に自分がどのように映っているかを推測したり，そこから誇りや恥といった自己意識的情動反応があらわれる。

「鏡」（鏡映像）の問題は，自己認知の問題，すなわち，第3葉の「姓名」「年齢」，4葉の「性の区別」など自己についての理解や知識の発達をみる項目へとつながっている。

I-3-3　乳児における他者理解の発達

　親や養育者は，乳児の行動を鏡映させるように，誇張された音声の抑揚や表情，身ぶりの反復によって，自分自身の経験と乳児の経験を対応づけようとする。このような大人からの系統だった励ましと援助は，乳児の側の他者を模倣しようとする傾向とあいまって，相互模倣しながら情緒・感情などを交換しあう。このような乳児における社会的認知（他者理解）の発達について，今日の乳児研究による知見の一端をみてみよう（Rochat, 2001, Tomasello, 1999）。

　①生まれて間もない頃から親と乳児は互いに注意を向けあう社会的な相互交渉「原会話」を交わす。相互交渉は情動的な内容をもち，かつ「役割交替」の構造をもつ社会性の強いものである。

　②2か月までに，乳児は，ある特定の社会的な予測を発達させ，相互作用に対するタイミングに敏感になる。

　③生後3〜5か月の乳児は他者の喜び，悲しみ，驚きなどの顔を区別できる。

　④生後6か月の乳児はものをつかんだり操作したりするが，そのかかわりか

たは二項関係的である。ものを操作しているときは側に人がいてもたいてい無視するし，人とかかわりあっているときは近くにものがあっても無視する。

⑤生後6か月までに，乳児は現在行われている対面的なやりとりと，以前になされた同様の相互作用の特徴とを関連づけることができるようになり，次第に社会的な予期や期待を発達させる。

⑥6か月を過ぎる頃から，子どもと他者との間にものが介在することによって，徐々に対象物と他者が意識され（三項関係），共同注意の形成へ，さらに共同活動へと発展していく。

⑦9か月児は，他者も自分と同じように意図をもつ主体であると理解するようになる。

こうして，子どもは他者の行動をモニターしたり，統制しようとしたり，予測したりするなど社会的認知能力を発達させ，9か月頃から共同注意行動と呼ばれるさまざまな社会行動がとれるようになる。この時期に乳児は大人の見ているところを柔軟確実に見たり（視線追従），物体に媒介された大人との相互作用をそれなりに長い間続けたり（協調行動），大人を社会的参照点として利用したり（社会的参照），対象に対して大人がしているのと同じような働きかけ（模倣学習）をしたりするようになる。

I-4　今日のわが国における児童・青年期の発達をめぐる諸問題

1970年代までに，子どもの生育環境および社会文化的諸条件が認知の発達におよぼす影響について，多くの研究が集積されてきた。こうした諸研究は知能観にも大きな変化をもたらした。知能観の変化は，知能指数の階層差・人種差・民族差などをどのように解釈するかをめぐって，二つの対立する見方を生じさせている。欠陥仮説と差異仮説である。欠陥仮説の立場では，恵まれない環境に育つ子どものIQが年齢とともに低下する現象を進行する遅れとか累積的欠陥などと呼び，周知のように，補償教育や予防教育の構想につながっていった。一方，差異仮説の立場では，もともと，望ましい発達などというものはなく，環境が違えばその異なる環境に適応するために別の方向に発達すると考える。したがって，発達や環境の優劣はなく差異があるだけである。この問題

について，井上（1979）は，一つの社会・文化のなかで発達を考える場合は欠陥仮説の見方がとられ，異文化間の比較をする場合は差異仮説が強調されやすいことを認めたうえで，二つの仮説は対立はするが矛盾するものではなく，どのような社会・文化にあっても「環境の豊かさ」，およびその豊かさゆえの「発達の多様性」を尊重する発達観の重要性を指摘している。

さて，1970年代から90年代にかけて，わが国の児童・青年期の子どもの発達をめぐる話題のいくつかをみておこう。

I-4-1 「9歳の壁」をめぐる問題

1970年代になって，聴覚障害児教育の関係者の間で「9歳の壁」ということがいわれるようになった。具体的には，ろう学校の高等部生徒の学力がきわめて低く，小学校4年生程度の学力の水準を超えることが困難であることを示すことばである。9～10歳の時期が，抽象的世界が形成されるか否かの質的転換期に当たっているところから，この現象は発達心理学的にも大いに関心がもたれるところとなっていたが，そうした課題を念頭に，ろう教育科学会が，「ことば・発達・教育」について，村井潤一を聞き手にした園原太郎との対談を企画している[6]。そのなかで，児童期の言語行動の発達の問題について，はなはだ興味深い内容が語られているので紹介してみたい（ろう教育科学会，1978）。

村井は，聴覚障害者には手話という表現の言語があり，それによってろう者は自己を表現していたのであるが，聴覚障害者の言語教育に口話法が取り入れられ[7]，かつ，口話法が非常に強調されることによって[8]，二重の意味で誤りを犯したという。「言語主義」と「コロニアリズム」である。

---

6 1978年は京都市に日本で最初に盲唖院が創設されて100年目にあたり，また，ろう教育科学会発足20周年を迎え，翌1979年には養護学校義務制が施行されることになっており，三重の意味で記念すべき年であった。

7 橋村徳一（名古屋盲唖学校長）はある絵を描くことに秀でた卒業生の就職に際してのエピソードを紹介し，聾唖教育は口話式教育によらねばならないという思いを強くした。また，西川吉之助は先天性高度難聴の娘を自ら発音法によって教育し，1925年に西川聾口話研究所を設立して，聾教育に携わりながら口話法の発展に尽力した（ろう教育科学会，1978）。

8 1926年に設立された日本最初の聾児のための幼稚園「京都聾口話幼稚園」の入学案内にある，本園則には「1. 手真似ハ全ク使用セザルコト。2. 他人ノ唇ヲ読ムコト。3. 必ズ口話発音ヲナスコト。4. 個性ヲ尊重シテ教育ヲナスコト。5. 特ニ身体衛生ニ注意スルコト」とある。

表 I-10 分類課題

人間	オジイサン, オネエサン, 赤ン坊
動物	サル, ハト, コイ, イヌ
食物	ミルク, パン, リンゴ, ナス
乗り物	電車, 汽車, ハイヤー
家具	机, 椅子, 鏡台

　言語主義というのは，聴覚障害児教育はつきつめれば言語教育であるというとらえ方についてであり，村井は次のように述べている。「子どもたちは自分の気持ちを表出するとき，その気持ちが強ければ強いほど身ぶりになってしまう……その場合，それでは困るといって無理に音声言語を与えられても浮き上がってしまう。……なぜならば，名前（音声言語）は比較的簡単に与えられても，感動は彼自身の内側からわき上がってくるものですから。しかし本当に音声言語で気持ちが表現できない限り，聴覚障害児にとって音声言語は，言語にならないでしょうね」。また，第2の誤りを，村井は「口話法の前には言語はないというふうな考え方がまずあって，言語がないものに言語を与える」という発想を「傲慢さ」と表現して批判している。村井の意を斟酌して「コロニアリズム」と呼んだのは筆者である[9]。

　さて，9歳の壁問題では，9歳以前の経験の在り方が問われた。実際には，聴覚障害児の教育にあたってはさまざまな努力がなされ，幼稚部の年齢が3歳に引き下げられ，そこでは感覚訓練，言語指導，概念学習，認知訓練など思考の発達を促進するための教育活動が行われていた。たとえば，森上（1974）はろう学校幼稚部などで，概念の発達を促す意図から表I-10のような分類課題を与えて訓練していると紹介し，その結果，聴覚障害児は大人からみて正しい分類を行うものが多く，一般の子どもの方がオジイサンと椅子，赤ン坊とミルクのような大人の考え方からすれば誤った分類をするものが多いという。その上で，それが見せかけの発達であるのか，本当の発達のなかに組み込まれたもの

　9　近代ヨーロッパの思想を端的に表しているのが文明・進歩・先進などのイデオロギーである。こうした思想が未開・野蛮・後進などの偏見とともに植民地支配を正当化してきた。近代教育学は，子どもを無知・未熟・逸脱ととらえ，コントロールすべき対象として，その技術の開発を目指したという意味でコロニアリズムに類比される（田中，2002）。

であるのかについては，長期にわたって慎重に検討してみなくてはならないと述べ，保育や教育の場での早期教育の問題を批判している。

このような発達の促進を目標とした教育的介入は，1960年代のアメリカの補償教育をはじめとしてさまざまに試みられてきたが，長期的にみれば期待されたような成果は得られなかった[10]。その理由については，I-5で今日の学校教育の問題などとも関連させながら述べることにする。

I-4-2 「制限コード・精密コード」仮説とわが国における言語環境

バーンステイン（Bernstein, B., 1971, 1973）は社会言語学を専門とする研究者であるが，彼は労働者階層の子どもの知能指数が低いことに着目し，その理由の一つとして労働者階層と中流階層とでは，ことばの使われ方（コード：code）に違いがあるためではないかと考え，労働者階層でのことばの使われ方を制限コード（restric code），中流階層でのそれを精密コード（eraborated code），それぞれのコードによる言語様式を大衆言語（public language）と形式言語（formal language）と呼んだ。

・大衆言語：語彙が少なく，文構造が単純で，情緒的・慣用的表現が多い。ことばの意味がその場の状況・身ぶり・表情・声の調子などに依存し，ことばだけでは意味が正確に伝えられない。

・形式的言語：言語の形式的可能性を生かし，論理的に，明確に情報を伝えることができ，抽象的・分析的思考に欠かせない特徴を備えている。

バーンステインは，ことばはコミュニケーションの手段であるだけでなく，思考や認識活動の道具でもあり，思考や認識の道具としてみた場合には適・不適・優・劣があり，それぞれのことばを使う人たちの思考や知的活動に影響し，ひいては学校での成績を左右するのではないかと考えた。イギリスの労働者階層の子どもに学校でついていけなくなる者が多いことの背景として，中流階層の家庭では精密コードが多いのに労働者階層では制限コードが優勢であるためではないかという。

10　ヘッドスタート　1960年代に米国政府がはじめた低所得者層の3, 4歳児を対象とする就学支援プログラムである。現在2200万人の就学前児童（社会的に不遇な家庭の児童だけでなく障害のある児童も対象となる）が参加している（Kupher et al., 2002）。

イギリス以上に階層間のギャップの大きいアメリカでも，子どもの能力（コンピテンス：competence）・動機づけ・価値観などの発達における階層差についての知識の集積とともに，下層階層の子どもたちに対する教育的介入のためのさまざまなプログラムやカリキュラムが開発されたが，バーンステイン仮説はそうした教育的介入のための中心的理論の一つであった（ブルーナー，1972）。

ところで，バーンステイン仮説を日本の場合に当てはめてみるとどうなるであろうか。森岡と藤永（1970）は言語教育をめぐる問題について対談するなかで，幼児教育の現場などでしばしば「情操教育」ということが強調されているが，その語の内容がきわめてあいまいではっきりしなかったことを例に挙げて，このような日本語の使われ方を「言語主義」[11]と呼ぶ。たとえば，「個人の尊厳」とか「基本的人権」とか「民主主義」といった，一見，立派なことばがお題目的・合い言葉的に使われているが，それらのことばに確固とした内容の裏づけがないばかりか，それらのことばを使うことで，それらが意味する内容をそれ以上掘り下げる努力を停止させてしまっているのではないかと問いかけている。

アメリカでの母子間のコミュニケーション・スタイルと学業成績との関係を調べた研究の多くは，精密コード的家庭の子どもの方が学業の面ですぐれているという結果がでているが，わが国の子どもの場合はどうか。1960年代以降，母子の言語的な相互交渉の様態が日本とアメリカで異なっていることに着目した研究がいくつかみられるが，東（1989）も日本が高度の技術社会でありながら，ことばの使われ方の特徴が「制限コード」的であるのではないかという疑問をもっていた。しかし，周知のように日本の子どもが学業の面でも高い水準にあることから[12]，バーンステイン仮説は欧米の社会だけに当てはまるのではないかという疑問が，日米の比較研究を始める動機になったと述べている。

ただし，東も，階層や民族などの文化的背景がどうであっても，人々が現代

11　1970年代に活躍した発達心理学者である村井潤一と藤永保が「言語主義」という用語を，それぞれの立場からキーワードとして用いていることに興味を覚える。ただし，筆者はこの用語法を寡聞にして知らないため，文脈から推測するほかはない。

12　学力の国際比較：国際教育到達度評価学会「国際数学・理科教育調査」による（日本子ども家庭総合研究所 2002）。

の技術社会に適応していかねばならない以上，精密で分析的なものの見方，考え方を養わなければならないという立場をとっていることをつけ加えておく必要があろう。

日米の文化の違いが子どもの発達におよぼす影響についての比較研究（東ら，1981）は，母子交渉，とくに言語的交渉の様態，子どもの認知スタイルの違いと成績との関係，小学校教師の教え方，子ども観（期待される子ども像）など

表 I-9　就学時知的達成と11〜12歳時知的達成の相関係数　—日米比較—

日本	$r = .61$
米国	$r = .56$

表 I-10　就学前母親変数が子どもの知的発達にどのように働くか　—日米比較—
（東，1989に基づいて松下が作成）

就学前母子変数	就学時知的達成	日本	米国
母親の感受性・応答性	5〜6歳時の知的達成 （読み・書き・知能）	.26	
家庭の言語環境		.34	.34
将来期待		.33	.54
拒否的態度			-.30
権威に訴えるしつけ方略			-.25
感情に訴えるしつけ方略		-.23	

数字は相関係数

表 I-11　就学前母親変数が子どもの知的発達にどのように働くか　—日米比較—
（東，1989に基づいて松下が作成）

就学前母子変数	11〜12歳時知的達成	日本	米国
母親の感受性・応答性	11〜12歳時の知的達成 （知能・学業成績）	.32	
家庭の言語環境		.34	
将来期待		.42	
拒否的態度			
権威に訴えるしつけ方略			-.29
感情に訴えるしつけ方略		-.32	

数字は就学時知能指数をコントロールした時の偏相関

多岐にわたるが、ここでは「就学前母子変数」「入学時知的達成」、および「11〜12歳時の知能・学業成績」との関係についてのみ取り上げる。

表I-9、表I-10にみられるように、アメリカの子どもたちは、就学時の知的達成がその後の学業成績の基盤になるが、日本の場合は就学前の母親変数が、その後の知的達成に影響し続けるのである。言語スタイルが制限コード的であるにもかかわらず、わが国の子どもたちの高い学業成績は、母親変数が長期にわたって働き続けることと関連しているのであろうか。この研究がなされた1970年代には、わが国ではまだ専業主婦の割合が高く、子育てに多くの時間とエネルギーをかけていたが、1980年代以降子育てをめぐる事情が変わってきている。実際、1979年と1997年の高校生を対象とする学習意欲の調査では、学習意欲が全般的に低下しているが、なかでも苅谷が着目するのは母親の学歴が低い生徒ほど学習意欲を低下させる者が増えていることである（苅谷、2001）。苅谷は所得格差や雇用の不安定化が進むなかで、わが国の教育における階層化の拡大が、学習意欲の階層格差と二重に進行している状況に今日の学校教育の真の危機をみている。

I-4-3　文化的帰属感の形成の問題

今日の経済・社会的状況は好むと好まざるとにかかわらず複数の文化圏で過ごさざるを得ない子どもたちを著しく増大させている。箕浦（1981）は1つの文化圏から他の文化圏への移行が、8歳以前になされた場合は行った国にすぐ順応し、9〜10歳以降の場合は時間がかかるという経験的事実について、日本からアメリカのロサンジェルスにビジネスビザで長期に滞在した家族の子どもを対象に調査している。その一部を紹介すると、9歳未満で渡米し、4年以上滞在している子どもの大半が、次のいずれかに分類された。

　タイプI：認知・行動面はアメリカ的だが、心情面はどちらなのか未分化である。

　タイプII：認知・行動・感情のすべての面でアメリカ的になる。

タイプIと判定された者の年齢は10歳5か月（中央値）、タイプIIの年齢は13歳であった。さらに、滞在が4〜5年以上にわたり、11歳を超えて帰国した場合は日本の友だちのやり方に違和感を持ち、逆に、11歳以上で渡米した場合は

アメリカ的やり方について行けないと感ずるという。

　箕浦は，具体的な対人間のやりとりの背後に文法が存在すること，すなわち，可視的な行動の体系に内在している意味の構造を総体的に把握もしくは感知しうるだけの精神的成熟に達しはじめるのが9歳頃であること，それぞれの文化に特有な行動文法を摂取し，それをあたかも自分のものであるがごとく感じ出すようになると，異質な行動文法＝文化に違和感をもちはじめるのではないかという。

　文化とパーソナリティ研究分野において観察される「カベ」は，乗り越えるべき発達課題の壁というよりも，概念的思考の発達のなかで進められる，自己の内面的世界への文化の取り込みの結果生じた異文化への抵抗感としての「カベ」である。

I-4-4　今日の児童・青年期の心理・行動上の問題と言語行動の未熟性

　人格障害という概念がDSMに登場してから約半世紀が経過した。精神医学や発達心理学では，社会生活に支障をきたすようなバランスを欠いた人格の諸傾向は幼少期の対人的関係や彼らが育った社会文化的状況が深く関連していると考えている。

　鈴木（1999）は，境界例患者の治療を試みる者が，しばしば，ことばが一般的合意に基づく通常の意味をもつとは限らないことを思い知らされるという。一般に，ことばはその習得過程からみて，まず一つ一つの事物と関係づけられ，事物と同じく相互に独立した実体的価値を担うものであるかのように学習される。子どもにとって個々のことばは，さしあたり個別的な実体的性格をもっており，その限りで事物と同様の多様な相貌や情感的イメージに充ちている。やがてことばは徐々にその事物的性格を失って，その相貌性・情感性は背後に退き，代わってそれ自体としての無内容さや形式的性格が備わってきて，ことばはその本来の機能を獲得するのであるが，鈴木は境界例患者の用いることばにはこのような言語化が決定的に不足しているという。その理由として，境界例患者にとって世界は断片的な事象の絶えざる生起であるが，彼らはそれら断片的な事象の統合を目指すことなく，むしろそれらの断片を積極的に孤立させることによってその印象をきわだたせ「いま，ここ」における意味的世界にとど

まろうとする，あるいは，とらわれているのではないかという。境界例患者にいえることは，人格障害一般についても，おおむね当てはまるであろう。

　尾木（1999）は，学級崩壊を，小学校低学年の学級での授業が成立しない現象と定義し，その原因の一つにコミュニケーション能力の不全，すなわち，ことばが自らの行動を規制する力が育っていないために教師の指示が浸透しないことを挙げている。また，不登校やひきこもりの青年は一般に自分の感情を言語化することが苦手である。用いることばも「別に」とか「まあね」などとあいまいな性格のものが多く，それ以上説明を求めても「わからない」となってしまう。斉藤（2003）は，ひきこもり事例と面接していて，彼らが長期的目標はおろか，たった今自分が何をしたいのか，何を欲するのかという問いの答えすらもちあわせていないことが少なくないと述べている。80年代から日本の社会で広がってきた「オタク」と名づけられる若者たちについて，中島（1995）は自らの体験に触れながら，自分だけの世界で他者が存在しないかのようにふるまう若者たちを「コミュニケーション不全症候群」と呼び，彼らは自分が何を望んでいるのか，どういう存在であるのかについて知ろうともしないという。さらに，彼らは端的にいって「愛されたい」「見てほしい」という子どもの役割を捨てようとせず，私的な自己表現の場をさがしだし，その仲間たちと私的な共同幻想によって自己の場を設定しようとしているのではないかという。

I-5　発達支援の考え方

I-5-1　一次的ことばと二次的ことば

　岡本（1985）は，ヴィゴツキーの生活概念，科学概念，話しことば，書きことば，外言，内言などの概念を念頭におきながら，ことばの発達を4つの時期にわける。

①胎生期：ことばの基礎ができあがってくる乳児期

②誕生期：自らの力と周囲の人たちとの共同作業によってことばを生み出してゆく時期（1歳半ばから2歳過ぎ）

③一次的ことば期：ことばが現実的な生活場面で，具体的な状況と関連して用いられ，場面の文脈に支えられてコミュニケーションが可能になる，お

よそ幼児期から小学校低学年までの時期。コミュニケーションの相手も自分とよく知り合った特定の親しい人で，話し手と聞き手が役割を交換しながら話のテーマが展開され，コミュニケーションが深められてゆく。
④二次的ことば期：不特定多数の他者に対して発せられ，テーマも，具体的場面を離れた事象や抽象的な概念，論理などについてとなる。したがって，状況の文脈に頼るのでなく，必要なことはすべてことばのなかに託さねばならない。ことばが，ことば自体の力でコミュニケーションや思考を促すことが可能になるが，その中心機能は「ことばによってことばを説明する」こと，すなわち「ことばのことば化」である。

岡本は，乳幼児期のことばは就学を契機にして一つの大きな質的転換を遂げることによって，ことばはことばとしての力を十全に発揮するにいたるのであり，その意味で，二次的ことばの獲得は，発達上画期的な出来事であるとしながら，一次的ことばと二次的ことばのつながりをどう考えるかはきわめて重要な課題であるにもかかわらず，その内実についてはほとんどわかっていないと指摘する（岡本，1985）。

岡本のいうことばの誕生期を含む一次的ことば期は，他者との共同性への強い志向，ことばが直接喚起する感情や自由なイメージ，周囲の事物に対する新鮮な関心など，会話の進展そのものがそのつど発話への動機を生み出し，常に精神活動を活性化させる力をもっている。筆者は，子どもたちがこのような生き生きとした心理状態で過ごすなかで，自らの心理過程についての自覚性と随意性を高めていき，たくまずして二次的ことば期の精神活動へと移行していくと考えている。

子どもの発達支援にあたる者たちが目指すのは，子どもたちが，いかにして上記のような一次的ことば期を特徴づける精神状態で過ごせるかを問うことであろう。むしろ我々が憂いているのは，I-6で述べるように，子どもたちがこのような精神状態で過ごせる生活の場が次第に奪われつつある事実ではないだろうか。

I-5-2 「わかること」（理解すること）の根源性

佐伯（2004）は『「わかり方の」の探究』という著書のなかで，人は生まれな

がらにして「わかろう」として絶えず活動しつづけているという。このことを公理として認めようともいう。

彼は，子どもが何かについて「わかった！」というとき，それはその子どもがある文化的価値を自分自身の自発性の下に積極的に受け入れたということであり，また同時に，その子どもの「理解」は，その子どもをとりまく人々と共有される新しいよろこび，価値の産出であること，すなわち，「わかること」は文化的価値の受容と創出の同時的発生を意味しており，「文化的活動」そのものと考えている[13]。

筆者は佐伯のこの見解に賛成である。筆者も乳児の対象理解の発達の探索・気づき・創造という項（I-3-1 参照）で，乳児が与えられた検査場面で，何であるかをわかろう（探索）とし，何かに気づき，そこでわかったことを生き生きと表現する姿に感動を覚えている者の一人であるからである。

佐伯（1998）はある学会のシンポジウムで重度・重複障害児 M の事例について以下のことを報告した。担任の Y が M の横にねころがって本を読みながら M の表情の変化などを観察していると，料理の話に関心がありそうだということになり，Y は料理作りを思い立つ。Y は M を車いすにのせて食材さがしに街をみて歩く計画を立てる。どんな料理を作るか，いろいろ提案してみるとハンバーグというところで表情がかすかに動いた。車いすの M の視線を手がかりに食材買いに出かけ，タマネギ，挽肉などを買う。ある場所でリストにない「ニンジン」を凝視するので，レシピにないがと説明したものの，買うことにする。あとでわかったのであるが，M の家のハンバーグにはニンジンが入っていた。以下省略するが，こうして毎週1回，1年間，M を中心にしながら，皆で料理をつくる活動がつづけられた。

ここでは，料理という文化的活動の文脈が与えられたときに，M が生き生きとした思考活動をはじめたという事実に着目したい。文化的な実践の文脈でこそ思考が働くということは，思考が具体的な人や事物に結びついているのであり，先の岡本の描いた一次的ことば期の精神活動とも重なっていることが理解

13　人間の精神活動において「わかること」（理解すること）の根源性については橋爪（2009），山鳥（2002）などを参照されたい。

されよう[14]。

I-5-3 「できること」と「わかること」

　佐伯は，さらに「できること」と「わかること」について論考を進めているが，今日の学校教育の中では「できる」と「わかる」が明確に分離されており，「できる」ようになることを中心に教授活動が営まれているという。彼は「できる」ことが「わかる」ことより重視される根拠を次の3つに要約する。

　①基礎学力の訓練。「わかる」ということが大切だといっても，ものごとを深く広く「わかる」ためにはどうしても必要な基礎技能（basic skills）があり，そういう基礎技能ができるようにならなければ教科内容がわかるはずがない。

　②教授目標の明確化。子どもが本当にわかったか否かは，何らかの行為が「できる」か否かで判定し評価するしかない。そこで「どういうことについてどこまでできるようにする」かという形で教育目標をリストアップすることが授業活動を計画的で体系だったものにするために重視される。

　③生きて働く学力。知識というものは，（わかっていても）それが現実場面で生かされなければ真に身についているとはいえない。

　その結果，文化的意義の明らかな文脈で「できるようになる」ことと，一切の文脈を切り離した世界で「できることを目指す」ことの混同がはじまるという。

　①，②について，佐伯は，基礎的であるという事態の認識は，そうならしめている文化的実践の文脈と結びつけて子どもに教えるべきであり，単なる「項目」を抽出して教えるべきでないと主張する。③についてはどのような教授活動によってもたらされるのかは全く不明であると批判する。さきの事例Mでみると，③は単なるお題目に過ぎず教育の名に値するような考え方とはいえない。

I-5-4　コミュニケーションの場としての検査場面

　検査場面では，子どもの反応をとおして，子どもを理解する，あるいは，精神

　14　こうした考え方は，心理学では「領域固有性」の問題として取り上げられてきた。

活動の様相を知ろうとする。ただし先に述べた教授活動とは違って、検査場面を検査者と子どもが出会い、コミュニケートする場としてとらえる。コミュニケーションの特徴はその「冗長性」にある。検査者と子どもの相互理解は、ことばだけでなく、声の調子、抑揚などのパラ言語（paralanguage）、あるいは、身ぶり、表情その他の身体表現など非常に多元的なチャンネルを通してなされる。また、保護者をはじめ、子どもの発達にかかわるさまざまな領域の人々が子どもをめぐって情報交換を重ねあう。さらに、必要に応じて経過観察が繰り返される。このように、コミュニケーション・システムを構成している人たちが相互に影響力を及ぼしあう状態は「介入」（intervention）というよりは、「相互浸透」（interpenetration）と呼ぶのがふさわしい。このように、発達検査は、発達アセスメントや発達相談とともに発達支援活動と、さらには子どもの生活そのものと一体のものである。子どもをとりまいている状況全体が子どもを成長させるのである。

I-6　子どもにとって環境の豊かさとはなにか
―発達アセスメントの課題―

　さきに市場原理の猖獗(しょうけつ)のもとでの急速な情報化、国際化や経済格差の拡大など今日のわが国の社会経済的状況にふれたが、そうした問題の根底には効率性、すなわち、有用性・利便性・経済性などの追求がある。一般に、人と人との関わりには多くのエネルギーを必要とするから、効率性を追求する社会では共同体での人と人との関わりをできるだけ少なくしようとする。私たちが交通機関や医療機関を利用するとき、あるいは銀行や量販店で用を足そうとするときなど、客として受けるべきサービスの多くは、テクノロジーに制御されたシステムが代行してくれる。私たちはこのような機能システムに依存するうちに、その機能システムのなかで働いている人たちを、生身の他者とはみなさないで、機能システムを構成する一部とみなすようになる。また、「機能」とは、何かの問題を解決したり目的を達成したりする代替可能な手段の働きであるから、人間の個人的特性はますます無視されるようになる。派遣社員は、ある能力をもつものであれば誰でもよいことになる。

人間を対象にした効率性の追求が能力主義となることはみえやすい。能力主義は，子どもを親や大人たちが望む方向に育てようとする教育観とあいまって，子どもを操作可能な対象とする見方を育んできた[15]。岡本は，子どもが時間をかけている時こそが，その子どもの自我がいちばん機能しているはずであるにもかかわらず，能力主義が保育や幼児教育の場に侵入して，遅いこと，はかどらないこと，あれこれ迷うことは劣っているとされていることを指摘する。こうして幼児に対して「一人で，早く，何でもできること」を目指す教育がなされているが，それはとりもなおさず，一次的ことばからの離脱の達成に教育の成果をみようとすることに他ならない。このように子どもを早期から二次的ことばの熟達に向けて追い上げる力が働き続け，いまだ十分な熟成をとげない一次的ことばに対して早くも二次的ことばの侵蝕がはじまる。二次的ことばによってもたらされる一次的ことばの貧困化・空洞化は，その上に築かれる二次的ことばの危機をも生み出す結果となる（岡本，2005）。

　さて，4節において，今日の児童・青年期の発達をめぐる問題のいくつかをみてきたが，それらの問題から逆照射すると，子どもにとって豊かな環境とは，一次的ことばを豊かに育てるような環境ということができる。それは，効率性の対極である冗長性（redundancy）[16]を育むような環境でなければならない。子どもは周囲の者との冗長性に富んだ関わり（コミュニケーション活動）を基盤にしながら遊び，しつけ，その他さまざまな表現活動を通して時間をかけながら育っていく存在である。そのような豊かな環境が失われつつあるのでないかを問いかける視点としてコミュニケーション，あるいは，関係の冗長性という問題を提起したい。

　子どもにとって豊かな環境とは，たとえば，支援教育の場で実現しようとしているような環境がそれであるし，さらにいえば，児童福祉法や学校教育法，その他，子どもにかかわるさまざまな法律は，多かれ少なかれそうした環境を

15　近代教育学は，「人格の完成」ということばにみるように，子ども一人ひとりの人格を完全なものにすることを意図した営みであるが，それは子ども（人間）を操作（コントロール）可能であると考えることによって可能になる。一方，教師はその行為によって子どもの人格に影響を与えうると考えられていた。1980年代の後半から深刻さを増した教育危機のなかで，操作可能性という前提や教職の専門性などについても根底から問い直されつつある。

築くことを目指してきたといえよう。しかし，上にみてきたように，他方ではそれを切り崩し，無効化する効率性の追求や能力主義に，また，その結果としての差別化や貧困化に絶えずさらされ，おびやかされているのである。それだけではない。周知のように，技術革新や情報化は社会の急速な変化をもたらすが，子どもは自然の一部，すなわち，生物種の一つであり，いかに有能で可塑性に富んだ存在であるにしても，適応できる環境とその変化の早さや幅には自ずと限界があるということを真剣に考え直す時ではないだろうか。

今日の社会文化的状況において，子どもが育つ望ましい環境とは何かという問いに答えることは非常に困難である。発達アセスメントに携わる者は，何よりも子どもが置かれている環境を，子どもの視点からとらえ，評価することが求められていることを強調しておきたい。

---

16 本書では，子どもが育つ環境のなかで役に立たない，無駄なものとして次第に退けられ，失われつつあるが，しかし，子どもにとって真に豊かな環境とは何かを考えるうえで浮かび上がってくる視点として冗長性を提出したい。産卵と受精にみられる過剰さは生命活動におけるさまざまなリスクを補って余りあるし，発生の過程ではすべての細胞に一そろいの遺伝情報（DNA）が置かれているように，冗長性は，生命が進化の過程で採用した戦略とみることができる。生命活動を維持するうえで，ホメオスタシスや適応症候群のように，バックアップ体制が幾重にもしかれていて，危機に際しての復元力や自己治癒力として働いている。ベイトソン（Bateson, 1972）は，世界のなかに「意味」あるいは「予測可能性」が生じていくその前段階でリダンダンシー（冗長性）が卓越していくプロセスについて考察している。さらに，福嶋は，コミュニケーションを「冗長性の拡張」ととらえることができると述べ，この種の冗長性の効用を自己修復能力の獲得プロセスに数え入れる（福嶋，2010）。その他，この概念はサイバネティックスや情報工学などさまざまな分野で使われている。田中（2002）は，関係の冗長性とは，たとえば，慣れ親しんだ友人と話しているときにことば使いにこまかく気を遣わないという例を挙げ，一定の範囲ならからかっても，けなしても，相手が嬉々として応答してくれるはずという予期が相互に一致することであると述べている。冗長性の重要な機能は，お互いの思わぬ失敗をなかったことにすること，すなわち，コミュニケーションの緩衝装置であることである。こうして，どうでもいい（redundant）話で盛り上がり，メッセージでなくコミュニケーションそのものに夢中になるという状態が生み出されていく。効率性を追求する社会では，こうした本音（メタレベルのメッセージ）の冗長なコミュニケーションの場である無礼講，井戸端会議，上司や同僚との酒席での盛り上がりなどは次第に衰退していく。

文　献

The American Psychatric Association　1987　*Diagnostic and Statistical Manual of Mental Disorders Third Edition, Revised: DSM-Ⅲ-R.*（高橋三郎・大野　裕・染矢俊幸（訳）　1988　DSM-Ⅲ-R　精神疾患の診断・統計マニュアル　医学書院）

The American Psychatric Association　1994　*Diagnostic and Statistical Manual of Mental Disorders Fourth Edition: DSM-Ⅳ.*（高橋三郎・大野　裕・染矢俊幸（訳）　1996　DSM-Ⅳ　精神疾患の診断・統計マニュアル　医学書院）

東　洋・柏木恵子　1989　教育の心理学　有斐閣

東　洋・柏木恵子・ヘス, R. D.　1981　母親の態度・行動と子どもの知的発達日米比較研究　東京大学出版会

Bateson, G.　1972　*Steps to an ecology of mind.*（佐藤良明（訳）　2000　精神の生態学　新思索社）

Bernstein, B.　1971　*Class, Codes, and Control. vol.1: Theoretical studies towards a sociology of language.*　Routledge & Kagan Paul.

Bernstein, B.　1973　*Class, Codes, and Control. vol.2: Applied studies towards a sociology of language.*　Routledge & Kagan Paul.

Binet, A. & Simon, Th.　1908　Le developpement de l'intelligence chez les enfants. *L'Annee psychologique*, **14**, 1-94.　他5編の論文（中野善達・大沢正子（訳）　1982　知能の発達と評価　知能検査の誕生）

ブルーナー　1972　平光昭久（訳）教育の適切性　明治図書

土居道栄　2002　精神発達検査を通してみた発達のすがた―発達機能の体制化と相互連関の検討―　村井潤一（編著）　乳幼児の言語・行動発達―機能連関的研究―　風間書房

Doll, E. A.　1947　*Social maturity scale.* Circles Pines, MN: Amrican Guidance Service.

福岡伸一　2008　できそこないの男たち　光文社新書

Gesell, A. & Amatruda, C. S.　1941　*Developmental diagnosis: Normalandabnormalchild development. Clinical methods and pediatric applications.* Paul, B. Hoeber.（佐野保・新井清三郎（訳）　1958　発達診断学　小児の正常発達と異常発達　日本小児医事出版社）

Gesell, A. & Amatruda, C. S.　1945　*The Embryology of behavior: The beginnings of the human mind.* Harper & Brothers, NewYork.（新井清三郎（訳）　1978　行動の胎生学　日本小児医事出版社）

橋爪大三郎　2009　はじめての言語ゲーム　講談社現代新書

浜田寿美男　2002　身体から表象へ　ミネルヴァ書房

福嶋亮太　2010　神話が考える　ネットワーク社会の文化論　青土社

生澤雅夫・松下　裕・中瀬　惇　1985　新版K式発達検査法　ナカニシヤ出版

生澤雅夫・松下　裕・中瀬　惇　2002　新版K式発達検査2001実施手引書　京都国際社

会福祉センター
井上健治　1979　子どもの発達と環境　東京大学出版会
板倉昭二　2006　「私」はいつ生まれるか　ちくま新書
苅谷剛彦　2001　階層化日本と教育危機―不平等再生産から意欲格差社会へ　有信堂高文社
Kupfer, D. J., First, M. B., & Regier, D. A. (Ed.)　2002　*A research agenda for DSM-V*.（黒木俊秀・松尾信一郎・中井久夫（訳）　2008　DSM-V 研究行動計画　みすず書房）
小林　登　1999　子ども学　日本評論社
小山　正　1991　精神遅滞児における意図的伝達行為の発達とその認知的前提に関する研究　音声言語医学, **32**, 2.（小山　正（編）　2000　ことばが育つ条件　培風館　所収）
K式発達研究会（編）　2008　新版K式発達検査法2001年版　標準化資料と実施法
京都市児童福祉史研究会（編）　1990　京都市児童福祉百年史
McCall, R. B.　1979　The development of intellectual functioning in infancy and the prediction of late IQ. In Osofsky, J. D. (Ed.), *Handbook of infant development*. Wiley, 707-741.
箕浦康子　1981　いくつになったら日本人になるのか―文化的帰属感の形成と認知発達―　発達, **8**(2).
森岡健二・藤永　保　1970　言語と人間　東海大学出版会
森上史郎　1974　ほんとうの発達とにせものの発達　田中教育研究所（編）季刊　現代教育心理　特集　発達課題と教育　第1集　明治図書
内閣府　2002　平成13年版障害者白書
内閣府　2008　平成20年版障害者白書
中島　梓　1995　コミュニケーション不全症候群　筑摩書房
中村和夫　1998　ヴィゴツキーの発達論文化-歴史的理論の形成と展開　東京大学出版会
中村和夫　2004　ヴィゴツキー心理学「最近接発達の領域」と「内言」の概念を読み解く　新読書社
Nihira, K.　1985　In Wolman, B. B. (Ed.), *Handbook of intelligence*. Part Three. John Wiley & Sons.（精神遅滞者のアセスメント　杉原一昭（監訳）　1995　知能心理学ハンドブック第三編　田研出版）
日本子ども家庭総合研究所　2002　日本子ども資料年鑑
岡本夏木　1985　ことばと発達　岩波新書
岡本夏木　1986　別冊発達4発達の理論をきずく　村井潤一（編）　ミネルヴァ書房
岡本夏木　2005　幼児期―子どもは世界をどうつかむか―　岩波新書
尾木直樹　1999　「学級崩壊」をどうみるか　NHKブックス
Piaget, J.　1970　Piaget's theory. Mussen, P. H. (Ed.), *Carmichael's manual of child*

psychology. 3rd ed. :Vol. 1. NewYork: John Wiley & Sons.（中垣　啓（訳）　2007　ピアジェに学ぶ認知発達の科学　北大路書房）
Rochat, P.　2001　*The infant's world*.（板倉昭二・開　一夫（監訳）　2004　乳児の世界　ミネルヴァ書房）
ろう教育科学会（編）　1978　園原太郎がかたることば・発達・教育　きき手　村井潤一　ミネルヴァ書房
斉藤　環　2003　ひきこもり文化論　紀伊国屋書店
佐伯　胖　1998　教育心理学会　自主シンポジウム　「認識と文化」研究の現在と未来
佐伯　胖　2004　「わかり方」の探究　小学館
鈴木　茂　1999　境界事象と精神医学　岩波書店
鈴木治太郎　1948　実際的個別的智能測定法（昭和23年修正増補版）　東洋図書
多賀厳太郎　2002　脳と身体の動的デザイン運動・知覚の非線形力学と発達　金子書房
滝川一廣　2004　「こころ」の本質とは何か　ちくま新書
田中智志　2002　他者の喪失から感受へ　勁草書房
辰野千尋　1995　新しい知能観に立った知能検査基本ハンドブック図書文化
所　久雄　2000　ノーマリゼイションからユニバーサリゼーションへ——地域社会（コミュニティ）構築を基軸に——　種智院大学仏教福祉学，**2**.
Tomasello, M.　1999　The Cultural Origins of Human Cognition.（大堀寿夫・中澤恒子・西村義樹・本多　啓（訳）　2006　心とことばの起源を探る　勁草書房）
津守　真・磯部景子　1965　乳幼児精神発達診断法　3才～7才まで　大日本図書
上田　敏　2005　ICFの理解と活用　萌文社
Uzgiris, I. C. & Hunt, J. McV.　1975　*Assessment of infancy: Ordinal scales of psychological development*.　University of Illinois Press.（白滝貞昭・黒田健次（訳）　1983　乳幼児の精神発達と評価　日本文化科学社）
Werner, H. & Kaplan, B.　1963　*Symbol formation: An organismic-developmental approach to language and the expression of thought*.　John Wiley & Sons, NewYork.（柿崎祐一（監訳）鯨岡　峻・浜田寿美男（訳）　1974　シンボルの形成　ミネルヴァ書房）
牛島義友・木田市治・森脇　要・入澤壽夫　1949　乳幼児精神発達検査　金子書房
百合本仁子　1981　一歳児における鏡像の自己認知の発達　教育心理学研究，**29**.
World Health Organization　1992　*The ICD-10 Classification of Mentaland Behavioural Disorder and Clinical Description and Diagnostic Guidelines*.（融　道夫・中根允文・小宮山実（監訳）　1993　ICD-10精神および行動の障害臨床記述と診断ガイドライン　医学書院）
Wolf, T. H.　1973　*Alfred Binet*. University of Chicago Press.（宇津木保（訳）　1979　ビネの生涯　知能検査のはじまり　誠信書房）
山口俊郎　1987　検査をするということ　京都国際社会福祉センター紀要　発達・療育

研究 第3号
山鳥 重 2002 「わかる」とはどういうことか――認識の脳科学 筑摩書房

II 新K式検査2001における成人級課題について

　新K式検査2001はさまざまな点において改訂されたが，もっとも大きな変更点は検査の適用年齢が成人にまで拡張されたことである（生澤ら，2002；松下・生澤，2003；新版K式発達検査研究会，2008）。本章では新K式検査2001の成人期への拡張の過程，成人向け課題の特徴，成人対象者への実施上の問題点や注意点について述べる。

　II-1では，新K式検査2001再標準化に際して，成人期への拡張の目的とその過程について述べる。II-2では，追加された成人用項目の特徴について整理した。II-3では，新K式検査2001の成人対象者への実施上の問題点や注意点について述べる。さらにII-4では，成人期対象者の検査結果の分析を通してみられた成人用項目相互の関係について整理した。

II-1　新K式検査2001の再標準化と検査対象の成人への拡張

　新K式検査1983によって判定がなされていた子どもたちが成人し，再判定を行うケースが増加してきた。そのような判定には，多くの場合，成人前と同一の検査を行うことが望ましいため，新K式検査を成人にも適用できる検査にする必要が生じてきた（松下・生澤，2003）。そこで，再標準化を機に，検査項目をより時代に即したものにすることと並行して，検査対象者を成人期まで拡張することが試みられた。

　成人対象者への拡張は，既存の学童項目系列に難易度の高い項目を追加することと，新たに成人用項目を作成することによってなされた。新たに作成された成人用項目は何度かの予備調査の結果をもとに取捨選択され，新検査案に組み入れられたが，それにともなって検査用紙はそれまでの5葉構成から6葉構

成に改められた。検査項目は標準化作業の結果に基づいて検査用紙に配列された。16歳級までの項目は50％通過年齢に基づいてそれぞれの年齢級に配列され，それ以上の年齢級の課題については，50％通過年齢の推定が不可能であり，課題の難易度にしたがって成人Ⅰ，成人Ⅱ，成人Ⅲの3段階に配列した。

II-2　追加された成人用項目

新設・追加された成人用項目は表Ⅱ-1のとおりである。

II-3　新K式検査2001を成人対象者に実施する場合の留意点について

新K式検査は得点から発達年齢を推定し，その発達年齢と生活年齢の比によって発達指数を算出する方式をとっている。そのために，成人に検査を行う場合にいくつか注意すべき点がある。本節では，はじめに，発達年齢や発達指数などの検査結果の表現の問題について述べたい。次に，生活年齢の終末修正の考え方とその方法について述べる。最後に，成人障害者に検査を行った場合の問題について考察する。

Ⅱ-3-1　検査結果の表現について
(1) 年齢尺度と精神水準

ビネーとシモン（Binet & Simon, 1905a, b）は，知的な発達の程度を，年齢尺度を用いて精神水準（精神年齢や発達年齢とほぼ同じ意味を持つ）で示した。ビネーらは，初等教育の義務化が進むなかで，学校教育について行けない子どもたちへ特別な教育を行うためのスクリーニングを目的として検査を作成した。その場合，検査時点においてどの程度の能力があり，どのような支援が必要になるのかがわかれば十分であると考えた。したがって，指数などに代表される数値や得点は必ずしも必要でなく，検査時点における精神水準を算出するにとどめたのである。

表Ⅱ-1 新K式2001において新設,追加された成人用項目のリスト

	課題	項目	課題の説明[1]	備考
認知・適応領域	立体の断面	「立体の断面 P128」 「立体の断面 P129」 「立体の断面 P130」	立体の断面図の推論を通して,視覚的イメージの操作,幾何学的知識とそれらの総合力を調べる。	新設
	心的回転	「心的回転Ⅰ P131」 「心的回転Ⅰ P132」 「心的回転Ⅱ P133」 「心的回転Ⅱ P134」	視覚的イメージの操作や推論の能力を調べる。	新設
	釣り合いばかり	「釣り合いばかりⅠ P135」 「釣り合いばかりⅡ P136」 「釣り合いばかりⅢ P137」	おもりの数や重さと中心からの距離やモーメントなどの物理学的概念を調べる。数学的な処理を物理的現実に応用する能力を調べる。	新設
言語・社会領域	復唱	「8数復唱 V4d」 「9数復唱 V4e」 「7数逆唱 V5e」	聴覚的な記憶範囲の大小,注意集中の持続力を調べる。	追加
	数学的推理	「数学的推理Ⅰ V58」 「数学的推理Ⅱ V59」	数学的な基礎知識,それらの知識を適切に用いた数学的推論能力,および論理的思考を調べる。	新設[2]
	数列	「数列 V60」 「数列 V61」 「数列 V62」	数列の規則性を発見し,空白部分の数字を推論することにより,特殊なものから一般的なものへという帰納的推論能力を調べる。	新設
	等式の作成	「等式の作成 V63」 「等式の作成 V64」 「等式の作成 V65」	数や記号の形式的な操作ができるかどうかを調べる。	新設
	三段論法	「三段論法 V66」	三段論法に代表される演繹的推論能力を調べる。	新設
	理解	「理解Ⅰ V73」 「理解Ⅱ V74」 「理解Ⅲ V75」	体系的な知識を持ち,それを適切に適用することによって,身近な知識の理解ができるが,その理解力について調べる。	新設
	抽象語の理解	「抽象語の理解Ⅰ V76」 「抽象語の理解Ⅱ V77」	四字熟語が使われる状況や文脈,さらにその歴史的な背景から,その意義を抽象し,適切に使うことができるか調べる。	新設
	ことわざの理解	「ことわざの理解 V78」	日本語と英語のことわざを比較し,共通点を取り出すことを通して,多義的なことわざの理解を調べる。	新設

[1] 新版K式発達検査研究会 (2008) 第Ⅳ章を参考にしてまとめた。
[2] 「算数的推理 V26b」の名称を「数学的推理ⅠV58」と改めた。

(2) 比知能指数

シュテルン（Stern, 1912）は，生活年齢にかかわらず知能の水準を比較するために，精神年齢（mental age, MA）と生活年齢（chronological age, CA）の比で表現される知能指数（intelligence quotient, IQ）を提案した。ターマン（Terman, 1916）は，ビネー検査の米国版において

$$知能指数(IQ) = (精神年齢(MA)／生活年齢(CA)) \times 100 \qquad (式1)$$

として知能指数を表現するようにし，知能指数の概念を普及させた（この指数を比IQと呼ぶことにする）。発達検査の場合は知能指数のかわりに発達指数（developmental quotient, DQ）を，精神年齢のかわりに発達年齢（developmental age, DA）をそれぞれ用いる。

しかしながら，比IQには次に述べるようにいくつかの問題がある。

①尺度の問題　精神年齢は，生活年齢のように一定の伸び方をするものではなく，また，いわゆる比率尺度とも間隔尺度ともいえないため，数学的に比率を出すことには問題がある。

②発達の進み方の問題　生活年齢の段階によって，知能指数のバラツキ（標準偏差や分散など）が有意に異なり，比IQによって発達の進みや遅れを論じるのには注意が必要になる。

③精神（発達）年齢の限界の問題　成人した後の精神年齢や指数の表現に問題がある。一般に知能検査で測定されるような能力は，成人期のある時点で限界に達する。したがって，年齢が高くなっても，精神年齢はそれに見合って高くならず，上限が存在する。

④知能（発達）指数の問題　精神年齢に上限があるので，成人に（式1）をそのまま適用すると分母が大きくなり続け，指数が低下することになる。

これらの問題を解決するために，知能検査ではさまざまな工夫を行っている。

(3) 比知能指数の問題と生活年齢の終末修正

比知能指数の③，④の問題を解決するために，生活年齢の終末修正という方法が用いられる（図Ⅱ-1参照）。知能検査得点は，ある時点（A時点とする：新K式検査2001では14歳程度）まで直線的に変化するが，その後は変化率が

徐々に下がり，ある時点（B時点とする：新K式検査2001では22歳程度）で限界に達する。そこで，精神年齢をA時点以降も直線的に伸び続けると仮定して精神年齢の換算を補正する。それに合わせてA時点以降は生活年齢を下方修正し，B時点以降はすべて同じ生活年齢とする（生澤・中瀬，1985）。このような操作を行うことによって，成人期においても比IQを計算できるようになる。

(4) 偏差知能指数

上述のように生活年齢の修正を行っても，ウェクスラー（Wechsler, 1955）は「年齢に影響されない知的機能の測度」として用いる限り，比IQは不自然，かつ，不正確な測度であるとし，精神年齢と比IQを廃止し，検査結果を標準得点（分布の平均が100，標準偏差が15になるよう調整してある）で表し，知的能力の測度とした。

$$標準得点 = [(検査得点 - 平均得点)／標準偏差 \times 15] + 100 \qquad (式2)$$

ここで，検査得点，平均得点，標準偏差は検査協力者の母集団を生活年齢グループ別に分けて算出されている。この標準得点は見かけはそれまでの知能指数と似ているところから，偏差知能指数と呼ばれる（偏差IQという）。ウェクスラー以降，多くの知能検査では偏差IQを用いるようになっている。

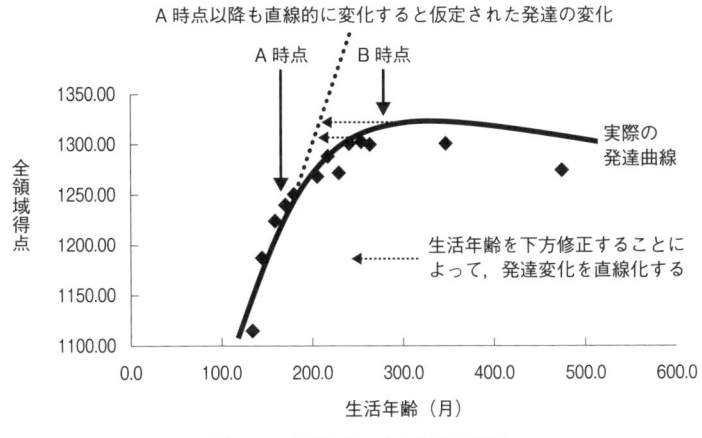

図Ⅱ-1 生活年齢の終末修正の説明

II-3-2 新K式検査における発達指数について

　新K式検査では，一貫して発達年齢とそれを用いた発達指数（比DQ）を採用してきた。知能検査や発達検査の流れからすると，一見，逆行しているかのようにみえるが，それには明確な理由がある。第1は，発達検査の目的は検査対象者の発達の水準を測定することであり，年齢別の標準得点は，発達の水準を直接に表現していないと考えるからである。その意味ではビネーの本来の考え方を尊重しているといえる（生澤，1985）。第2に，新K式検査は主として子どもの発達支援や障害児・者への治療的介入を目的としたアセスメントに用いられているが，その場合，発達や知能の正確な数値よりも，検査対象者の知的機能の働き方について詳細に知る必要がある。そのためには，標準得点（偏差IQ）よりも発達年齢の方が有用であると考えられる。第3に，偏差IQを用いた場合，その分布の両端に歪みが生じ，いわゆる「スケールアウト」のために重度の障害児・者の発達の推定に用いることが困難である。

　以上のように，新K式検査では，検査の主な目的が検査対象者の発達の水準を測定し，発達支援などの材料を提供することであると考え，発達年齢とそれを用いた発達指数（比DQ）を採用している。

II-3-3　終末修正値の推定について

　先にも述べたように，発達年齢とそれを用いた発達指数を採用した場合に，成人期の検査対象者では不都合な現象が生じる。そこで生活年齢の終末修正がなされるが，以下，新K式検査における生活年齢の終末修正について解説する。

(1) 新K式検査1983の終末修正

　新K式検査1983は14歳程度までの子どもを対象とした発達検査である。しかし，児童福祉法が対象とする児童は満18歳未満であり，また知的障害児の多くが養護学校高等部に進学する状況下では，生活年齢15，6歳以上であっても，発達遅滞その他の理由でこの検査を用いる場合が生じる。このような場合に備えて15，6歳以上の生活年齢を修正するための換算表を準備する必要があった。そこで新K式検査1983の標準化集団とは別に，やや簡単な形で資料を集めることとし，7歳から20歳にわたる約2800人の対象者に対して，K式検査項目の課題のなかから3種類（「数の記憶」「方位」「単語列挙」）14項目から

なる検査問題を実施し，発達曲線の推定を行った（詳しくは，中瀬（1983, 1984），生澤・中瀬（1985）を参照されたい）。その結果，14歳頃までは得点が一様に増加し，17, 8歳でピークに達すると考えられた。その結果をもとに，14歳以降は生活年齢を下方修正し，18歳以降はすべて16歳とするという終末修正の換算表が作成された。

(2) **新K式検査2001の終末修正**

新K式検査2001の再標準化では，検査問題を成人級まで拡張し，成人年齢までの標準化集団から，新K式検査2001の全項目についてのデータを収集した。これらのデータから推定すれば，発達曲線は14歳頃まで得点が一様に増加し，22歳頃にピークに達すると考えられた。その結果をもとに14歳以降は生活年齢を下方修正し，21歳7か月以降はすべて18歳とするという終末修正の換算表が作成された。

(3) **終末修正の正確さについて**

終末修正の結果，新K式検査1983では生活年齢の最大値を16歳，新K式検査2001では18歳と2歳の差が生じた。そこで，終末修正の手続きについて説明し，この違いが生じた理由を考えてみたい。

まず，発達曲線の推定についてであるが，新K式検査1983の場合，標準化集団とは別の集団から得られた資料であること，検査問題も3種類だけであったことの2つの問題があった。特に，後者の項目数の問題は無視できない。発達曲線は検査項目ごとに異なると考えられるため，項目数が少ないとそれぞれの項目独自の特性が発達曲線に影響をおよぼし，正確な発達曲線が得られない

表Ⅱ-2 わが国のビネー式知能検査・発達検査における生活年齢の終末修正最大値

検査名	発表年	終末修正最大値
鈴木ビネー（鈴木，1948）	1948	16:0
田中ビネー（田中，1954）	1954	15:0
田中ビネー（田中教育研究所，1970）	1970	15:0
新K式検査1983（生澤，1985）	1983	16:0
田中ビネー（田中教育研究所，1987）	1987	17:9
新K式検査2001（新版K式発達検査研究会，2008）	2001	18:0

可能性がある。新K式検査2001では，標準化集団全員の結果をもとに，全項目を用いて発達曲線の推定を行っており，そのような問題はみられず，終末修正値としてはより妥当であると考えられる。

次に，さまざまなビネー式知能検査における終末修正値の最高年齢を調べると表Ⅱ-2のようになった。表Ⅱ-2にみられるように，近年，終末修正の最大値は上昇する傾向にある。つまり，発達のピークに達する年齢が伸びているといえる。その原因を簡単に特定することはできないが，知能の発達における一般的な傾向といえる。したがって，新K式検査2001と新K式検査1983の2つの終末修正の相違は，上記の他に，何らかの時代的変化を反映するものであり，現時点においては，18歳という終末修正の最大値は妥当なものと考えることができる（鈴木，1948；田中，1954；田中教育研究所，1970，1987）。

Ⅱ-3-4　成人の検査について

(1) 健常成人の場合

正常知能範囲の成人の場合，新K式検査2001によってより正確な発達の推定ができる。このことは，成人のDQの平均がおよそ100前後であることからも理解できる（生澤・大久保，2003）。

(2) 障害をもつ成人の場合

先に示したように，新K式検査1983と新K式検査2001では生活年齢の終末修正最大値に2歳の差が生じている。ここから，成人期の障害者の検査結果について若干の混乱が起きているようである。

新K式検査2001の作成に関しては，1960年代以降の知能と加齢との関係についての研究成果が取り入れられている。新K式検査1983と新K式検査2001は多くの共通項目をもち，かつ，互換性についても十分配慮がなされているが，基本的には別の尺度である。したがって，新K式検査1983での発達年齢を，そのまま新K式検査2001の結果とみなして，新K式検査2001の終末修正値をあてはめて，比較し，その矛盾を指摘するのは明らかな誤りである。

新K式検査1983ですでに測定されている成人障害者の場合，その結果を新K式検査2001と比較するには，新K式検査1983での検査結果を，共通項目については新K式検査2001の検査用紙に転記し，新設された項目については

その障害者の反応を実際に調べてみる必要がある。その際，その障害者についての新K式検査1983の内容や生活状況などの情報をできるだけ活かし，検査者やクライエントの負担を少なくする配慮が必要であろう。また，広汎性発達障害の成人のなかには，ウェクスラー式の知能検査の結果と比較した場合，新K式検査のDQが低くなる例があることが報告されている。少数例であるうえ，系統的な比較がなされていないため，これらの例に関する意味づけや解釈には慎重でなければならないが，今後，障害児・者のタイプと新K式検査2001に対する反応のパターンとの関連や，ウェクスラー式の知能検査をはじめとする他の検査との比較なども必要である。新版K式発達検査研究会では検査のメンテナンスの一環としてそれらの検討を続けていく予定である。

(3) 今後の課題

以上，いくつかの検討を行ったが，新K式検査2001は健常者の発達年齢を推定する発達検査として，終末修正の手続きを含めて妥当性が確かめられているといえよう。障害者の発達年齢の推定においても，健常者における妥当性が必要条件である。

しかしながら，成人障害者において，新K式検査1983と新K式検査2001の比較を行う場合，Ⅱ-3-3で述べたような終末修正値の相違が，発達指数を下方へ押しやる問題が生じる可能性がある。それらの問題については，成人障害者のデータを集積した上で分析を進めていきたい。

また，新K式検査2001の成人用項目を作成する上では，キャッテル（Cattell, 1963）の流動性知能（fluid intelligence）と結晶性知能（crystallized intelligence）についての考え方を参考にした。流動性知能とは記憶，推理，数計算，図形処理などのいわゆる頭の回転の速さの側面を指し，文化や教育の影響を受けにくい。これに対して結晶性知能には言語理解や一般的知識が含まれ文化や教育の影響を受けやすい。ホーン（Horn, 1982）によれば，流動性知能に含まれる諸機能は20歳代からすでに低下がはじまるが，結晶性知能は40歳代，50歳代においても上昇しており，高齢に達しても容易に衰えないという（Dixon et al., 1985; 柄澤, 2001）。今後，成人の発達の問題については，こうしたモデルも参考にしながら検討を進めていく必要があろう。

II-4 新K式検査2001における成人級課題の分析

　発達検査や知能検査の課題や項目間の関連性（あるいは発達連関）については，これまで多変量解析を用いた研究がひろくなされてきた。ウェクスラー式の知能検査については正常群，障害群を含めて数多くの研究が報告されている。それらの研究では，一般的に，①言語理解要因，②知覚組織化要因，③妨害からの自由要因の3因子が共通して得られている（O'Grady, 1989）。しかし，3因子構造に否定的な研究者も多く，また，妨害からの自由要因は検査対象者群によって変化する，と述べる研究者もいる。

　新K式検査の項目については，嶋津ら（1981）のクラスター分析による研究，生澤（1980，1982，1984）の潜在クラス分析による研究などが挙げられる。また，大久保（1989，1991，1994）は，言語発達遅滞児の新K式検査の結果を多次元尺度法や因子分析を用いて検討した。一般的に，発達検査や知能検査の結果を項目単位で分析すると，項目の難易度，もしくは，発達の程度のクラスターが前面に現れやすくなる（Beck et al., 1989；大久保，1989，1991；嶋津ら，1981）。生澤はそのような特徴を活かし，潜在クラス分析を用いて発達段階を抽出した（生澤，前掲書）。大久保は項目の難易度要因を最小限にするため，項目をいくつかの下位尺度にまとめて分析し，言語発達遅滞児と健常児の発達の因子構造が大きく異なることを見いだした（大久保，1995）。

　本稿では，新K式検査2001における成人級課題の相互の関係性について，多変量解析を用いて検討を行った。新K式検査2001についてはこのような検討はほとんどなされていない。そこで，本研究では，新K式検査2001の標準化における成人対象者の結果の分析を行い，成人級課題の連関構造について検討した。

II-4-1　分析の方法
（1）調査対象者
　新K式検査2001の標準化における調査対象者のうち，16歳以上25歳未満の278名（男性118名，女性156名）を分析の対象にした（表II-3）。
　ただし，通過率曲線（発達曲線）の分析においては，通過率曲線の6歳以上

表 II-3　年齢区分別・性別の対象者

年齢区分	男性	女性	総計
16歳超～17歳未満	33	24	57
17歳超～18歳未満	32	23	55
18歳超～19歳未満	19	30	49
19歳超～20歳未満	9	20	29
20歳超～	25	59	84
総計	118	156	274

の部分を用いて分析を行った。

(2) 検査項目

分析には16歳以上の対象者において実施される課題を用いた。第6葉の課題が主であったが，それらと関連する項目であればそれ以下の年齢級の課題も用いた。分析対象となる検査項目は全体で55項目となった（表II-4）。

(3) 検査下位尺度

検査項目のなかで，互いに関連する項目をグループ化し，22種の尺度を構成した。詳しくは表II-4を参照のこと。それらの項目は検査内容がほぼ同一で難易度のみが異なる項目であった。

(4) 検査手続き

検査は新K式検査2001の標準的な方法で実施された。

II-4-2　分析の結果

(1) 発達年齢などの検査結果

対象者の年齢区分別の得点，発達年齢，発達指数などは表II-5のとおりであった。

全般的に，平均発達指数は100前後であり，本検査による発達指数の推定はおおむね良好であることが示された。しかしながら，19歳代の対象者のグループでは平均発達指数が94.4とやや低い数字が出ている。この理由として①19歳という年齢に特有の問題，②サンプリング上の問題，③対象者グループや検査実施者における何らかの問題などが考えられる。ただし，今回の分析では，これらの対象者のデータも含めて分析を行った。

表 II-4 各尺度の項目数と構成項目（項目の順序は尺度内での難易度による。認知・適応領域 22 項目、言語・社会領域 33 項目。項目の名称は一部略記した。）

	下位尺度名	項目数		項目番号、項目名					
1	記憶玉つなぎ	2	P95b 記憶玉つなぎ 1/2	P95c 記憶玉つなぎ 2/2					
2	財布探し	2	P96 財布探しⅠ	P96b 財布探しⅡ					
3	図形記憶	2	P114b 図形記憶 1.5/2	P114c 図形記憶 2/2					
4	積木叩き	5	P120 積木叩き 7/12	P121 積木叩き 8/12	P122 積木叩き 9/12	P123 積木叩き 10/12	P123b 積木叩き 11/12	
5	紙切	3	P124 帰納（紙切）	P125 紙切Ⅰ	P126 紙切Ⅱ				
6	三角置換	1	P127 三角置換						
7	断面	3	P128 立体の断面 1/3	P129 立体の断面 2/3	P130 立体の断面 3/3				
8	心的回転	4	P131 心的回転Ⅰ 2/3	P132 心的回転Ⅰ 3/3	P133 心的回転Ⅱ 2/3	P134 心的回転Ⅱ 3/3		
9	釣合ばかり	3	V67 釣合ばかりⅠ	V68 釣合ばかりⅡ 3/3	V69 釣合ばかりⅢ 3/3				
10	復唱	3	V4c 7数復唱 1/2	V4d 8数復唱 1/2	V4e 9数復唱 1/2				
11	逆唱	3	V5b 5数逆唱 1/2	V5c 6数逆唱 1/2	V5c 7数逆唱 1/2				
12	文の記憶	1	V7b 8つの記憶						
13	推理	3	V26c 時計の針 2/3	V26d 閉ざされた箱 3/4	V26e 方位 2/2				
14	語彙	1	V46b 60 語列挙						
15	語の類似	2	V54 3語類似 2/4	V55 3語類似 3/4					
16	反対語	2	V56 反対語 3/5	V57 反対語 4/5					
17	数学的推理	2	V58 数学的推理Ⅰ 2/3	V59 数学的推理Ⅱ 2/3					
18	数列	3	V60 数列Ⅰ 3/8	V61 数列Ⅱ 5/8	V62 数列Ⅲ 7/8				
19	等式	3	V63 等式の作成Ⅰ 3/8	V64 等式の作成Ⅱ 5/8	V65 等式の作成Ⅲ 7/8				
20	三段論法	1	V66 三段論法 2/3						
21	理解	3	V73 理解Ⅰ 2/3	V74 理解Ⅱ 2/3	V75 理解Ⅲ 2/3				
22	抽象語	2	V76 抽象語の理解Ⅰ 2/3	V77 抽象語の理解Ⅱ 2/3					
23	ことわざ	1	V78 ことわざの理解						

表 II-5　各年齢区間ごとの得点，月齢，発達年齢，発達指数の平均と発達指数の標準偏差

年齢(歳) 超	年齢(歳) まで	対象者数	平均得点 認知・適応	平均得点 言語・社会	平均得点 全領域	平均発達年齢 認知・適応	平均発達年齢 言語・社会	平均発達年齢 全領域	平均発達指数 認知・適応	平均発達指数 言語・社会	平均発達指数 全領域	発達指数の標準偏差 認知・適応	発達指数の標準偏差 言語・社会	発達指数の標準偏差 全領域
16	17	57	607.8	570.9	1262.7	201.7	191.1	193.4	104.9	99.3	100.6	24.6	18.4	18.1
17	18	55	602.9	580.9	1267.8	194.4	202.5	197.6	97.8	101.9	99.5	21.5	19.1	18.1
18	19	49	615.4	588.1	1287.6	214.6	209.6	210.2	104.1	101.7	102.1	24.7	19.1	18.6
19	20	29	605.4	581.7	1271.1	199.2	201.8	198.9	94.6	95.9	94.4	23.1	16.9	15.9
20	25	84	619.4	598.5	1301.9	219.6	221.3	219.6	102.3	103.0	102.3	21.9	17.3	16.7

(2) 各検査項目の平均通過率

各検査項目の平均通過率を表 II-6 に示した。

表 II-6　分析に用いた項目とその平均通過率

項目コード	項目番号	項目名	通過率
217	P114b	図形記憶 1.5/2	0.920
218	P114c	図形記憶 2/2	0.807
224	P120	積木叩き 7/12	0.993
225	P121	積木叩き 8/12	0.938
226	P122	積木叩き 9/12	0.843
227	P123	積木叩き 10/12	0.653
334	P123b	積木叩き 11/12	0.416
228	P124	帰納（紙切）	0.971
229	P125	紙切 I	0.861
230	P126	紙切 II	0.584
231	P127	三角置換	0.460
335	P128	立体の断面 1/3	0.274
232	P129	立体の断面 2/3	0.839
233	P130	立体の断面 3/3	0.635
234	P131	心的回転 I 2/3	0.277
336	P132	心的回転 I 3/3	0.562
235	P133	心的回転 II 2/3	0.296
337	P134	心的回転 II 3/3	0.066
195	P95c	記憶玉つなぎ 1/2	0.993
196	P95c	記憶玉つなぎ 2/2	0.901
197	P96	財布探し I	0.880
198	P96b	財布探し II	0.726
274	V26c	時計の針 2/3	0.956
275	V26d	閉ざされた箱 3/4	0.869
276	V26e	方位 2/2	0.376
297	V46b	60 語列挙	0.880
241	V4c	7 数復唱 1/2	0.748
242	V4d	8 数復唱 1/2	0.493
243	V4e	9 数復唱 1/2	0.193
307	V54	3 語類似 2/4	0.850
308	V55	3 語類似 3/4	0.635
309	V56	反対語 3/5	0.901
310	V57	反対語 4/5	0.843
311	V58	数学的推理 I 2/3	0.982
312	V59	数学的推理 II 2/3	0.646
245	V5b	5 数逆唱 1/2	0.891
246	V5c	6 数逆唱 1/2	0.423
247	V5d	7 数逆唱 1/2	0.182
313	V60	数列 I 3/8	0.978
314	V61	数列 II 5/8	0.693
315	V62	数列 III 7/8	0.091
316	V63	等式の作成 I 3/8	0.807
317	V64	等式の作成 II 5/8	0.566
318	V65	等式の作成 III 7/8	0.182
319	V66	三段論法 2/3	0.460
320	V67	釣合ばかり I	0.993
321	V68	釣合ばかり II 3/3	0.832
322	V69	釣合ばかり III 3/3	0.252
326	V73	理解 I 2/3	0.967
327	V74	理解 II 2/3	0.106
328	V75	理解 III 2/3	0.077
329	V76	抽象語の理解 I 2/3	0.606
330	V77	抽象語の理解 II 2/3	0.073
331	V78	ことわざの理解	0.190
250	V7b	8 つの記憶	0.788

(3) 下位尺度因子分析

大久保 (1995) の方法にしたがい,検査結果を下位尺度にまとめ,下位尺度の因子分析を行った（主因子法,バリマックス回転）。固有値の推移と因子説明性から2因子解が適切であると考えられた。因子付加行列を表Ⅱ-7に示す。累積説明率は13%と低いが,第1因子が課題の困難性の因子で,第2因子が流動性知能 - 結晶性知能の因子であると考えられた（図Ⅱ-2）。

表Ⅱ-7 下位尺度の因子分析（2因子解の回転後の因子行列）

下位尺度	因子	
	1 課題の困難性	2 結晶性 - 流動性能力
抽象語	0.592	-0.075
ことわざ	0.469	-0.060
紙切	0.387	0.253
理解	0.370	0.049
心的回転	0.337	0.150
復唱	0.296	0.181
語の類似	0.295	0.023
逆唱	0.249	0.230
釣合	0.141	0.098
語彙	0.137	0.048
財布探	0.069	0.063
積木叩	0.025	0.482
等式	0.059	0.389
数列	0.072	0.348
三角置換	0.286	0.346
推理	0.243	0.333
断面	0.245	0.320
三段論法	0.150	0.285
文の記憶	0.014	0.252
記憶玉	-0.029	0.241
数学的推理	0.182	0.201

因子抽出法：主因子法
回転法：Kaiserの正規化を伴うバリマックス法

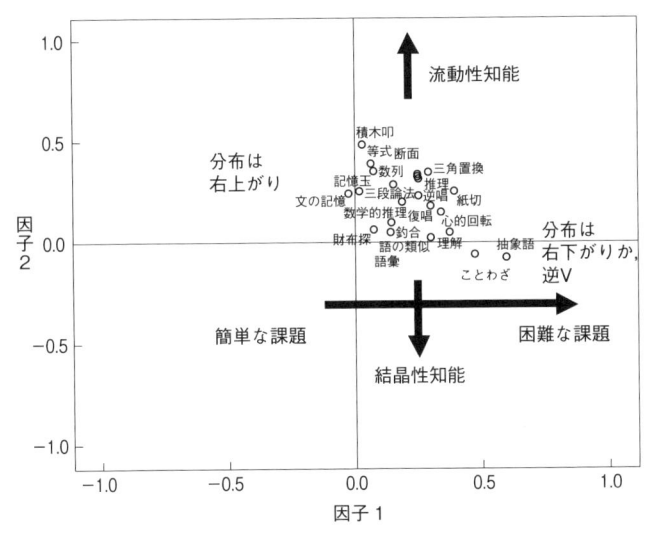

図Ⅱ-2　下位尺度の因子分析（2因子解）の回転後の因子空間の因子プロット

(4) 項目のクラスター分析

因子分析において，流動性知能－結晶性知能の因子がみられたので，各項目の通過率曲線の類似性をもとにクラスター分析（Word法）を行った。4クラスターあるいは8クラスターに分類することが適切であると考えられた（表Ⅱ-8）。まず，課題の困難性が異なる4つのクラスターが抽出された。また，各クラスター内でいくつかのサブクラスターが抽出された。記憶や数的処理に関するサブクラスターは，流動性知能の一種であると考えられる。それ以外のサブクラスターは，さまざまな種類の課題が混在し，解釈の困難なものであった。そこで，各クラスターの課題の平均通過率曲線を作成した（図Ⅱ-3）。記憶や数処理に関するサブクラスター（クラスター b, d, e, g）は，20歳前後でピークに達するが，それ以降は通過率が下降するタイプの曲線であり，流動性能力のクラスターである可能性を示している。その他サブクラスターは，20歳以降も伸びるタイプ（クラスター f），20歳以降も通過率が維持されるタイプ（クラスター c），20歳以降も通過率が維持されるが30歳以降に通過率が下降する傾向にあるタイプ（クラスター a, h）に分かれた。これらのクラスターはさまざまなタイプの課題の混在したものと考えられる。クラスター a, c, f は比較的

表Ⅱ-8 検査項目の通過率曲線によるクラスター分析の結果

検査項目	通過率	4クラスター解	8クラスター解
積み木叩き 7/12	0.993		
釣合ばかりⅠ 3/3	0.993		
記憶玉つなぎ 1/2	0.993		
数学的推理Ⅰ	0.982		
数列 3/8	0.978		
帰納（かみ切り）	0.971		
理解Ⅰ	0.967		
時計の針	0.956		
記憶玉つなぎ 2/2	0.901		
5数逆唱	0.891		
閉ざされた箱	0.869		
60語列挙	0.880	簡単な課題	a. 簡単な課題
積み木叩き 8/12	0.938		
積み木叩き 9/12	0.843		
紙切Ⅰ	0.861		
3語類似 2/3	0.850		
釣合ばかりⅡ 3/3	0.832		
図形記憶 1.5/2	0.920		
図形記憶 2/2	0.807		
8つの記憶	0.788		
反対語 3/5	0.901		
反対語 4/5	0.843		
財布探しⅠ	0.880		
財布探しⅡ	0.726		
9数復唱	0.193		b. 困難な数記憶
6数逆唱	0.423		
数列 7/8	0.091		
等式の作成 7/8	0.182		
心的回転Ⅱ 3/3	0.066		
抽象語の理解Ⅱ	0.073	困難な課題	c. 心的表象の処理の必要な困難課題
理解Ⅲ	0.077		
理解Ⅱ	0.106		
ことわざの理解	0.190		
心的回転Ⅱ 2/3	0.296		
釣合ばかりⅢ 3/3	0.252		
等式の作成 3/8	0.807		
等式の作成 5/8	0.566		d. 比較的簡単な数的処理
数列 5/8	0.693		
7数復唱	0.748		e. 比較的簡単な数の記憶
8数復唱	0.493		
立体の断面 2/3	0.635	比較的簡単な課題	
立体の断面 1/3	0.839		
紙切Ⅱ	0.584		f. 心的表象の処理が必要であるが, 比較的簡単な課題
3語類似 3/3	0.635		
数学的推理Ⅱ	0.646		
抽象語の理解Ⅰ	0.606		
積み木叩き 10/12	0.653		g. 比較的困難な動作性の記憶
積み木叩き 11/12	0.416		
心的回転Ⅰ 2/3	0.562		
心的回転Ⅰ 3/3	0.277	比較的困難な課題	
三角置換	0.460		h. 心的表象の処理が必要であり, 比較的困難な課題
立体の断面 3/3	0.274		
方位 2/2	0.376		
三段論法	0.460		

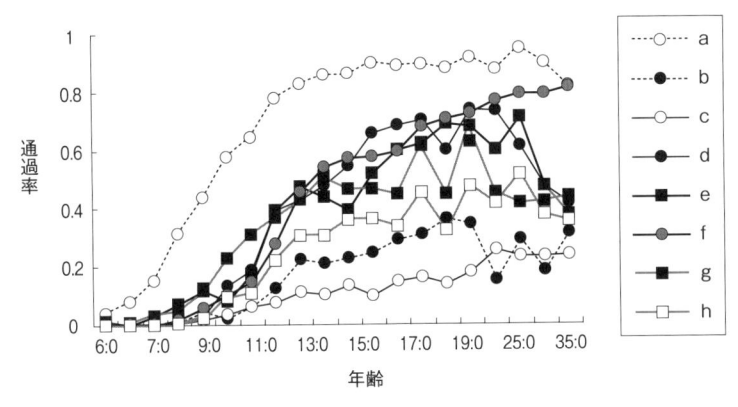

図Ⅱ-3　各クラスターの平均通過率曲線

複雑な心的処理（心的表象の操作）が必要な課題であり，空間操作的な課題と言語操作的な課題が含まれている。後者の言語操作的な課題は結晶性能力を示していると考えられる。

Ⅱ-4-3　考察

新K式検査2001の標準化集団のデータを用いて，成人対象者の検査結果の分析を行った。因子分析やクラスター分析では，課題の困難性とともに，流動性－結晶性能力に関する因子が見いだされた。しかしながら，検査項目を明瞭に分類できるような分析結果ではなかった。このような結果になった原因として①変数選択の問題，②対象者選択の問題，そして，③分析技法の問題などが考えられる。これらの問題を再検討したうえでさらなる分析を行う必要がある。

結果には不明瞭な点はあったものの，新K式検査2001の成人用項目の中には，流動性・結晶性能力に相当する課題の混在していることが示唆された。これらの課題はその困難性が異なるだけでなく，通過率曲線の形状の違う，質的に異なる課題が含まれており，新K式検査2001を成人対象者に行った場合，その解釈には注意が必要になる。

II-5 おわりに

　本章では，新K式検査2001の成人級課題について，いくつかの観点から検討を加えてきたが，今回の改訂で新たにつけ加えられた部分であり，データの蓄積も少ない。しかしながら，成人障害者を中心としてニーズの大きい検査領域でもあり，今後データの蓄積とともに，より詳細な分析が望まれる。特に次の2つの点は重要であろう。

(1) 成人期以降の発達的変化の検討

　今回の改訂では，25歳までのデータを分析することにより，全領域得点のピークが22歳程度であることがわかっているが，その後どのような変化が見られるのかは，データ数が少なく不明であった。その点に関してはデータの蓄積が望まれる。また，流動性項目と結晶性項目が存在することは明確であるが，成人期以降のそれらの能力は異なった動きをすることが確かめられている。新K式検査2001の場合，どのように変化していくのかは特に検討を要する課題である。

(2) 他の検査との比較

　新K式検査の検査目的の一つに発達の状態や程度を正確に測定するということがあり，そのためには他の発達検査や知能検査結果との間に大きなズレがないことが望ましい（併存的妥当性の問題）。しかしながら，それぞれの検査作成の背後にある発達観や知能観の相違が検査結果に影響することも考えられる。そこで，併存妥当性を確かめ，さらにこの検査の特徴を探るためにも，他の検査との比較が必要である。

文　献

Beck, N. C., Tucker, D., Frank, R., Arcker, J., Lake, R., Thomas, S., Lichty, W., Horwitz, & Merritt, F.　1989　The latent factor structure of the WAIS-R: A factor analysis of individual item responses. *Journal of Clinical Psychology*, **45**, 281-293.

Binet, A. & Simon, T.　1905a　Methodes nouvelles pour le diagnostic du niveau intellectuel des anormaoux. *L'Annee Psychologique*, **17**, 145-201.

Binet, A. & Simon, T.　1905b　Application de methodes nouvelles au diagnostic du niveau intellectuel chez des enfants normaoux et anormaoux d'hospice et d'ecole primaire. *L'Annee Psychologique*, **11**, 245-336.

Cattell, R. B. 1963 Theory of fluid and crystallized intelligence: A critical experiment. *Journal of Educational Psychology*, **54**, 1-22.

Dixon, R. A. et al. 1985 In Wolman, B. B. (Ed.), *Handbook of Handbook of Intelligence*. Part Three. John Wiley & Sons, Inc.（杉原一昭（監訳）1995 知能心理学ハンドブック 第三編 田研出版）

Horn, J. L. 1982 The theory of fluid and crystallized intelligence in relation to concepts of cognitive psychology and aging in adulthood. In F. I. M. Craik & S. Trehub (Eds.), *Aging and cognitive process*. New York: Plenum Press.

生澤雅夫 1980 新版K式発達検査の潜在クラス分析 大阪市立大学文学部紀要（人文研究），**32**, 567-594.

生澤雅夫 1982 新版K式発達検査の潜在クラス分析—0～13歳児の分析— 大阪市立大学文学部紀要（人文研究），**34**, 629-657.

生澤雅夫 1984 新版K式発達検査の潜在クラス分析—生活年齢と潜在クラスの対応— 大阪市立大学文学部紀要（人文研究），**34**, 313-336.

生澤雅夫（編） 1985 新K式発達検査法—発達検査の考え方と使い方— ナカニシヤ出版

生澤雅夫・松下 裕・中瀬 惇 2002 新版K式発達検査2001実施手引き書 京都国際社会福祉センター

生澤雅夫・中瀬 惇 1985 新版K式発達検査における生活年齢の終末修正換算表の作成経過 嶋津峯真（監）・生澤雅夫（編）新版K式発達検査法 ナカニシヤ出版

生澤雅夫・大久保純一郎 2003 「新版K式発達検査2001」再標準化関係資料集 京都国際社会福祉センター紀要 発達・療育研究，2003. 5, 別冊，21-63.

柄澤昭秀 2001 新版社会福祉士養成講座10 心理学 中央法規．

松下 裕・生澤雅夫 2003 新K式発達検査（1983年版）から新版K式発達検査2001へ 京都国際社会福祉センター紀要 発達・療育研究，2003. 5, 別冊，1-20.

中瀬 惇 1983 発達検査における終末修正に関する研究（その1）上限年齢について 富山医科薬科大学一般教育研究紀要，**5**, 1-44.

中瀬 惇 1984 発達検査における終末修正に関する研究（その2）拡大全資料の結果 富山医科薬科大学一般教育研究紀要，**6**, 1-47.

O'Grady, K. E. 1989 Factor structure of the WISC-R, *Multivariate Behavioral Research*, **24**, 177-193.

大久保純一郎 1989 新版K式発達検査項目の多次元尺度構成法による分析：3歳前半の言語発達遅滞児の分析 学院保育年報（キリスト教保育専門学院），**9**, 37-43.

大久保純一郎 1991 新版K式発達検査項目の多次元尺度構成法による分析（2）：通園施設へ入所した言語発達遅滞児の分析 学院保育年報（キリスト教保育専門学院），**11**, 87-95.

大久保純一郎　1994　新版 K 式発達検査法の潜在クラスによる発達評価（1）―心身障害児における応用の基本的な視点―　京都市児童福祉センター紀要, 3, 13-28.

大久保純一郎　1995　言語発達遅滞児の新版 K 式発達検査に対する反応パターン（3）: 下位尺度の因子分析結果の標準化群との比較, 京都市児童福祉センター紀要, 4, 29-35.

嶋津ほか　1985　嶋津峯真（監）・生澤雅夫（編集者代表）新版 K 式発達検査法　ナカニシヤ出版

嶋津峯真・生澤雅夫・松下　裕・中瀬　惇　1981　新版 K 式発達検査の標準化（その 3）検査項目 日本心理学会第 45 回大会発表論文集, 421.

新版 K 式発達検査研究会（編）　2008　新版 K 式発達検査法 2001 年版―標準化資料と実施法―　ナカニシヤ出版

Stern, W. L.　1912　Über die psychologischen Methoden der Intelligenzprufung. *Berichte für V Kongress der Experimentelle Psychologie*, **6**, 1-109.

鈴木治太郎　1948　実際的個別的智能測定法（昭和 23 年修正増補版）　東洋図書

田中寛一　1954　田中・びねー式知能検査法（1954 年改訂版）　日本文化科学社

田中教育研究所（編）　1970　田中ビネー知能検査法（1970 年新訂版）　田研出版

田中教育研究所（編）　1987　田中ビネー知能検査法（1987 年全訂版）　田研出版

Terman, L. M.　1916　*The measurement of intelligence.*　Houghton.

Wechsler, D.　1955　*Manual for the Wechsler Adult Intelligence Scale.*　Psychological Corporation.

III 最近の子どもは以前の子どもに比べて発達が遅れてきているか
―新K式検査を用いて検討した現代の子どもの発達と問題点―

III-1 はじめに

III-1-1 現代の子どもの発達研究のきっかけ

　表III-1は，1983年と2001年の日本の子どもが正方形や三角形など図形の模写課題（図形をまねて描くこと）ができるようになる年齢を示したものである。数値は50％通過年齢すなわち半分の子どもができるようになる年齢を示している。それによると，正方形では6か月，三角形では8か月，菱形にいたっては1年も遅くなっている。これらの値は1983年に公刊された新K式検査1983，および2002年に公刊された新K式検査2001の作成のための健常小児を対象に収集された資料によるものである。

　私は子どもの発達が遅れてきているというこの結果を知ってまず驚いた。これまで小児科医，小児神経医としての仕事のなかで，乳幼児検診等で子どもの発達を評価したり，障害のある子どもとの関わりのなかで発達検査を行って療育や教育の課題を考えたりしてきた。その間，健常児の発達には個人差はあるものの子どもの平均的な発達はそれほど変化しないと漠然と思っていた。そして，もし変わることがあったとしても，幼児教育の進歩や知育玩具の普及のなかで発達は早くなっているのではないかと考えていた。しかし表III-1のように，

表III-1　子どもが図形を描けるようになる年齢

	1983年	2001年	遅れ
正方形	3歳11か月	4歳5か月	6か月
三角形	4歳8か月	5歳4か月	8か月
菱型	6歳3か月	7歳3か月	12か月

実際は促進してきているのではなく遅延してきている。私は新K式検査2001の作成にかかわりながらこのことに気づき興味をもった。子どものどの領域の発達が遅れてきているのだろう，その原因は何だろう，ではどうしたらいいのだろう，などと考え，現代の子どもの発達的変化の特徴と問題点を明らかにすることを目的として本研究をはじめることにした。

Ⅲ-1-2　本章の構成と内容

本章は以下の節から構成される。節ごとの概要を以下に述べる。

Ⅲ-1では，本研究のきっかけと目的および本章の構成について述べる。

Ⅲ-2では，1983年と2001年の子どもの発達の違いについて，それぞれの年度に公刊された新K式検査の資料をもとに検討した子どもの発達の変化の全体像について述べる。

Ⅲ-3では，前節の検討で遅れの目立った描画の項目を取り出し，年齢別通過率をもとに，変化の詳細や男女差について分析した結果を述べる。

Ⅲ-4では，グッドイナフ人物画知能検査を用いて，子どもの人物画描画発達やその男女差について検討した結果を述べる。

Ⅲ-5では，1954年に報告されたK式発達検査の前身である「乳幼児発達検査」の資料も含め，最近の50年間の子どもの発達の変遷について分析した結果，1959年から1983年の子どもの発達は促進傾向にあったが，1983年から2001年は遅延傾向にあることなどを述べる。

Ⅲ-6では，これまでの結果より，現代の子どもの発達の特徴について整理し，その変化の意味について考える。また，発達の変化の原因と問題点について，子どもの変化は，1）養育環境や生活習慣の変化など，おもに環境要因の影響の可能性，また，2）変化しつつある社会への子ども側からの適応ではないかという可能性などの点から考える。

Ⅲ-7では，子どもの発達の変化に対して今後なすべきことなどについて述べる。

III-2　1983年から2001年にかけての子どもの発達の変化

III-2-1　新K式検査1983と新K式検査2001

　さて，われわれは新K式検査2001を2002年に公刊した。この検査は1980年に公刊の後1983年に増補され，医療機関，児童相談所，保健所等で子どもの発達健診や発達診断に利用されてきた新K式検査1983の改訂版であり，この20年間の子どもをとりまく社会的文化的環境の変化に対応できるように改訂されたものである。

　新K式検査2001は2677人，新K式検査1983は1562人という多くの健常児・者を検査協力者として標準化がなされており，項目も同一のものが多い。詳細は，それぞれの作成過程や検査法が述べてある『新版K式発達検査法（生澤ら，1985）』および『新版K式発達検査法2001年版（新版K式発達研究会編，2008）』を参照されたい。なお，検査協力者の所属施設はおもに京都，兵庫，大阪であり，知的障害など明らかな障害を有する人は含まれていない。

　新K式検査は，3領域に分かれている，すなわち「姿勢・運動領域」「認知・適応領域」「言語・社会領域」である。したがって，子どもの発達に関するさまざまな領域が検討可能であり，子どもの発達の変化の特徴が解明できるのではないかと考えた。そこで「最近の子どもは，以前の子どもと発達の様相が変化してきているのか？」というIII-1に述べた疑問に対して，発達検査作成の資料を詳細に比較検討することを試みた（郷間，2003，2006）。

III-2-2　比較した項目数と50%通過年齢

　新K式検査1983は，「姿勢・運動」「認知・適応」「言語・社会」の領域ごとに62，161，98項目で参考項目3を加え計324項目，新K式検査2001は，それぞれ52，165，111項目，計328の検査項目からなっている。そのうち，新K式検査1983では乳児期早期の被験者が少ないことを考慮し，50%通過率が5か月以下の項目は分析の対象から除き，両検査共通の項目で，しかも評価基準がほぼ同一の，「姿勢・運動領域」30項目，「認知・適応領域」119項目，「言語・社会領域」58項目，計207項目を比較した。

　比較した値は50%通過年齢である。50%通過年齢は以下のように導き出さ

れる。すなわち検査項目ごとにどの年齢区分で標準化集団の何％の者が通過しているか算出された数値が年齢別通過率であり，その通過率に基づいて50％の子どもが通過する（課題に合格する）と推定されたものが50％通過年齢である。その計算は，生活年齢を横座標，通過率を縦座標とする通過率曲線を作成し，通過率曲線は理論上累積正規分布曲線に従うものと仮定し，通過率50％に対応する生活年齢を50％通過年齢として読みとる。各検査項目の年齢別通過率や50％通過年齢は，先に挙げた『新版K式発達検査法（1985）』および『新版K式発達検査法2001年版（2008）』の検査の作成過程のなかに詳しく述べられているので参照してほしい。

また，分析のなかでは各項目における新K式検査1983と新K式検査2001の50％通過年齢の値の比較は，新K式検査1983の通過年齢をA，新K式検査2001の通過年齢をBとして，式「変化率（％）＝（B－A）／A×100」（上田ら，1978）より求め，10％以上を差が大きいものと考えた。

Ⅲ-2-3　50％通過年齢の比較による変化の全体像

207項目のうち，50％通過年齢の小さくなったものは87項目，大きくなったものは112項目，変化のなかったものは8項目であった。年代別の変化を図Ⅲ-1に示したが，50％通過年齢の小さくなった，すなわち発達の促進している項目が乳児期で62.8％（54項目）と多かったが，幼児期前半38.4％（20項目），幼児期後半10.3％（4項目）と減少し，学齢期は30.0％（9項目）とやや増加した。

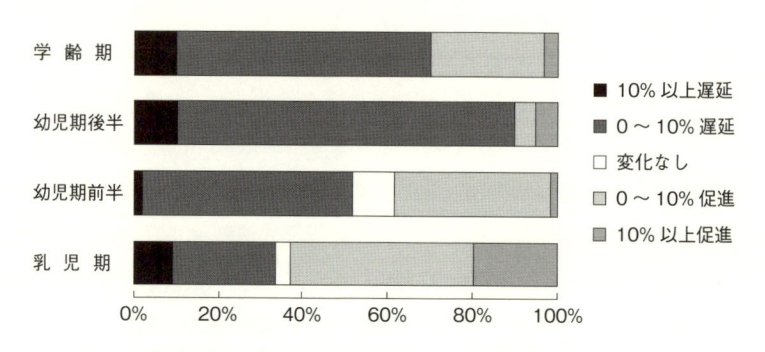

図Ⅲ-1　新K式検査1983と新K式検査2001の項目の50％通過年齢の比較

50％通過年齢の大きくなった，すなわち発達の遅延した項目は乳児期の 33.7％（29 項目）から，幼児期前半 51.9％（27 項目），幼児期後半 89.7％（35 項目）と増加し，学齢期で 70.0％（21 項目）とわずかに減少した。

　50％通過年齢で 10％以上促進した項目は，「姿勢・運動領域」の項目では「手をつき座る I8」「体重を支える T1」「寝返り U7」「足を口へ U8c」「座位となる R19」「座る T7」「這い登る T15」で，すべて 13 か月未満の課題であった。「認知・適応領域」では「顔を向ける U35」「玩具（車）の追視 P66」「両手に保持 10 秒 P9」「片手を近寄せる U22」「コップを見る P30」「輪へ伸ばす P58」「コップに触る P31」「小鈴に手を出す P47」「小鈴を取る P48」で，すべて乳児期の課題であった。「言語・社会領域」では「イナイイナイバー M9」「取ろうとする M23」が乳児向けの課題，それ以上の年齢の課題は「色の名称 3/4 V40」「色の名称 4/4 V41」の「色の名称」に分類される項目，および「反対語 3/5 V56」であった。逆に，10％以上遅延した項目は，「姿勢・運動領域」にはなく，「認知・適応領域」では「持ちかえ P7」「振り鳴らす P56」「鋏状把握 試みる P40」「輪と紐で遊ぶ P60」「すぐ輪を引き寄せる P61」「積木を置く P14」「釘抜き状把握 不完全 P43」「コップに入れる 例後 P35」が乳児期の項目で，幼児期以後の項目は「正方形模写 1/3 P31」「三角形模写 1/3 P108」「菱形模写 2/3 P109」の「描画」に分類される項目と「積木叩き 8/12 P121」「積木叩き 9/12 P122」の「積木叩き」に分類される項目であった。「言語・社会領域」で 10％以上の遅れを示した項目は「身体各部 3/4 V27」「硬貨の名称 3/4 V39」「左右弁別 全逆 V11」「絵の叙述 2/3 V36」で，いずれも幼児期の課題であった。

III-2-4　領域別にみた発達の変化

　項目を領域別・年代別に分けた結果を図III-2～4 に示した。「姿勢・運動領域」では，乳児期は発達が促進している項目が 90％以上であるが，幼児期になると減少する。「認知・適応領域」では，乳児期と幼児期前半では発達の促進している項目と遅延している項目が同じような割合であるが，幼児期後半になると発達の促進している項目がなくなり，すべて遅延している項目となった。しかし，学齢期には促進している項目もわずかに出てくる。「言語・社会領域」では，乳児期では促進している項目が遅延している項目に対してわずかに多いが，

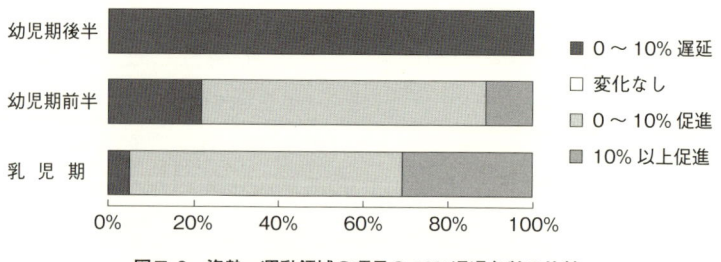

78 III 最近の子どもは以前の子どもに比べて発達が遅れてきているか

図Ⅲ-2 姿勢・運動領域の項目の50%通過年齢の比較

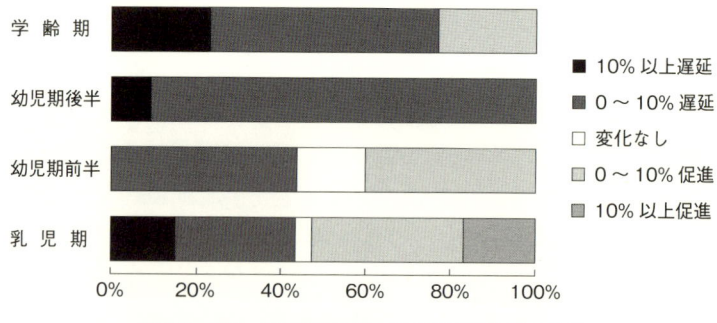

図Ⅲ-3 認知・適応領域の項目の50%通過年齢の比較

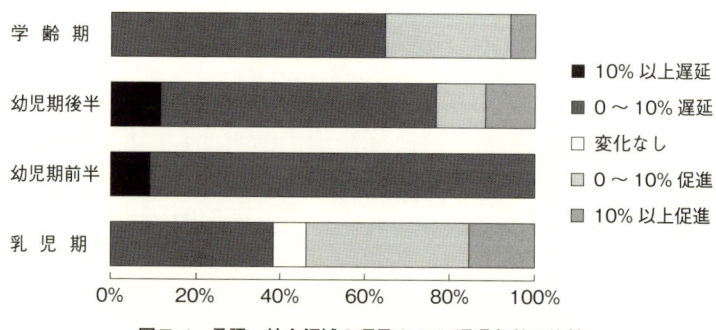

図Ⅲ-4 言語・社会領域の項目の50%通過年齢の比較

　幼児期前半にはすべて遅延している項目になる。そして，幼児期後半から発達の促進している項目が再び見られるようになり，この傾向は学齢期も持続する。

Ⅲ-2-5　1983年と2001年の発達の全体的まとめ

　本検討の結果，50％通過年齢が遅延している項目が多いこと，すなわち現代の子どもの発達は20年前の子どもに比べて遅くなっていることが確認された。また，その発達の経過を年代ごとに分けて検討すると，発達の遅れは幼児期前半から始まり，幼児期後半から顕著になり，学齢期も持続することが明らかになった。領域別の検討では，「姿勢・運動領域」では，乳児期の発達は促進傾向にあるが，その促進は次第に軽減し幼児期後半にはなくなる。「認知・適応領域」では幼児期後半から発達の遅延傾向が著しくなり，学齢期も持続する。この領域のなかでとくに遅れが著明な「描画」や「積木叩き」に分類される項目では，加齢とともに50％通過年齢の遅れは顕著になる。「言語・社会領域」では，幼児期前半に発達の遅延傾向が強く現れ，幼児期後半からは少なくなるものの持続する。またこの領域のなかには「色の名称」のように発達の促進が継続してみられるものもある。以上の結果を現代の子どもの年代別領域別の発達の様相として表Ⅲ-2に示した。

表Ⅲ-2　現代の子どもの年代別・領域別発達の20年前との比較

領　域 ＼ 年　齢	乳児期	幼児期前半	幼児期後半	学齢期
姿勢・運動領域	促進	軽度促進		
認知・適応領域			遅延	遅延
言語・社会領域		遅延	軽度遅延 (一部促進)	遅延 (一部促進)
全領域		軽度遅延	遅延 (一部促進)	遅延 (一部促進)

Ⅲ-2-6　同じ分類に属する項目の変化

　幼児期以後で，同領域で同じ分類に含まれる項目のうち，10％以上変化したものが複数あるものについて分類別に検討した。「認知・適応領域」の項目のうち，幼児期以後で10％以上の変化を認めた「正方形模写」「三角形模写」「菱形模写」の3項目は「描画」に分類されている。「描画」に分類される項目は，「新K式検査1983」に比べ，「新K式検査2001」で，50％通過年齢が高くなっ

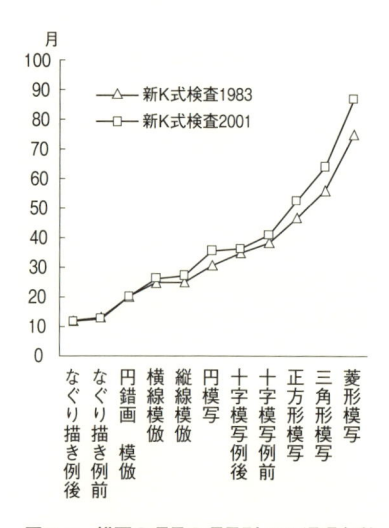

図Ⅲ-5　描画の項目の項目別50％通過年齢

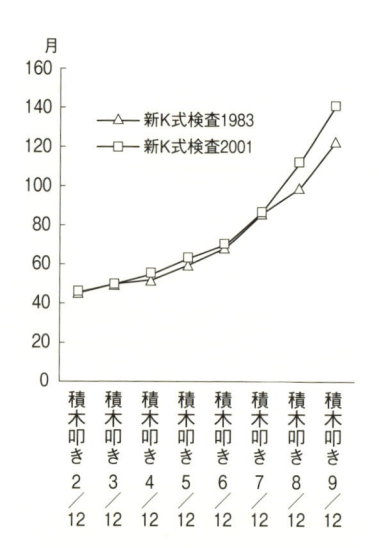

図Ⅲ-6　積木叩きの項目別50％通過年齢

ているものが多い。そこで，描画に分類されている全11項目について，50％通過年齢を図Ⅲ-5に示した。その結果，50％通過年齢は，乳児期前半までの項目のうちはそれほど差を認めないが，「正方形模写」よりも「三角形模写」，そして「菱形模写」では12か月近くも発達が遅延するというように，幼児期後半以後の項目で変化率が大きくなるという傾向が認められた。

「積木叩き」に分類される「積木叩き8/12」「積木叩き9/12」でも10％以上の変化を認めた。「積木叩き」は一連の課題で描画の項目と同じく「認知・適応領域」に属する。すべての「積木叩き」の結果を図Ⅲ-6に示したが，この項目では幼児期には差がなく，学齢期になってから差が大きくなっている。

「言語・社会領域」の項目のうち，「色の名称3/4」「色の名称4/4」の2項目は「色の名称」に分類されており，しかも発達が早くなった項目である。色の名称の変化については，1954年の資料も加えて，Ⅲ-5で詳細に述べたい。

Ⅲ-2-7　子どもの発達の変化の意味

このような子どもの発達が遅延してきているという報告は，以前はほとんどみられなかった。しかし，小枝（2004）は，鳥取県の5,335人の3歳児を対象

に発達に関する項目の通過率を 10 年前および 20 年前と比較検討し，運動発達，社会性，身辺自立，言語発達とも，経年的に低下してきていると報告している。そしてその原因として，家庭の教育力の低下，母親の子育ての不備，テレビやテレビゲームの影響などを挙げているが明らかではないとしている。また，秋山ら（2006）は 1997 年に東京都三鷹市において，乳幼児 202 人の発達を津守式乳幼児精神発達診断法で評価，1961，1989 年と比較し，多くの項目で，経年的に発達が遅れてきていると報告している。そして，この変化の背景には社会との関わりや生活習慣の変化が考えられると推測している。

このように，われわれの報告も含めて，ここ数年各地で発達の変容についての検討がなされ，最近の子どもの発達が遅延してきているという内容のものがみられることは，非常に注目すべきことと考えられる。また子どもたちの健やかな発達を願うわれわれにとって，緊急に対応すべき課題と考えられる。

III-3　発達の遅れが目立った描画項目の検討

III-3-1　新 K 式検査の描画に関する項目

前節の新 K 式検査 1983 と新 K 式検査 2001 の比較では，遅れの内容では，とくに図形模写などの「描画」で顕著であり，「正方形模写」で約 6 か月，「三角形模写」では約 8 か月，「菱形模写」にいたっては約 1 年遅れてきていた。そこで本節では「描画」の項目に焦点を当て，年齢別通過率などの資料をもとに，その遅れがいつごろから始まり，どんな特徴を有するのか，男女差はあるのかなどについて検討を加えた（郷間ら，2008；大谷ら，2008）。描画に関する項目とは，「なぐり描き 例後 P99」「なぐり描き 例前 P100」「円錯画 模倣 P101」「横線模倣 P102」「縦線模倣 P103」「円模写 P104」「十字模写 例後 P105」「十字模写 例前 P106」「正方形模写 P107」「三角形模写 P108」「菱形模写 P109」の計 11 項目である。

III-3-2　描画項目の年齢別通過率

新 K 式検査 1983 および新 K 式検査 2001 の描画 11 項目に関する，項目別の年齢別通過率の値を表III-3 に示した。年齢別通過率とは各年齢における子ど

III 最近の子どもは以前の子どもに比べて発達が遅れてきているか

表III-3 新K式検査1983と新K式検査2001の描画項目における年齢区分ごとの通過率

(%. 太字は5%以下の有意差)

項目	年齢区分	0:08超 0:09以下	0:09超 0:10以下	0:10超 0:11以下	0:11超 1:0以下	1:0超 1:3以下	1:3超 1:6以下	1:6超 1:9以下	1:9超 2:0以下	2:0超 2:6以下	2:6超 3:0以下	3:0超 3:6以下	3:6超 4:0以下	4:0超 4:6以下	4:6超 5:0以下	5:0超 5:6以下	5:6超 6:0以下	6:0超 7:0以下	7:0超 9:0以下	9:0超 11:0以下	11:0超 13:0以下
なぐり書き例後	1983	0.0	7.0	27.8	59.3	74.7	97.1	100.0	100.0	100.0	100.0	100.0	100.0	100.0	100.0	100.0	100.0	100.0	100.0	100.0	100.0
なぐり書き例後	2001	0.0	7.0	20.9	63.5	78.9	100.0	100.0	100.0	100.0	100.0	100.0	100.0	100.0	100.0	100.0	100.0	100.0	100.0	100.0	100.0
なぐり書き例前	1983	0.0	4.7	11.1	31.5	55.7	**88.6**	96.0	97.8	95.0	98.2	100.0	100.0	100.0	100.0	100.0	100.0	100.0	100.0	100.0	100.0
なぐり書き例前	2001	0.0	4.7	11.6	30.8	60.6	**98.2**	100.0	100.0	100.0	100.0	100.0	100.0	100.0	100.0	100.0	100.0	100.0	100.0	100.0	100.0
円描画模倣	1983	0.0	0.0	0.0	0.0	1.3	17.1	46.0	80.4	95.0	98.2	100.0	100.0	100.0	100.0	100.0	100.0	100.0	100.0	100.0	100.0
円描画模倣	2001	0.0	0.0	0.0	0.0	0.0	12.3	50.8	77.1	94.4	100.0	100.0	100.0	100.0	100.0	100.0	100.0	100.0	100.0	100.0	100.0
横線模倣	1983	0.0	0.0	0.0	0.0	0.0	1.4	10.0	34.8	**78.3**	93.0	98.8	100.0	100.0	100.0	100.0	100.0	100.0	100.0	100.0	100.0
横線模倣	2001	0.0	0.0	0.0	0.0	0.0	0.0	3.3	29.9	**57.4**	90.8	98.0	100.0	100.0	100.0	100.0	100.0	100.0	100.0	100.0	100.0
縦線模倣	1983	0.0	0.0	0.0	0.0	0.0	0.0	0.0	12.0	34.8	78.3	87.7	100.0	100.0	99.0	100.0	100.0	100.0	100.0	100.0	100.0
縦線模倣	2001	0.0	0.0	0.0	0.0	0.0	0.0	1.6	18.8	48.2	85.5	98.0	100.0	100.0	100.0	100.0	100.0	100.0	100.0	100.0	100.0
円模写	1983	0.0	0.0	0.0	0.0	0.0	0.0	0.0	8.7	**25.0**	**73.7**	90.2	98.0	91.8	96.6	100.0	100.0	100.0	100.0	100.0	100.0
円模写	2001	0.0	0.0	0.0	0.0	0.0	0.0	0.0	0.0	**10.2**	**52.6**	91.0	98.0	91.8	96.6	100.0	100.0	100.0	100.0	100.0	100.0
十字模写例後	1983	0.0	0.0	0.0	0.0	0.0	0.0	0.0	0.0	5.0	42.1	79.3	98.0	100.0	100.0	100.0	100.0	100.0	100.0	100.0	100.0
十字模写例後	2001	0.0	0.0	0.0	0.0	0.0	0.0	0.0	0.0	4.6	34.2	80.0	92.0	99.0	99.0	100.0	100.0	100.0	100.0	100.0	100.0
十字模写例前	1983	0.0	0.0	0.0	0.0	0.0	0.0	0.0	0.0	19.3	34.2	59.8	86.3	100.0	100.0	100.0	100.0	100.0	100.0	100.0	100.0
十字模写例前	2001	0.0	0.0	0.0	0.0	0.0	0.0	0.0	0.0	0.9	11.8	46.0	73.0	91.8	96.6	100.0	100.0	100.0	100.0	100.0	100.0
正方形模写	1983	0.0	0.0	0.0	0.0	0.0	0.0	0.0	0.0	0.0	**1.8**	**17.1**	**52.9**	65.5	89.7	95.6	100.0	100.0	100.0	100.0	100.0
正方形模写	2001	0.0	0.0	0.0	0.0	0.0	0.0	0.0	0.0	0.0	**1.3**	**4.0**	**20.0**	40.2	77.3	84.9	95.8	99.4	100.0	100.0	100.0
三角形模写	1983	0.0	0.0	0.0	0.0	0.0	0.0	0.0	0.0	0.0	0.0	0.0	9.8	27.3	54.4	81.1	95.0	99.1	100.0	100.0	100.0
三角形模写	2001	0.0	0.0	0.0	0.0	0.0	0.0	0.0	0.0	0.0	0.0	0.0	1.0	5.2	25.0	57.0	67.7	91.2	98.9	100.0	100.0
菱形模写	1983	0.0	0.0	0.0	0.0	0.0	0.0	0.0	0.0	0.0	0.0	0.0	0.0	0.0	2.9	10.0	40.0	55.6	94.9	100.0	100.0
菱形模写	2001	0.0	0.0	0.0	0.0	0.0	0.0	0.0	0.0	0.0	0.0	0.0	0.0	1.0	0.0	4.3	13.5	35.4	68.9	91.5	100.0

もが，その課題を通過した割合である．新K式検査1983も新K式検査2001も，また各項目とも，加齢とともに通過児が出現する．そして次第に年齢別通過率が上昇し，最終的に100％に達している．新K式検査1983と新K式検査2001を比較すると，「なぐり書き」「円錯画 模倣」など，乳児期や1，2歳相当の課題の項目は，新K式検査1983と新K式検査2001との比較で各年齢とも通過率にほとんど差を認めていないが，「正方形模写」「三角形模写」「菱形模写」など，幼児期後半以後の課題の通過率にはかなり差がある．とくに，「円模写」「正方形模写」「三角形模写」「菱形模写」の図形模写課題で有意差を認めているものが多い．たとえば「三角形模写」では3歳6か月超4歳以下の年齢区分から，6歳超7歳以下までのすべての年齢区分で，新K式検査1983に比べ新K式検査2001で通過率が低く，有意差を認めている．

Ⅲ-3-3　図形模写課題の通過率のグラフ

変化が大きかった「円模写」「正方形模写」「三角形模写」「菱形模写」の年齢別通過率を図Ⅲ-7にグラフで示した．グラフの項目ごとの加齢にともなう変化を見ると，それぞれの立ち上がりの年齢，途中の増加の過程，100％に達する年齢など，いずれも新K式検査1983と新K式検査2001で差があり，この付

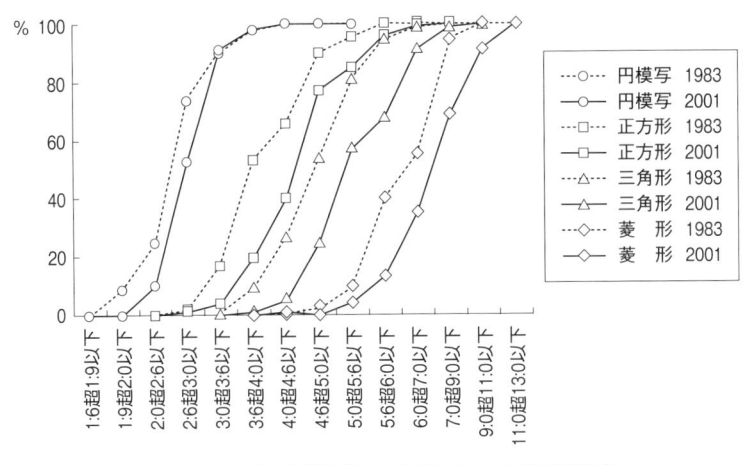

図Ⅲ-7　幼児期から学齢期の主な描画項目の年齢別通過率

近の年齢の子ども集団全体が新K式検査2001で新K式1883検査より遅れているという結果であった。このことから，近年の幼児の描画能力の遅れは，特定の子どもたちの問題ではなく，幼児期後半の子ども全体の描画発達の獲得が遅れてきていることが示唆された。

Ⅲ-3-4 描画項目の50%通過年齢と75%通過年齢

　各項目の50%および75%通過年齢を表Ⅲ-4に示した。新K式検査1983と新K式検査2001を比較すると，「なぐり書き」「円錯画 模倣」など描画のはじめの課題はそれほど差がないが，「横線模倣」「縦線模倣」「円模写」など2歳代の課題からわずかに差が認められるようになる。そして幼児期後半から学齢期の課題になるほど，その通過年齢の差は大きくなっている。たとえば，「正方形模写」の50%通過年齢の差が5.9か月，75%通過年齢の差が6.4か月であり，「三角形模写」では50%通過年齢の差が7.9か月，75%通過年齢の差が8.5か月，「菱形模写」では50%通過年齢の差が11.9か月，75%通過年齢の差は19.2か月と1年半以上の差を認めている。したがって，50%通過年齢の遅れに比べ75%通過年齢の遅れが大きいものが多かった。なお表Ⅲ-4の右端にアメリカの発達研究者イリングワース（Illingworth, 1987）による描画能力の発達についての記載を示した。これと2001年の対象児を比較すると，「三角形模写」および

表Ⅲ-4　1983年と2001年の描画項目の50%通過年齢と75%通過年齢

描画項目	新K式検査1983		新K式検査2001		参考
	50%通過年齢 年　月	75%通過年齢 年　月	50%通過年齢 年　月	75%通過年齢 年　月	Illingworth1987 年　月
なぐり書き例後	0:11.8	1:1.1	0:11.6	1:0.7	1:3
円錯画模倣	1:8.0	1:10.7	1:8.2	1:10.6	1:6
横線模倣	2:0.8	2:4.3	2:2.1	2:6.0	2:0
縦線模倣	2:0.9	2:5.0	2:3.2	2:7.4	2:0
円模写	2:6.7	2:10.9	2:9.0	3:0.1	3:0
十字模写例後	2:10.9	2:2.3	3:0.1	3:3.9	3:0
十字模写例前	3:2.3	3:6.4	3:4.8	3:9.4	4:0
正方形模写	3:10.7	4:4.4	4:4.6	4:10.8	4:8
三角形模写	4:8.1	5:1.5	5:4.0	5:10.0	5:0
菱形模写	6:2.9	6:9.8	7:2.8	8:5.0	6:0

「菱形模写」で筆者らの対象児すなわち現代の日本の子どもで遅れが大きいという結果になる。

Ⅲ-3-5　図形模写の発達の男女差

新K式検査2001の男女別の年齢別通過率のグラフを図Ⅲ-8に示した。男児は女児に比べ立ち上がりや100％に達する年齢も遅く，「正方形模写」では3歳超3歳6か月以下の年齢区分で男児4.7％に対し女児31.6％，「三角形模写」では5歳6か月超6歳以下の年齢区分で男児59.3％に対し女児78.6％であった。「菱形模写」では5歳6か月超6歳以下の年齢区分で男児5.6％に対し女児23.8％，6歳6か月超7歳以下の年齢区分で男児31.4％に対し女児58.3％で，いずれも有意差（それぞれ $p<0.01, p<0.05, p<0.05, p<0.05$）を認めた。この結果より現代の子どもの図形の描画発達は男児が女児よりも遅れることが示唆された。

Ⅲ-3-6　新K式検査による現代の子どもの描画発達のまとめ

本検討の結果，最近の幼児の図形模写を主とした描画能力が，以前に比べて幼児期後半から遅れてきていること，またその遅れは年齢別通過率の検討から，一部の子どもだけでなく，子ども全体の問題であることが明らかになった。こ

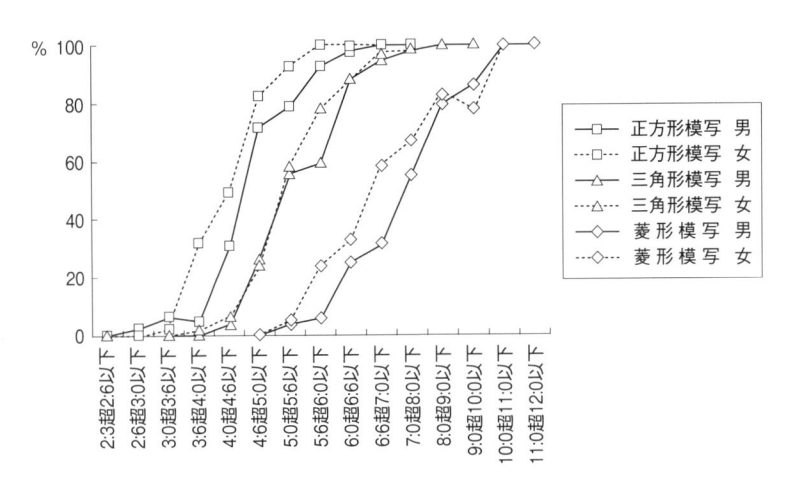

図Ⅲ-8　新K式検査2001の描画項目の男女別通過率

れは，最近の保育園や幼稚園で保育者によって語られる，「最近の子どもは以前に比べて絵を描かなくなった，絵が描けなくなった」という意見と関連があると考えられた。また，図形模写の発達には男女差のあることも示唆された。

正方形や三角形の「模写」は，図版を提示して「これと同じものを描いてごらん」と赤鉛筆を用紙の中央に置くもので，即時模倣や手の巧緻性に関係していると考えられている（長田，2001）。したがって，現代の子どもは描画に関するこれらの能力の発達がとくに遅延してきていることが推測できる。次節では，人物画の描画発達やその男女差について検討したのでその結果を述べる。

III-4　人物画検査から見た描画発達

III-4-1　新K式発達検査とグッドイナフ人物画知能検査

新K式検査のなかに「人物完成3/9 P110」「人物完成6/9 P111」「人物完成8/9 P112」の課題がある。これらは途中まで描かれた人物画完成用紙に残りを描き入れるという描画の能力と，身体の主要部分の位置関係を含めた理解能力をみる検査項目である。この課題の50％通過年齢は「人物完成3/9」では，新K式検査1983で41.3か月が新K式検査2001で44.7か月に，「人物完成6/9」では45.1か月が57.4か月に，「人物完成8/9」では63.4か月が72.1か月にいずれも遅延している。しかし，この検査項目の評価では新K式検査2001で新K式1983検査より判定基準が詳しくなった。したがって，評価基準の難易度が上がったため50％通過年齢が遅延した可能性もあり，単純な比較はできない。そこで，最近の子どもの人物画描画の発達を明らかにする目的で，わが国でもすでに標準化されているグッドイナフ人物画知能検査（Draw A Man Test：DAM）を行い，図形模写の遅れと人物画描画発達の関連について検討を加えることにした。

グッドイナフ人物画知能検査は，1926年にグッドイナフによって公表された検査である（Goodenough, F. L., 1926）。その後，世界各地で使用されるようになり，大規模な改定は1963年になされ（Harris, D. B., 1963），その修正版が小林（1977）により日本で標準化され「グッドイナフ人物画知能検査」としてよく用いられている。検査の方法は「人をひとり描いてください。頭の先から足

III-4 人物画検査から見た描画発達   87

男児の絵

女児の絵

言語表現の苦手な児の絵

頭の大きい腕の短い絵

多動で集中できない児の絵

生活習慣の身につきにくい児の絵

図III-9　5, 6歳児の人物画

の先まで全部ですよ」と教示する。評価はそれぞれの人物画について，「頭」「口」「脚」など 50 項目の描出の有無を基準にしたがい評価し，描出されている項目数によって精神年齢（描画発達年齢）を求め，生活（暦）年齢との比より人物画知能指数（DAM-IQ）を算出する。

Ⅲ-4-2　5，6 歳児のグッドイナフ人物画知能検査

新 K 式検査で発達の遅れが目立った子どもは，幼児期後半の子どもであった。そこでまず，保育園の 5, 6 歳児を対象にグッドイナフ人物画知能検査を行った。保育園の年長クラスの幼児，男児 48 人，女児 53 人，計 101 人，年齢は 5 歳 4 か月から 6 歳 4 か月，平均 69.8 か月（男児 69.9 か月，女児 69.6 か月）である。

これらの子どもの描画を分析し，人物画描画発達年齢を求めたところ，平均 63.6 か月であり（約 5 歳 4 か月）生活年齢に比べ約半年の遅れを認めた（川越ら，2011）。

この子どもの絵の特徴として，頭が大きい印象を受けたので体全体に対する割合を求めたところ平均 39.8 ± 22.6％，すなわち約 2.5 頭身と大きな頭であった。項目別に見ると，「鼻」の描出率は標準化された 1977 年では 90.5％が今回は 17.8％に，「まゆ，まつ毛」は 1977 年では 82.4％が今回は 8.9％にと著しい低下が見られた。そして，年長になってから人物画に描出される「首」「毛髪」「衣服」などの項目はいずれも通過率が低下していた。また，腕の短い絵，未熟な絵，アンバランスな絵などもあり，そのうちいくつかを図Ⅲ-9 に示した。

Ⅲ-4-3　5，6 歳児のグッドイナフ人物画知能指数（DAM-IQ）

5, 6 歳児 101 名の DAM-IQ の分布を図Ⅲ-10 に示した。IQ100 以下が 79 人，平均 IQ は 91.3 であった。この結果は，子ども全体の人物画描画の発達が 1977 年の子どもたちに比べ遅れてきているものと考えられた。

グッドイナフ人物画知能検査は描画検査であるにもかかわらず全般的知能の測定できる検査として古くから用いられている。また，小林（1977）は，人物画により，知覚・認知能力，手の操作を中心とした運動能力，視覚・運動の協応能力などが評価できるという。では，現代の子どもはこれらの能力が落ちてき

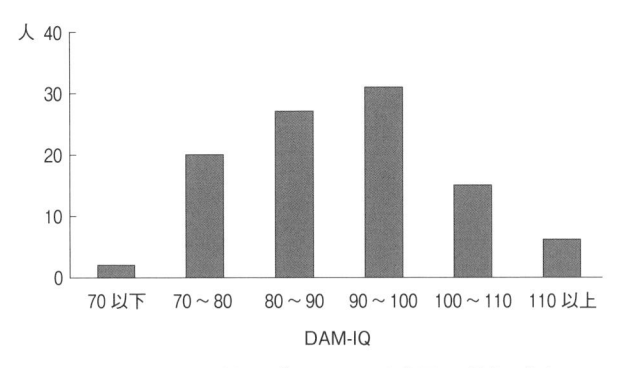

図Ⅲ-10　5, 6歳児のグッドイナフ人物画 IQ 得点の分布

ているのであろうか。人物画に影響を与えるものとして，教育，その国の文化，日常目にしている絵や視覚情報，男女差などが指摘されている（Harris, 1963）。したがって，人物画描画の遅れが何歳頃から始まり，加齢とともにどう変化するのかなど，詳細な検討も必要となろう。

Ⅲ-4-4　5, 6歳児の人物画の男女差

男女別にみると，男児の DAM-IQ は 86.9 ± 10.7（平均値±標準偏差），女児の DAM-IQ は 95.4 ± 13.3 であり，男女で大きく分布は異なっていた。男女別の IQ 得点の分布を図Ⅲ-11 に示したが，男児は IQ70 〜 80 が，女児は IQ90 〜 100 が多かった。人物画の男女差について，グッドイナフ（Goodenough, 1926）

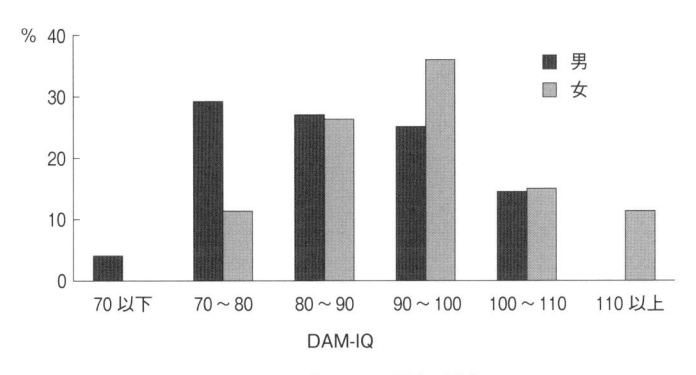

図Ⅲ-11　人物画 IQ の男女別分布

は，それまでのケルシェンシュタイナー（Kerschensteiner, 1905）やイワノフ（Ivanoff, 1909）の報告での男児が女児より描画発達が良いという結果と異なり，自分たちの研究では女児で男児より得点がわずかに高かったと述べている。後年のハリス（Harris, 1963）は，5歳から15歳の2975人の子どもの描いた人物画で半年から1年分，女児のほうが男児より得点が高いことを示した。最近でもディーバーら（Deaver & Norfolk, 2009）は，7歳と9歳の466人の人物画描画の検討を行い，発達的な検討ではいずれの年齢も男女差を認めたと報告している。一方日本の小林（1977）は，グッドイナフ人物画検査を行い女児で得点が高かったが，有意差を認めるほどではなかったとしている。これらの結果より，人物画描画発達はわが国においても，欧米と同様に男女差が近年明らかになってきたものと考えることができよう。どうして男児で最近落ち込みが激しいのであろうか。推測の域を出ないが，近年男女の脳機能や発達の性差と不適応との関連（Sax, 2005）が言われており，幼児期の脳では男児で脆弱性が大きく生育環境や養育環境の影響を受けやすい可能性がある。このことに関しても今後の検討が待たれる。

Ⅲ-4-5　図形模写と人物画発達

また，同時に実施した三角形模写課題に通過したのは男児が21人（43.8%），女児が38人（71.7%）であり，三角形模写を通過した群59人と通過しなかった群43人に分けた人物画IQの分布を図Ⅲ-12に示した。三角形模写通過群の

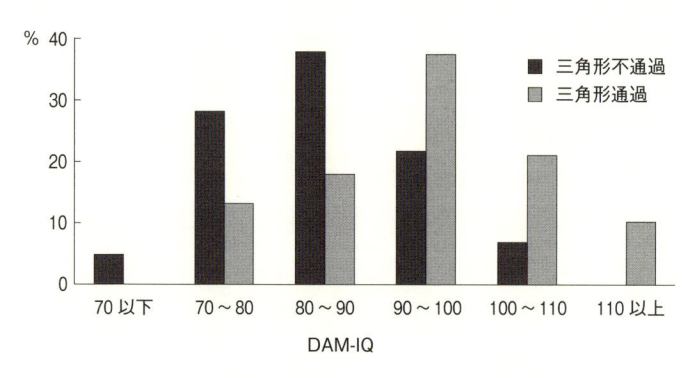

図Ⅲ-12　三角形模写通過の有無により分けた人物画描写能力

DAM-IQ は 95.6 ± 13.5 であるのに対し，三角形模写不通過群の DAM-IQ は 85.3 ± 9.1 であり，三角形模写通過群が統計学的に有意に高かった。したがって，図形模写能力と人物画描画能力は関連して発達すると考えられた。

Ⅲ-4-6 人物画描画の加齢に伴う発達

これまで述べたように，5，6歳児の人物画描画発達は以前の子どもに比べて発達の遅れが認められた。そこで，その遅れが何歳頃からはじまるのかを明らかにするために，3歳から7歳までの就学前の子ども556人にグッドイナフ人物画知能検査を行った（郷間ら，2010）。

その結果 DAM-IQ の年齢に伴う変化（図Ⅲ-13）をみると，幼児期前半は男女とも 100 を超えていたが次第に低下し，5歳児では平均 97.3（男児 95.7，女児 98.9），6歳児では 91.2（男児 87.0，女児 95.3）と低下した。また，いずれの年齢も，男児が女児より低値であった。このように，人物画描画において加齢とともに描画発達の遅れが顕著になることは，高い年齢の課題ほど図形模写の遅れが著しいという前節で示した結果と相応していると考えられ，幼児の人物画描画能力も幼児期後半から劣ってきていることが示唆された。

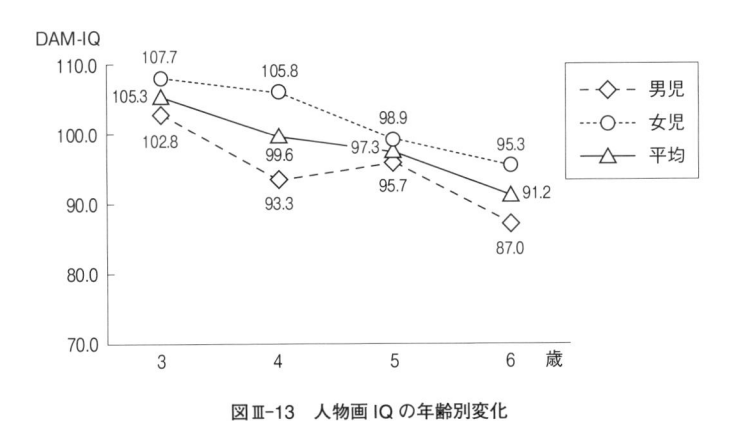

図Ⅲ-13 人物画 IQ の年齢別変化

III-5　50年間の日本の子どもの発達の変遷

III-5-1　1950年代のK式乳幼児発達検査

　K式検査の歴史は1951，2年に遡る。そしてその頃の研究報告として，生澤雅夫の「乳幼児発達検査作成の試み（第一次報告）」（生澤，1954）がある。このなかでは，新K式検査の前身である「乳幼児発達検査」作成のための標準化資料のデータ分析結果が述べられている。K式検査はその後利用が広まるとともに，新K式検査1983や新K式検査2001が公刊されたように，内容も時代とともに手直しや追加がなされている。たとえば，「財布探しP96」は「乳幼児発達検査」では円形であったものが，新K式検査1983からはビネーの方法に合わせ菱形に変わっている。また，社会の変化にあわせ「絵の名称V32～35」の絵が新K式検査2001では新しくなったり，新K式検査1983の「美の比較V10」のように問題が指摘された内容が，新K式検査2001では「表情理解V10b,c」に替えられたものもある。一方，検査適用年齢の成人までの拡張とともに，新たな項目も多く追加された。しかし，いずれの改定も，それまで使用された検査項目は可能な限り継続して用いられた。したがって，1950年代の「乳幼児発達検査」のなかにも現在の新K式検査2001の検査項目と同じものが少なくない。そこでここでは，1950年代の「乳幼児発達検査」，新K式検査1983，新K式検査2001に共通で，評価基準がほぼ同一の項目であり資料の残っている，「姿勢・運動領域」5項目，「認知・適応領域」項目63項目，「言語・社会領域」47項目，計115項目の50%通過年齢を比較した。

III-5-2　1954年から1983年にかけての変化の特徴

　1954年と1983年の比較では，115項目のうち，全体で約80%の項目の50%通過年齢が減少，すなわち発達が早くなり，そのうち10%以上促進した項目が41項目（35.6%）であった。領域別の変化を図III-14に示したが，「認知・適応領域」と「言語・社会領域」で発達の促進した項目が多かった。したがって，1954年から1983年までは，子どもの精神発達が促進した時代と考えられる。一方，1983年から2001年にかけては，2節で述べたように子どもの発達は遅れる傾向であった。

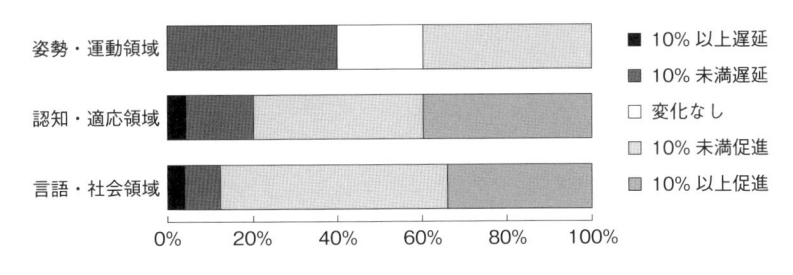

図Ⅲ-14　1954年から1983年の領域別の50％通過年齢の変化

Ⅲ-5-3　項目ごとの変化の様相

いくつかの項目の50％通過年齢の変化を図Ⅲ-15に示した。「絵の叙述V36」では，1954年に6歳6か月であったのが，1983年には5歳11か月，2001年には6歳9か月へと，「左右弁別 全逆V11」では，1954年の4歳9か月が，1983年は4歳1か月，2001年は4歳5か月へと，1954年から1983年は発達が促進したが，1983年から2001年にかけて発達が遅延したものが多い。一方，「重さの比較 例前P86」のように1954年の4歳0か月が，1983年の3歳10か月，2001年の3歳11か月へのように，時代が変わってもほとんど変化を示さなかったものや，「性の区別V38」のように，1954年の3歳3か月が，1983年には2歳10か月，2001年には3歳と1954年から1983年は発達が促進したが，1983年から2001年にかけては変化があまりなかったものなど，項目によって変化は異なっていた。

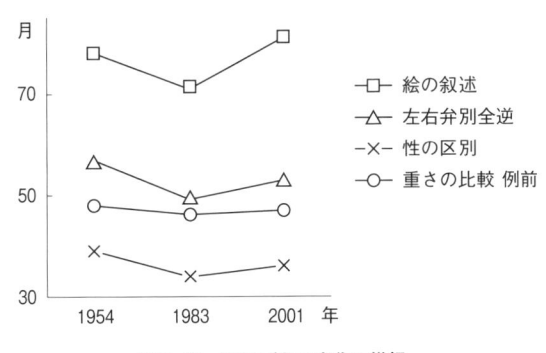

図Ⅲ-15　項目ごとの変化の様相

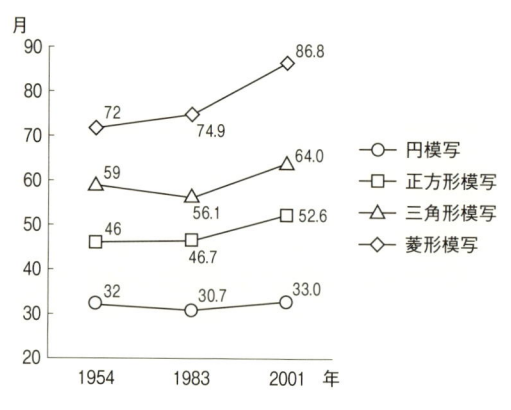

図Ⅲ-16　図形模写の50％通過年齢の変化

これまでの1983年から2001年への変化の検討で遅れが著しかった描画の項目をみると,「正方形模写」では1954年の3歳10か月,1983年の3歳11か月が,2001年には4歳5か月へ,「三角形模写」では1954年の4歳11か月,1983年の4歳9か月が,2001年には5歳4か月へのように,1954年から1983年にかけて発達は変化が少なかったが,1983年から2001年では遅れが目立った（図Ⅲ-16）。

Ⅲ-5-4　発達が顕著に促進した「色の名称」

「色の名称3/4 V40」の50％通過年齢は1954年の4歳10か月が,1983年に3歳7か月,2001年には2歳11か月になり,「色の名称4/4 V41」は1954年の5歳が,1983年に4歳1か月,2001年には3歳3か月と経年的に少なくな

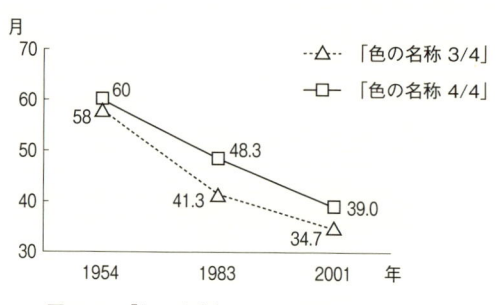

図Ⅲ-17　「色の名称」の50％通過年齢の変化

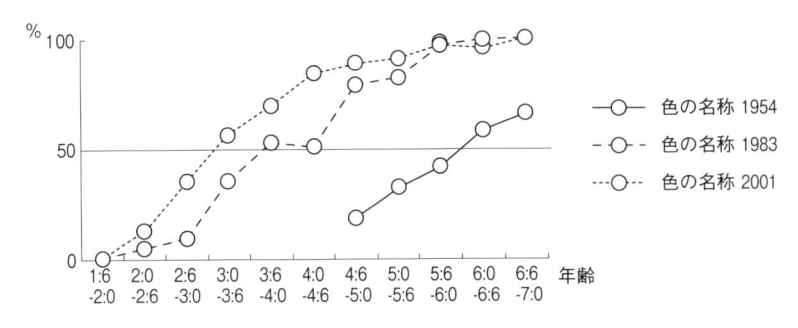

図Ⅲ-18 「色の名称 4/4」の年齢別通過率

る，すなわち発達が早くなった（図Ⅲ-17）。「色の名称」の提示は，赤，黄，青，緑の色を指さして「この色は，何と言いますか」「これは，何色ですか」と問う。この発達の促進には，近年のテレビや絵本など色彩にあふれる視覚情報の増加など環境の影響が考えられる。色の名称の発達に関しては，1954年，1983年，2001年の，年齢別通過率のグラフも図Ⅲ-18に示した。このグラフからも，子どもの色の認知の発達の変化が乳幼児期の子ども全体にいえることであることが理解できる。

Ⅲ-5-5　発達が遅延してきた「硬貨の名称」

「硬貨の名称 3/4 V39」の50％通過年齢は，1954年の4歳3か月が，1983年には4歳10か月に，2001年には5歳4か月へと経年的に大きくなる。すなわち発達が次第に遅くなっていた（図Ⅲ-19）。「硬貨の名称」検査は，10円，100円，50円，1円の4種の硬貨を提示して，「このお金の名を言ってごらんなさ

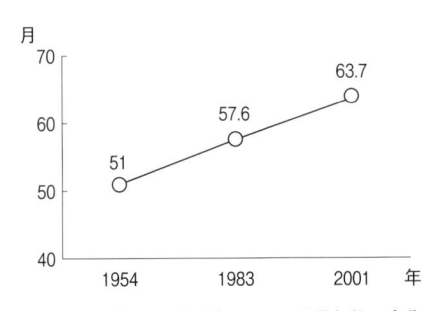

図Ⅲ-19 「硬貨の名称」の50％通過年齢の変化

い」と尋ね，3種類以上正解の場合を通過とする。「硬貨の名称」の項目に関しては，近年の物価の上昇とともに一円や十円では購入しにくくなったこと，コンビニ，スーパー，自動販売機などあまり計算をしなくても購入できるようになったことなどの生活習慣の変化が遅延してきた理由と考えられた。

Ⅲ-5-6　50年間の子どもの発達の変化

　K式検査の資料の検討から1950年代からの50年間の，日本の子どもの発達の概観を見ると，1950年代から1980年代にかけては子どもの発達は多くの項目で促進した。これは，終戦後の義務教育の普及，教育的思想の展開のなかで，日本の子育てや教育が大きく発展した時代であるからと考えられた。幼児教育や知育玩具の普及，学習塾，教育的思想の開花，高度経済成長のなかでの教育は子どもの精神発達によい影響を与えたのではないかと思われる。

　しかしながら，1980年以後，今世紀にかけては子どもの発達は遅延してきているものが多いというものであった。どうしてだろうか……この点については，次節で検討したい。

Ⅲ-6　現代の子どもの発達の特徴と変化の要因

Ⅲ-6-1　これまでの研究結果のまとめ

　これまで述べてきた結果をまとめると，以下のようになる

　①新K式検査1983と新K式検査2001の標準化データの比較により，1983年の子どもと2001年の子どもでは，発達に変化が見られ，2001年で1983年より発達が遅れてきている項目が多い。発達の遅れは，幼児期前半から始まり幼児期後半に顕著となる。

　②発達の遅れは，とくに図形模写など描画の項目で顕著であり，錯画や線の模倣などの幼児期前半の課題よりも，幼児期後半からの課題で大きく，正方形では6か月，三角形では8か月，菱形では12か月遅れてきている。

　③年齢ごとの通過率の検討より，発達の遅れは一部の子どもの問題ではなく，子ども全体が遅れてきていることが示唆された。

　④グッドイナフ人物画知能検査による人物画描画発達の検討でも同様に遅れ

が見られ，5歳児では30年前の子どもに比べ約半年の遅れが認められた。

⑤発達の性差の検討では，図形模写も人物画描画も女児で発達が早いという男女差を認めた。

⑥新K式検査の前身である「乳幼児発達検査」の資料も加えた子どもの発達の検討では，1954年から1983年にかけては，子どもの発達は促進した項目が多いという結果であった。

⑦以上より，1950年代から1980年代までは子どもの発達が促進した時代，1980年以後は子どもの発達が遅延してきている時代といえると考えられた。

⑧項目別の検討では，「色の名称」は1954年から2001年にかけて1年9か月も促進，逆に「硬貨の名称」は12か月も遅延してきており，子どもの生活環境や生活習慣の変化によるものと考えられた。

⑨以上より，子どもの発達はここ20年で遅れやアンバランスさが目立ってきており，原因の究明や対応は緊急の課題と考えられる。

Ⅲ-6-2　子どもの発達で遅れてきている能力

上にまとめたように，最近の子どもは20年前の子どもに比べて，発達が遅れてきたこと，またその遅れは幼児期後半に顕著になることが明らかになった。では，そのほかにどのような特徴があるのだろう。

Ⅲ-2で検討した新K式検査1983と新K式検査2001の比較で，幼児期に10％以上変化を認めた項目を表Ⅲ-5に示したが，「認知・適応領域」では「正方形模写」および「三角形模写」の「描画」に分類される項目，「言語・社会領域」では「身体各部 V27」「左右弁別 全逆 V11」「硬貨の名称 V39」「色の名称 V40,41」「絵の叙述 V36」の項目であった。「硬貨の名称」は硬貨の名前の理解を通して日常経験の内容と理解を調べるもので，先に述べたように，硬貨を使用する経験が減少したためと思われたが，その他の項目の変化が大きかったことはどのような意味を有するのであろうか。

正方形や三角形の「模写」は，先に述べたように，即時模倣や手の巧緻性に関係していると考えられており，現代の子どもはこれらの能力の発達がとくに遅延していると考えられる。同様に，「身体各部」の項目は目，鼻，口，耳について「あなたの目はどれですか」などと尋ね答えさせるもので，自己について

表Ⅲ-5　幼児期に大きな変化を認めた項目の50%通過年齢

△は促進した値

項目名	50%通過年齢（月）		変化月数
	新K式1983	新K式2001	
認知・適応領域			
正方形模写1/3	46.7	52.6	5.9
三角形模写1/3	56.1	64.0	7.9
言語・社会領域			
身体各部3/4	19.5	21.7	2.2
色の名称3/4	41.3	34.7	△6.8
左右弁別全逆	48.1	53.0	4.9
色の名称4/4	48.3	39.0	△9.7
硬貨の名称	57.6	63.7	6.1
絵の叙述2/3	70.1	80.2	10.1

表Ⅲ-6　幼児期に変化の大きかった項目と関係する能力

項目	関係すると考えられる能力
図形模写	即時模倣，手指の巧緻性
身体各部	自己の理解，応答の能力
左右弁別	左右弁別能力，自己身体感覚
絵の叙述	場面や状況の読み取り，言語化して説明する能力
硬貨の名称	硬貨の使用経験
色の名称	視知覚認知，ことばの発達

の理解や応答の能力を，「左右弁別」の項目は「あなたの左の手はどれですか」などと質問するもので左右弁別能力や自己身体感覚と関連があるといわれている。また，「絵の叙述」は，3枚の絵について「これはなにを描いた絵ですか」などと尋ね，子どもは絵を見て，それぞれ描かれていることをことばで説明するものである。新K式検査2001では絵の場面は新K式検査1983と同じであるが，内容が現代的なものに変更されている。この項目の50%通過年齢が遅くなったことは，絵の変更がその理由かどうか検討の必要があるが，現代の子どもは絵から場面の状況を読みとったり言語化して説明したりする力が弱くなっている可能性もある。一方，「色の名称」は著しく促進している。この課題は視

知覚認知やことばの発達と関連があるとされている。したがって現代の子どもたちは，表Ⅲ-6に示したような能力の発達が変化していることが推測できる。

Ⅲ-6-3　子どもたちの変化を発達障害の視点から考える

　視知覚認知がすぐれていることや，言語化が苦手というのは，発達障害の特徴であることはよく知られている。そこで，発達が遅れてきている可能性のある能力について，発達障害の視点からの解釈を試みた。図形模写などの即時模倣に関して，長田ら（1991）は新K式検査1983による検討を行い，広汎性発達障害児は同じ発達年齢の知的障害児に比べ図形模倣の達成度が有意に低いことから「即時模倣」能力は広汎性発達障害児で劣ることを明らかにした。手の巧緻性に関しては，学習障害児で不器用な子どもが多いことが指摘されている（Sugden, 1998）。また，「左右の弁別」は7歳で完成する（前川，1983）が，学習障害児で左右の認知の発達が遅れること（山口ら，1993）がいわれている。「絵の叙述」の遅れは，「心理化」ができないことを特徴とする社会性の欠陥や言語化するというコミュニケーション能力の障害など，広汎性発達障害の特徴（Frith, U., 1991）と関連づけることができるかもしれない。そして促進した色の認知に関しては，広汎性発達障害児では視覚的認知能力が言語による意味把握の能力に勝っている（Ohta, M., 1987）ことと結び付けて考えられる。

　このように，今回の検討で変化の大きかった項目の多くは，広汎性発達障害や学習障害など発達障害の特徴と関連付けて考えることが可能であった。発達障害児はいずれも知的障害は認めないが，社会性の問題あるいは行動や学習に発達のアンバランスさをもっているために生活上の困難を抱え，最近の特別支援教育の考えや対象の広がりとともに対応が求められている子どもたちである。しかし，今回の検討の対象児は発達検査標準化のための検査協力者であり，発達障害児を含んでいる可能性はあるが多くは健常児である。

　一方，現代の子どもたちについてみた場合，容易に「ムカつく」「キレる」など短絡的衝動行為を示す子ども，落ち着きのない子ども，困難を回避する子どもなど，感情の不安定さや衝動コントロールの弱さをもった子どもが目立ってきているといわれている。そして，それらの行動特徴は発達障害児のもつ対人面や行動面の弱さとも通じるところがあるのは興味深い。

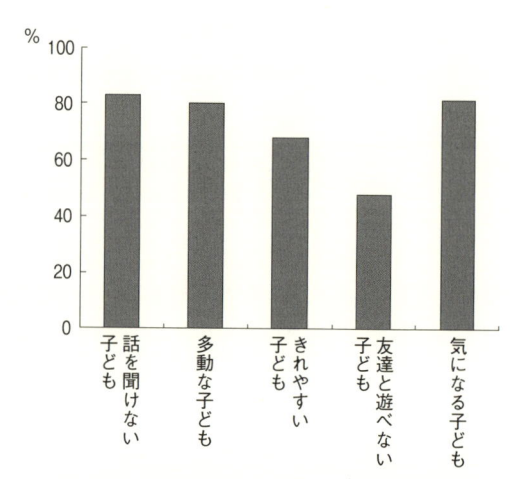

図Ⅲ-20 保育士が増えていると感じる最近の子ども

（棒グラフ：話を聞けない子ども、多動な子ども、きれやすい子ども、友達と遊べない子ども、気になる子ども）

　以上より，現代の子どもたちを20年前と比べたとき，その発達的特徴として発達障害にみられるような特徴をもつようになってきたと解釈することが可能であろう。実際私たちが日常かかわっている幼児や学齢児の子どもたちをみても，子どもたちは以前と変わってきているようである。池田ら（2007）が数年前に保育士を対象に行った調査でも，80％以上の保育士は「話が聞けない子」や「友達と遊べない子」「生活習慣が未熟な子」などの「気になる子」が増えていると回答している（図Ⅲ-20）。そしてその結果，幼稚園や小学校では教員から「以前は教員一人で何とかやっていけたが，最近はいろいろな問題をもった子どもが増えていてとても一人ではみられない」という声をよく聞くようになった。
　しかしながら，行動や社会性の面に関しては，現代の子どもたちのどのような面が過去の子どもたちと比べて変化してきたのかについて，一定の評価基準を用いて比較した報告がないため詳細は明らかではない。

Ⅲ-6-4　子どもの発達に影響を及ぼす環境要因

　子どもの発達はなぜ変わってきたのであろうか。1980年代までの子どもの発達の促進は，その時代の日本の社会経済の発展のなかで，子育てや教育の環

境が大きく進歩したことによることは多くの人が同意するところだろう。では，その後の子どもの発達が遅延しアンバランスになってきていることはどのように説明されるのであろうか。

社会の諸構造の激しい変化と社会病理が目立つ現代の環境のなかで，現代は子育て・子育ちが難しい状況にあるといわれている。発達に影響を及ぼすものとして遺伝と環境がいわれるが，近年，子どもの発達や行動に影響を及ぼす環境要因について，さまざまな論議がなされるようになってきた。①テレビやビデオなどのメディアとの接触時間，②睡眠の不規則性，③ジャンクフードなどの食品に含まれる化学物質，④虐待をはじめとする不適切な養育，⑤環境ホルモン等，などについてである。

たとえば，テレビやビデオなどに関して，清川ら（2009）は，メディア漬けにより子どもたちは，生活習慣の乱れ，睡眠不足，外遊びの減少，運動不足などを引き起こし，ひいては前頭前野の機能低下のため，キレやすいなど感情や行動のコントロール不足や暴力行動につながるとしている。クリスタキスら（Christakis et al., 2004）も，1歳時および3歳時のテレビ視聴時間は，7歳時の多動性尺度評価や注意の問題に有意に影響を及ぼすと報告し，テレビ視聴について警鐘を鳴らしている。アメリカ小児科学会は1999年，2001年に2歳以下の子どもには，テレビを見せないようにしようとの勧告を出しており，日本でも，2004年に日本小児科学会，日本小児科医会が同様のものを出している。5歳児に行ったわれわれの調査でも，表Ⅲ-7に示したように，テレビやビデオの視聴時間は，図形模写や人物画描画に影響を与えている可能性があるという結果であった（川越ら，2007）。

また睡眠に関しては，鈴木ら（2003）は5歳児の睡眠覚醒リズムと行動や三

表Ⅲ-7　テレビ・ビデオの視聴時間と三角形模写・人物画描画結果

テレビ・ビデオ視聴時間	三角形模写通過率	人物画知能指数
2時間未満	80.60%	98.3 ± 13.3
2～4時間	56.50%	90.2 ± 13.0
4時間以上	34.80%	84.3 ± 6.7

（平均値±標準偏差）

角形模写との関係を検討し，睡眠覚醒リズムの乱れと保育活動における「気になる子」が一致する傾向がみられると報告している。そして，その気になる子どもたちは無気力，集中力や持続力の欠如，こだわり，攻撃性などの特徴がみられ，三角形の模写が稚拙であると述べている。この結果はわれわれの結果と三角形模写の獲得の遅れという点で一致しており，現代の子どもの発達のアンバランスやゆがみの原因や対応を考える際に興味深い結果と思われる。

このような環境要因の問題全体について，パーマー（Palmer, 2006）は，社会の変容，テクノロジーと文化の変化がもたらした副作用によって，子どもの育ちの多くの面で悪影響が出ている，と述べ，以下のように説明している。非常に多くの子どもたち（おそらく半分以上の子どもたち）が不健康な食品やテレビ三昧の生活を好み，睡眠も不足している。家族と十分な心の結びつきをもてなかったり，親との触れ合いが少なかったり，精神的に不安定だったりする子は異常なほど多い。現代の子どもたちは，刺激に富んだ現実世界を経験する代わりに，家ではテレビやコンピューターゲームに興じ，学校では達成目標を偏重するカリキュラムに縛られている。社会が統一を失うにつれ，道徳を教えるのは難しくなり，子どもたちは巧みな宣伝に操られ，有名人の生活をいやというほど見せつけられている。もともと遺伝的に影響を受けやすい子どもたちは，これらの副作用の一つにでもさらされれば発達に問題が出かねない。たとえ遺伝的には影響を受けにくい子どもでも，こうした有毒な副作用にいくつもさらされれば同じだろうと。

このような考えに立つと，環境因子も遺伝因子と同様に，子どもの認知や行動の発達に影響を及ぼし，発達障害児にみられるようなさまざまな問題を引き起こしている可能性も否定できないように思われる。

Ⅲ-6-5　環境要因と発達障害の関係および発達精神病理学の必要性

環境因子と発達障害の関連についても，さまざまな議論がなされている。リムランド（Rimland, 2008）は，ADHD，学習障害，行為障害，気分障害（うつ），反抗挑戦障害，等の診断を受けている子どもの数が急激に増加し続けていることに対し次のように述べている。この原因として，社会からは親の養育が悪い（toxic family environment）からという意見も多いが，これらの子どもたちの

家庭に問題がみられない場合もたくさん存在する。問題行動の原因は，食品添加物，保存料，着色料，アルコール，重金属，ジャンクフード，などが脆弱な脳機能に影響を与えるからであると説明している。

　また，グランジーンとランドリガン（Grandjean & Landrigan, 2006）は障害と環境について以下のように述べている。自閉症，ADHD，知的障害，脳性まひなどの発達障害は6人に1人が罹患し，その原因として，いくつかの化学物質（鉛，有機水銀，PCBs，ヒ素，トルエンなど）が脳障害の原因になることがわかっているものの，多くは明らかではない。それらの脳に影響を与える物質により，胎児などの未熟脳は，成人脳より少量の暴露で障害を引き起こされる。すなわち明らかな障害に至らない場合でも，多くの人に影響をおよぼすと考えられる。産業先進国においては1960年から1980年の間に，排気ガスに含まれる鉛によりIQ130以上の人数を50％以上減少させ，IQ70以下の数を増加させた……。このような論文が出ると，EBM（evidence based medicine）に基づく解釈を重視する人は，科学的な根拠は明らかではないという。しかし子どもの発達の遅れやアンバランスの問題はエビデンスが明らかでなくとも，将来に大きな影響を及ぼす可能性がある。本論文でこれまで述べた子どもの発達の変化をみたとき，その変化の原因の詳細が解明されていなくても，潜在的に重大となりうるリスクに対しては「予防原則」としての対応を考えざるを得ないところまできているのではないか，という危惧さえする。

　杉山（2009）は，発達障害の原因について，これまで生物学的要因（素因）が重視されてきたが，発達途上の子どもの場合，素因がわずかであっても虐待のような情緒的環境により，素因によるものと同様の問題を引き起こすことがあることを取り上げ，今後の課題として，発達障害の危険因子をもつ子どもに対し適応障害をつくりださないための予防的措置が重要とし，発達精神病理学の必要性を述べている。

　発達精神病理学とは，人の発達が生物学的，心理的，社会的要素によってどのように影響を受けているかを解明することを目指している（Cummings, 2000）。これまで30年間の発達精神病理学での理論と展開は，正常な発達と精神病理の発生をプロセスとしてとらえ，発達的に見て好ましい発達を遂げるにもいくつかのプロセスがありえることや，同じ問題行動にいたるにも複数の経

過や経路があるということを明らかにしてきた。また発達に影響を与える要因として，環境も人間の心理的発達だけでなく生物学的・遺伝的な機能にも影響を及ぼすというものである。生物学的要因である遺伝子への環境の影響として，久保田（2010）は遺伝子のオン-オフを司っている，可逆的なシステムであるエピジェネティックス（epigenetics）の研究と発達障害を関連付け，エピジェネティックスに虐待などの環境要因が作用し，遺伝子発現が変調をきたし，発達障害を増加させている可能性について述べている。

このように考えてくると，子どもの発達にとって環境は非常に重要な意味を持つにもかかわらず，現代社会はさまざまな問題を抱え，子どもの発達や行動に悪影響を起こしている可能性が示唆される。今後，子どもたちの望ましい発達が得られるような環境要因について明らかにしていくことが望まれる。

Ⅲ-6-6　子どもの変化は環境への適応ではないかという考え

しかしながら一方では，最近の子どもの変化は重大な問題と考えるべきでなく，子ども側の現代社会への適応としての変化なのではないかという考え方も可能ではないだろうか。

子どもたちは三角形が描けるようになる年齢が8か月も遅くなり，人物画を描く発達も半年ほど劣ってきている。しかし，描画発達は遅れてきた反面，赤，青，黄色など色の名前など視知覚認知能力は促進してきている。現代の日本の社会では視覚的情報が80％を占めているという。人々は自分で文字や絵を書かなくても生活に困らない，すなわち，ワープロや写メールなどを用いれば，鉛筆やペンを持つ必要はなくなってきているのである。行動面から見ても，集団行動が取れない，人の話が聞けないなどの特徴をもつ「気になる子」でも，メールなどを使えば，面と向かわなくても他人とやり取りができるのである。子どもたちにとって将来成人した時に必要のない能力の発達は不要なのかもしれない。そのように考えることはできないだろうか。

III-7　おわりに

　私が子どもの発達の問題に興味をもつようになったのは，このK式発達研究会に参加するようになってからである。それまでにも，小児科神経医として多くの子どもの発達にかかわってきたが，それらは臨床事例の発達や行動の問題をどのように理解し治療や支援につなげるかということが中心であったように思う。しかし，現代の子どもの発達が20年前の子どもに比べ遅れてきており，かつアンバランスになってきていることを示唆するような，本論で述べた新K式検査のデータは，私自身の子どもの発達に関する考え方を変えさせてくれたと同時に，発達やその変化の意味の重要性について問い直すきっかけを与えてくれた。

　そして，そのような子どもの変化は，そのころから私がかかわっている保育園や幼稚園などの幼児教育の場においてよく聞かれる「最近の子どもが変わってきている」「集団行動ができにくくなってきている」「絵が描けなくなってきている」という声や「『気になる子』がたくさんいて保育が難しくなってきている」という意見（郷間ら，2007；郷間ら 2008；郷間ら，2009）と，お互いに関連し合っていると考えるようになってきた。すなわち，新K式検査の標準化資料の分析により明らかにされたことは，これまで見えていなかったことが明らかになったのではなく，教育や保育臨床の場ではなんとなく気づかれていたものが，新K式検査の検討によりその一部が明らかになったものと考えてい

表III-8　子どもの発達の変化の要因（郷間，2011を一部改変）

1) 子どもの生活習慣やライフスタイルの変化
　　テレビやビデオ，不規則な睡眠や夜更かし，核家族化，少子化　など
2) 脳の発達に悪影響を及ぼす化学物質
　　鉛・水銀など重金属，防腐剤・人工着色料など食品添加物，環境ホルモン　など
3) 不適切な養育（マルトリートメント）
　　身体的虐待，心理的虐待，性的虐待，ネグレクト，貧困　など
4) 脳機能や脳発達の性差に応じた育児や教育の不足
　　脳機能に応じた教育の必要性
5) 環境の遺伝子に対する影響
　　エピジェネティックス変化
6) 子ども側の環境への適応
　　適応するための発達の促進や不必要な発達の遅れ

る。
　また，その原因についてはいろいろな論議があるが，まだ十分な意味づけができているとはいえない。先に述べた発達精神病理学の対象は，おもに社会性や行動等に問題をもった子どもたちであるが，子どもの変化の重要性を考えたとき，その対象をすべての子どもにまで拡げ，発達に影響を与えるさまざまな要因について考える時期に来たのではないかという気がしている。
　先日の国際小児神経学会において，本章で述べた新K式検査の標準化データの比較について発表したところ多くの質問を受けた。おもな内容は，結果は面白く興味深いがその変化の原因はどんなところにあるのかというものだった。子どもの育つ環境の悪化によるものだろうと答えたのであるが，さまざまな要因が考えられ詳細は明らかではない。表Ⅲ-8に子どもの発達の変化の考えられる要因についてまとめたが，今後，子どものよりよい発達のための環境の在り方や海外の子どもの発達との比較などについても研究をすすめていく必要があると考えている。

文　献

秋山千枝子・堀口寿広　2006　津守・稲毛式による現代っ子の発達の特徴（第一報）1961年1989年と比較して　小児保健研究（日本小児保健学会），**65**, 331-337.

Christakis, D. A., Zimmerman, F. J., DiGiuseppe, D. L. & McCatry, C. A.　2004　Early Television Exposure and Subsequent Attentional Problems in Children. *Pediatrics*, **113**, 708-713.

Cummings, E. M., Davies, P. T. & Campbell, S. B.　2000　*Developmental Psychopathology and Family Process*. The Guilford Press.（菅原ますみ（監訳）　2006　発達精神病理学　ミネルヴァ書房）

Deaver, S. P. & Norfolk, V. A.　2009　A Normative Study of Children's Drawings: Preliminary Research Findings. *Art Therapy*, **26**, 4-11.

Frith, U.　1989　*Autism: Explaining the Enigma*. Basil Blackwell.（富田真紀（訳）　1991　自閉症の謎を解き明かす　東京書籍）

郷間英世　2003　現代の子どもの発達的特徴についての研究—1983年および2001年のK式発達検査の標準化データによる研究Ⅰ—　子ども学（甲南女子大学），**5**, 11-22.

郷間英世　2006　現代の子どもの発達的特徴とその加齢に伴う変化—1983年および2001年のK式発達検査の標準化データによる検討Ⅱ—　小児保健研究（日本小児保健学会），**65**, 282-290.

郷間英世・郷間安美子・川越奈津子　2007　保育園に在籍している診断のついている障害児および診断はついていないが保育上困難を有する「気になる子ども」についての調査研究　発達・療育研究（京都国際社会福祉センター），**23**, 19-29.

郷間英世・大谷多加志・大久保純一郎　2008　現代の子どもの描画発達の遅れについての検討　奈良教育大学実践総合センター紀要，**17**, 67-73.

郷間英世・圓尾奈津美・宮地知美・池田友美・郷間安美子　2008　幼稚園・保育園における「気になる子」に対する保育上の困難さについての調査研究　京都教育大学紀要，**113**, 81-89.

郷間英世・川越奈津子・宮地知美・郷間安美子・川崎友絵　2009　幼児期の「気になる子」の養育上の問題点と子どもの行動特徴―保育園の巡回相談事例の検討―　京都教育大学紀要，**115**, 123-130.

郷間英世・木下佐枝美・川越奈津子・中市　悠　2010　現代幼児の人物画描画発達と気になる子の描画グッドイナフ人物画検査を用いた検討　京都教育大学紀要，**117**, 63-71.

郷間英世　2011　現代の子どもの発達の遅れやアンバランスさについて　小児科，**52**(1), 73-80.

Goodenough, F. L.　1926　*Measurement of Intelligence by Drawings*. Harcourt, Brace and World.

Grandjean, P. & Landrigan, P. J.　2006　Developmental Neurotoxicity of Indusrtrial Chemicals. *Lancet*, **368**, 2167-78.

Harris, D. B.　1963　*Children's Drawings as Measures of Intellectual Maturity*. Harcourt, Brace and World.

池田友美・郷間英世・川崎友絵・山崎千裕・武藤葉子・尾川瑞季・永井利三郎・牛尾禮子　2007　保育所における気になる子どもの特徴と保育上の問題点に関する調査研究　小児保健研究（日本小児保健学会），**66**, 815-820.

生澤雅夫　1954　乳幼児発達検査作成の試み（第1報告）　大阪市立大学人文研究，**5**, 58-75.

生澤雅夫・松下　裕・中瀬　惇（編著）　1985　新版K式発達検査法　ナカニシヤ出版

Illingworth, R. S.　1987　*The Development of the Infant and Young Child*. Churchill Livingstone.

Ivanoff, E.　1909　Recherches Experimentales sur le Dessin des Écoliers de la Suiss Romande: Correlation entre l'Aptitude au Dessin et les Autres Aptitudes. *Archives de Psychologie*, **8**, 97-156.

川越奈津子・池田友美・武藤葉子・郷間英世　2007　5歳保育園児の生活能力と描画能力　第54回日本小児保健学会講演集，210.

川越奈津子・郷間英世・牛山道雄・池田知美・郷間安美子　2011　現代の子どもの描画発達についての研究―保育園幼児のグッドイナフ人物画知能検査による検討―　小

児保健研究（日本小児保健学会），**70**(2), 257-261.
Kerschensteiner, D. G.　1905　*Die Entwicklung der zeichnerichen Begabung.* Münch: Gerber.
小林重雄　1977　グッドイナフ人物画知能検査・ハンドブック　三京房
小枝達也　2004　発達支援と地域連携　小児保健研究（日本小児保健学会）　日本小児保健協会50周年記念特別増刊号，**63**, 165-167.
久保田健夫　2010　発達障害の増加の要因―遺伝（エピジェネティックスの立場から）　脳と発達（日本小児神経学会），**42**, 118.
清川輝基・内海裕美　2009　「メディア漬け」で壊れる子どもたち　少年写真出版社
前川喜平　1983　神経学的微症状　新小児医学体系第13巻A　中山書店　pp.194-206.
長田洋和　2001　新版K式発達検査を用いた広汎性発達障害児の早期発達に関する研究　臨床精神医学，**30**, 51-57.
Ohta, M.　1987　Cognitive disorders of infantile autism: A study employing the WISC, spatial relationship conceptualization, and gesture imitations. *Journal of Autism and Developmental Disorder,* **17**, 895-906.
大谷多加志・郷間英世　2008　現代の子どもの描画発達の遅れについての検討Ⅱ　発達・療育研究（京都国際社会福祉センター），**24**, 43-54.
Palmer, S.　2006　*Toxic Childhood: How the Modern World is Damaging Children and What We can do about It.*（青木　創（訳）　2007　子どもはなぜモンスターになるのか　小学館）
Rimland, B.　2008　*Dyslogic Syndrome.* Jessica Kingsley Pub.
Sax, L.　2005　*Why gender matters: What parents and teachers need to know about emerging science of sex differences.* Broadway Books.
新版K式発達研究会（編）　2008　新版K式発達検査法2001年版　標準化資料と実施法　ナカニシヤ出版
Sugden, D.　1998　*Manual skill in children with learning disabilities. The psychology of the hand.* Mac Keith Press.
杉山登志郎　2009　そだちの臨床　発達精神病理学の新地平　日本評論社
鈴木みゆき・野村芳子・瀬川昌也　2003　5歳児の睡眠―覚醒リズムと三角形模写　小児保健学会講演集, 263-264.
上田礼子・古屋真由紀　1978　乳幼児の発達と地域の特性　民族衛生（日本民族衛生学会），**44**, 68-73.
山口俊郎・森田安徳・磯部美世子　1993　利き手の混乱と空間・時間の組織化の発達に障害を示した発達性読み書き障害の一症例　児童青年精神医学とその近接領域（日本児童青年精神医学会），**34**, 432-443.

IV 新K式検査2001を用いたアセスメントと発達相談

IV-1 新K式検査を活用する際の基本姿勢

IV-1-1 はじめに

　新K式検査の講習会でときおり寄せられる質問に「子どもがこういう反応をしたが，これは通過としてよいのか，不通過になるのか。どう解釈すればよいか」というものがある。一般的には，「この反応は通過とするのか，不通過とするのか」という質問に対しては，「手引きに書いてある通りの基準で判断してください」と答えている。新K式検査を用いて発達指数を算出するには，標準化作業の際の基準にしたがって判定する必要があるからである。なお，標準化作業の際に得られた反応実例については，判定の参考として活用していただけるよう，京都国際社会福祉センター紀要『発達・療育研究』(松下ら，2005) にまとめられている。

　ところが，実は上記の質問には「このように手続きを変えてみました」という条件がついていることがある。この質問にあるように，新K式検査では，まず手続き通りに実施し，不通過であった場合に，本来は例示のない項目であっても例示をしてみるなど，その場の子どもの反応に応じて検査者があえて手続きを変更して試すことがある。そうすることによって，子どもの不通過の内容をより詳しく検討することができ，療育や教育での手立てを考えるうえで有効な情報が得られるからである。筆者の体験のなかで，手続き通り名前を尋ねる（「姓名」）と無反応であった年長の子どもに対し，紙に文字で「名前」と書いて示すと即座に反応して漢字で名前を書いた例がある。その子どもは，「5以下の加算」も手続きどおりに尋ねると無反応であったが，紙に式を書いて示すと正しく答えを書いた。すなわち，音声言語による応答には困難さがみられるが，

文字言語による応答は可能であることや簡単な計算のスキルを獲得していることが，手続きを少し変更してみることで明らかとなったのである。このように，変更された手続きによる新たな反応を得ることで，子どもの臨床像がより鮮明となり，発達上の問題や教育上の課題について検討する材料が増える。このような場合，その前提として，検査者のなかに手続きを少し変えて試してみたいと考えるにいたった何らかの仮説が生じているはずである。すなわち，検査者が臨床的な仮説をもって手続きを変更し，子どもの反応を吟味しようとする姿勢そのものが，子どもの発達理解をいっそう深めることにつながると思われる。

しかしながら，手続きを変更する際には，本来の判定においてなぜその手続きでなければならないのかといった検査の成り立ちに関する理解や，どの程度の変更であれば許容範囲とみなされるのかといった認識が重要となってくる。先ほどのような質問が寄せられる背景には，新K式検査が非常に多くの機関や施設で用いられているものの，検査の成り立ちや検査がどのような能力を測定しているのかといったことの理解が十分でなく，手続きの順守についてもあいまいな合意になってしまっているということがあるのかもしれない。このような基礎的事項に関しては，本書の第Ⅰ章で発達検査の歴史や新K式検査のもととなった検査の考え方について詳しく解説されているので，ぜひ参照していただきたい。この章では，新K式検査における項目の意味やこの検査を活用する際の基本的な考え方について，検査者としての経験をもとに解説を加える。

Ⅳ-1-2　新K式検査における項目の意味

新K式検査は，臨床現場で子どもの発達の諸相について一定の時間内に効率よく行動観察を行うため，構造化された観察場面を提供するよう開発された。また，子どもの発達についてよりよく理解するためには，経過観察を行い，子どもの発達年齢や各検査項目に対する反応内容がどのように変化していくかを丁寧に観察することが重要となる（清水ら，2007，図Ⅳ-1，表Ⅳ-1参照）。

新K式検査は序章で述べたように，ビネー，ゲゼル，ビューラー，ピアジェ，ウズギリスとハントなどの発達検査項目や発達理論をもとに考案されたものであり（嶋津・生澤，1985），発達のとらえ方についてもこれらの人たちの考えを

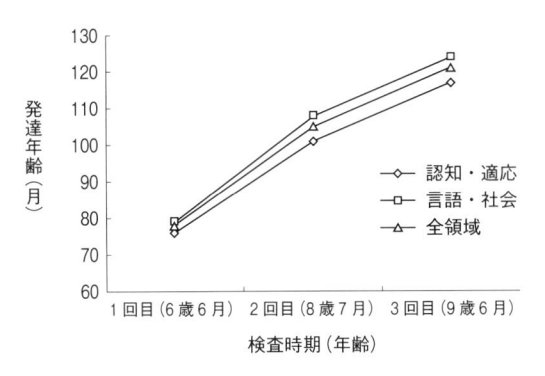

図Ⅳ-1　A児の発達年齢（月）の伸び

表Ⅳ-1　A児の言語反応内容の比較

（＋）通過，（－）不通過

	1回目　6歳6月	2回目　8歳7月	3回目　9歳6月
語の定義	（－）類概念はでない。主要な用途はいくつか指摘できるが，付属になるものもある。		（＋）どういうときに使うかという説明が中心。「人形」は形態にとらわれた説明になる。
語の差異	（－）色，味といった基準の指摘にとどまる。外観にのみ着目している。	（＋）適切な基準で比較可能。しかし，基準を2種類持ち出し，説明が長い。	（＋）説明が冗長で基準が一定しない。
語の類似		（＋）類概念を持ち出すが，同時に差異の説明も加える。	（＋）類概念を抽出できるが，余分な説明を加える。

踏襲している。すなわち，子どもの行動観察に基づき，発達的な変化を的確にとらえることができるかどうかといったことから項目が選定されている。2001年版の標準化作業を例に挙げると，予備調査で実際に子どもに試した結果を基に，改訂版として採用する項目が取捨選択された（清水ら，2002）。この段階での取捨選択の基準の一つは，子どもの生活年齢を横軸にとり，はじめてその項目ができるようになる子どもの割合を縦軸にとったときに，それが正規分布

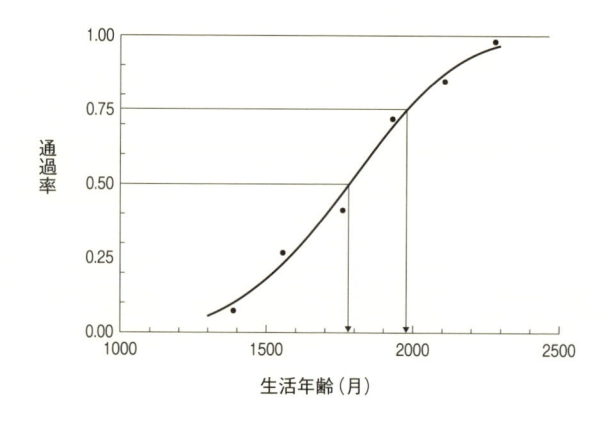

図Ⅳ-2　通過率曲線の例〔例は「玉つなぎ1/2」(P95)〕(嶋津ら, 1985)

を示すかどうかであった（図Ⅳ-2）。このような作業を通じて，各検査項目の50％通過年齢が計算され，発達の目安となる指標とされている。

　乳幼児期の新K式検査の項目においては，その年齢に達するとあたかも自然に獲得されるような反応として観察しやすい項目が選定されている（たとえば，鐘で「柄先から持つ」「鐘舌に触る」など）。したがって，雑多な項目が集まっているように思われるかもしれないが，その一見雑多に思われる検査項目に注目して，子どもが通過した年齢段階の項目に共通して求められる力は何か，個々の項目の構成から求められる特有の力は何か，ということを吟味し，結果を分析していくことが大切なのである。子どもにどのような力がついてきたからその検査項目ができるようになったのかという観点から検討することで，日常場面での支援目標がみえてくるからである。

　村井（1987）は，「ある行動から次のステップの行動へ移行していくためには，一定の期間がかかり，その過程では十分分析できていないようないろいろな活動が同時にあり，それらができていくプロセスのなかで，たとえば『はめ板に円板をはめる』行動もできてくる，だから『円板をはめる』ということはその時期に行う多くの行動の代表として意味があるのだ」と述べている。すなわち，「はめ板に円板をはめる」ことの直接的な意味ではなく，そういう活動ができる場合には同時に子どもの環境への働きかけに変化があるが，それらをすべて調

べることができないので，その代表としての「はめ板に円板をはめる」という課題に意味があるととらえるのだとしている。また，はめ板に円板がはめられないからといって，それだけを取り出してトレーニングをするという働きかけ方は，子どもの行動のとらえ方を狭い領域へと落ち込ませていくことになると指摘している。

　近年の特別支援教育の推進にしたがって，学校現場でアセスメントの一環として知能検査が以前よりも積極的に用いられるようになってきている。ところが，ウェクスラー式の知能検査は偏差値で知能指数を算出する方式であるため，指数を算出できる適用範囲が限られている。そのため，発達年齢の低い子どもに対しては新K式検査が実施されることになる。それにともない，新K式検査についてもウェクスラー式のように個人内差を分析するような工夫を行っている研究がいくつか報告されている（阿部，2006；阿部，2007など）。それぞれの研究内容には興味深いものがあるが，そもそも新K式検査とウェクスラー式の検査とでは検査のねらいが異なっている。新K式検査では，子どもの事物操作や興味関心，コミュニケーション，自己統制力，対人的態度などについて，一定の時間内に多面的に観察し，総合的な発達の水準を理解することがおもなねらいとされている。

Ⅳ-1-3　検査場面を通じたアセスメント

　検査場面を通じたアセスメントでは，対象となる子どもの総合的な発達水準だけでなく，その他さまざまな情報を得ることができる。ここでは，新K式検査を用いたアセスメントにおいて，子どもの反応以外に着目すべき点について，筆者の見解をまとめる。

　川畑（2009）は，検査場面で観察すべきことは子どもの反応だけではないとし，検査者と子ども，検査者と保護者，検査者と関係者の間で，新K式検査を通じて得られた情報をどのように活かせばよいかについて具体的に解説している。そこでも指摘されているように，検査場面は，対象となる子どもだけでなく，その保護者など子どもにかかわっている人たちとも出会える場である。保護者や教師，保育士などの同席のもとに検査を行う機会が得られると，子どもの様子をみてそれらの人たちがどのような反応を示すか，あるいはどのような

感想を述べるかといったことから，子どもを取りまく人的環境に関するアセスメントもあわせて行うことができよう。

　実際，熟練した検査者は，検査場面で定められた道具や手続きを用いながら，子どもの発達に関する行動観察をしつつ，同時に同席している人たちについても観察している。そして，子どもの発達だけでなく，子どもとそれらの人たちとの関係や子どもを取りまく人たちの要望なども含めて，アセスメントを行っている。検査結果を関係者にどのように伝えれば，子どもの発達のよりよき理解者や支援者になってもらえるかについて考えることも，検査者の重要な役割となるからである。そのため，子どもにかかわる同席者もアセスメントの対象とし，子どもの現在の発達水準や興味と，子どもにかかわる人たちの思いや願いとをあわせながら，どのように検査結果を活用すればよいかを検討するのである。

　また，保護者など同席者が検査場面で子どもの反応をみている場合，通過しなかった検査項目に着目してしまう傾向があるが，子どもの発達支援を考えるとき，検査結果をその子どもの「発達課題」に単純に結びつけることは勧められない。とくに，先に述べたように，不通過項目をそのままトレーニング課題にするというのは，発達支援の観点からは望ましいといえない。検査を通じて，まずはどのような刺激に対し，子どもの内面の準備状態が整っているかを検討することが重要である。ハントは「経験の結果作りあげられた期待や信念は認知的標準を形成し，これとの間に適度のずれをもつものに対しては興味や関心が呼び起こされる」（波多野，1976）と述べている。つまり，発達状態にみあった適度な刺激により，子どもの知的好奇心が喚起され，反応が促されるのである。さらに，その呼び起こされた興味や関心が「子どもの自発的な探索を誘い，より高次の認知的標準を漸進的に形成していくことにつながる」（前述の波多野，1976）と考えられる。したがって，検査結果をもとに，子どもが知的好奇心を発揮できるような場を設定し，周囲のものや人との相互交流を通じてものや人に対する認識が広がるよう支援することが重要な療育の目標となろう。検査を通じて，子どもが通過しなかった項目に着目するのではなく，現段階で子どもの知的好奇心が触発される活動や環境は何かについて，同席者とともに考えられるような働きかけが大切であると思われる。

以上から，検査場面を通じたアセスメントの内容として，①対象となる子どもが現在どのような活動に興味があり，どのような刺激が望ましいか，②それを保障できるよう環境調整を行うには，誰に何をどのように伝えればよいのか，の2点をとくに強調しておきたい。

Ⅳ-2　検査結果を発達相談に活かすためのいくつかの留意点

Ⅳ-2-1　検査者の立場や役割との関連

　新K式検査の講習会には「検査結果の説明の仕方」や「支援目標の定め方」といった検査結果の活かし方に関する質問も多く寄せられる。先に述べたように，検査者は，検査を通じて子どもの現時点での発達的な興味や関心などについて観察・検討し，環境調整するための情報をあわせて入手するが，そのアセスメントの内容をそのまま返すわけではない。それらの情報をいったん検査者のなかで整理し，吟味して取捨選択するはずである。その場合に，当然ながら，検査結果を返す相手によって説明の仕方や支援目標の定め方が異なってくる。川畑ら（2005）は保護者や関係者に対する上手な助言の仕方として，来談者の主訴とニーズをつかむ，相手に合わせてよい関係をつくる，相手が肯定的に受け止められるような話の内容を心がける，といった実際的なノウハウをまとめている。

　一方，検査者の立場によっても検査結果のどこに重点を置くかは異なってくる。たとえば同じ専門家であっても，教師や保育士，療育者など子どもを直接支援する立場での結果の活かし方と，保護者をサポートすることで子どもと間接的にかかわる立場での結果の活かし方は，全く同じではない。ここではよくある質問を例にして，具体的に考えてみたい。「『絵の名称』について，対象児は一生懸命反応しているものの発音が不明瞭で，聞き慣れた者には伝わるが初対面の相手には通じない。このような場合は，通過としてよいのか」という質問である。この例での通過・不通過については，やはり一定の基準に基づくべきであり，客観性が問われる。しかしながら，子どもの反応に対して着目すべき点は，検査者の立場や見方によって異なってくると思われる。たとえば，児童相談所における療育手帳の判定のように，定められた基準に基づき厳密にア

セスメントを行うことが求められている場合は,「不明瞭であるため通じない」という点により注目すべきであろう。なぜならば,判定員は,対象児の社会的な場での活動制限や参加制約をできる限り少なくするための福祉的援助について検討する立場にあるからである。一方で,子どもの発達全般をどう支えればよいかを検討する立場で検査を実施しているとすれば,「発語意欲が増しており,コミュニケーション手段として不明瞭ながらも音声言語を積極的に用いようとしている」という点により重きをおいて結果を扱うべきであろう。そして,生活環境のなかで,さらに発語意欲が高まり,もっと聞き取りやすい発音ができるようになるためには,どのような手立てがあるか検討する材料として,検査結果を用いることが求められよう。

このように,検査結果のどこに重きを置き,何を支援目標と定めるかは,検査者の立場や期待される役割との関連で考えるべきであろう。

Ⅳ-2-2　検査の機会をどのように利用するか

村井(1987)は,「障害児の早期療育のための基本的考え方」として10項目を挙げているが,そのうちの最初の3つが①子どもをよく観察する,子どもをまず知るところから出発する,②子どもの行動を「何ができないか」ではなく,「何ができるか」という観点でとらえる,③子どもの発達段階に応じた課題を準備する,である。これらはまさに新K式検査を通じて,実現可能なことであると考えられる。

子どもを検査する機会が得られると,教育や療育における短期目標の見直しのきっかけにすることができる。すなわち,教えたいと思っていることは誰がどのような理由から決めたのか,それは対象となる子どもの現時点での発達にみあっているのか,ということを検査結果を踏まえて改めて問い直すことができる。以下に,これらのことに関連した事例を2つ紹介する。なお,ここでは,実際の事例から主要な要素を抽出し,周辺的な部分に適宜創作を加えることで,個人情報が推測されないよう配慮した。

事例1：検査を通じて発達支援目標を見直す

事例1は,保育園の担任から,食事で道具をうまく扱えない年少クラスの子

どもの指導について相談を受けたものである。対象児は，スプーンを使う場合でも，上から握り持ち（上持ち）をしてようやくこぼさないで食べられるという状態である。しかし，その園では3歳になると箸を使うことになっており，対象児の保護者も他児と同じ指導を希望したため，箸を使わせたところ，空いた方の手で食べ物をつかんで食べることが常態化してしまったという。

　検査では，「門の模倣 例後」で斜めの積木をうまく乗せることができなかった。また，描画では鉛筆を握り持ちしており，「十字模倣 例後」は通過できたものの，筆圧が非常に弱いことが確認された。対象児の発達の状況から，箸を操作するのはまだ難しいが，食べる意欲は高いため，結局利き手ではない方の手でつかんで食べていたのである。以上のことから，他児と同じように箸を持たせることは保護者の願いに沿っているようにみえるかもしれないが，子ども自身の将来を見すえた生活世界の広がりや発達支援といった観点からすると問題があるのではないかと危惧された。

　スプーンの扱いについては，10か月頃の持って打ち付ける段階から，持ってはいても食事の道具として取り扱うことができない1歳前期を経て，およそ1歳後期には食事の道具としての扱いが安定してくるという，発達的な観点から分析した報告がある（田中，1999）。子どもは，食事の機会だけでなく，さまざまな遊びを通じて道具の操作に習熟し，肘や手の動きの調整といった運動機能を発達させ，結果的に食事場面でのスプーン操作が上手になっていくのである。

　この事例では，長期的な目標（箸を使う）と短期的な目標（スプーンを下持ちする）に分けて考えてみることを提案した。そして，食事場面で箸を持つ練習をさせるのではなく，描画や粘土あそび，砂遊び，紐通しなど遊びの中で楽しめるプログラムを導入し，対象児の手指の巧緻性を高め，道具の操作に習熟する機会をもつよう勧めた。また，「他の子どもと同じように」という保護者の願いを受けとめ支えていくことも必要である。事例では，検査の機会を通じて，保護者が継続的に相談できる専門機関を紹介することができた。

事例2：検査を通じて子どもを理解する

　事例2は，同じく年少クラスの子どもで，保育園の担任から「気に入らない場面ですぐに泣く」と相談を受けたものである。担任が挙げた例としては「散

歩のときに好きな子と手をつなげなかったとか，何か思うようにいかないことがあるとひっくり返って大泣きをする」というものであった。新K式検査を実施したところ，とくに言語性の課題で「絵の名称」はできるが，「用途による絵指示」や「大小比較」「長短比較」「表情理解Ⅱ」などはまだ難しい段階であった。すなわち，対象児の言語理解は，所属している集団の他の子どもたちに比べて1年ほど遅れていると考えられた。名詞は順調に獲得されているので，言語理解に問題がないように周囲の大人は思いこんでいた。しかし，実際は，ことばを少し言い換えられると，文脈や状況から話し手の意図やことばの意味を類推することが難しいと推察された。たとえば，「靴をもってきて」はわかっても，「履くものをもってきて」では何をすればよいのかわからないというようなことである。

　担任からみれば「思うようにいかなかったから」，あるいは「気に入った子と手をつなげなかったから」が原因のように思われたことが，対象児の立場に立てばどうであったかについて，検査結果に基づいて改めて考え直した。そして，集団に対する一斉指示が十分に理解できず，出遅れてしまうため不安になり泣いていたのかもしれないという新たな仮説が浮かんだ。その結果，音声言語のみの指示でどの程度理解できているか，理解を助けるための手がかりとして何が有効かといったことについて，家庭生活や保育の場面で丁寧に観察してみようという共通認識にいたった。当初，単なるわがままか甘えと解釈されていた行為を，言語発達という観点からとらえ直し，さらに対象児が集団のなかで不安にならないために保育園としてできる支援は何かを探ることにつながったのである。

　事例1では，検査を通じて，対象児がどのような段階の事物操作に関心があり，達成意欲を示すのかといった点について改めて考え，子どもを主体にした環境調整を行った。また，事例2では，大人からみた困った行動を対象児の検査結果と結びつけてとらえ直し，集団のなかで工夫すべきことは何かを検討することができた。

　毎日の生活のなかで，子どもに何を経験させたいか，何を学ばせたいかといったことは，発達を支援するうえでとくに重要である。検査結果を報告する際

に，単に発達年齢や発達指数を伝えるだけにとどまらず，そのような療育的な問題に介入する機会として，人的・物的環境が子どもに適合するよう整える手助けをしたり，大人からみた子どもの問題行動について発達的観点からとらえ直すきっかけにしたりするようこころがけたい。そうすることによって，発達検査の結果を日常場面での支援に生かすことができるのである。

Ⅳ-2-3 発達検査の専門家として心に留めておくこと

この節の最後に，発達検査を行う者として留意すべきことについて触れておきたい。

小児科医のイリングスワースは，ゲゼルのもとで学び，発達評価をすることなくして満足な診断も治療も適切な助言もできないと乳幼児の発達診断の書をまとめている。そのなかで，「発達の評価ということは，……子どものほんの一部分を検査するだけで済むものではないということです。このためには読者は発達というもの，そして発達に影響を及ぼすすべての要因，それには出生前，周産期，そして出生後とありますが，これらの理解につとめ，そして正常発達と，その正常範囲の変異，さらにそれらの変異の事由までも熟知していなければなりません」と述べている（Illingworth, 1987）。

正常発達の子どものさまざまな反応についての知識や経験が乏しく，発達の問題が疑われる子どもの検査しか経験していない検査者の場合，臨床の場で出会う子どもの反応を発達上の問題や何らかの障害と結びつけて判断してしまいがちである。村井ら（1995）は，「検査作成の母集団に障害者が含まれていないため，障害者の場合，発達検査の実施方法やその結果の理解にはとくに慎重を要する。また，結果を類型的にとらえてしまったり，その子どものもつ発達的弱さ，強さがその子の生理的レベルでの障害に短絡的に帰着してしまったりする危険性がある」と指摘している。とくに自閉症スペクトラム障害に代表される発達障害概念の裾野の広がりの問題に関連して，定型発達と臨床事例との境界があいまいになってきている現状がある。したがって，定型発達の子どもにも発達の一時期に認められる反応（たとえば，「十字模写」の十字を中心から放射状に4本の線を描く，「絵の叙述」で列挙反応を示す，「語の差異」での外見的な違いに着目する，など）について，発達的未熟さによるものなのか，その

子どもに特有の認知によるものなのか，の判別について慎重であるべきである（清水ら，2009）。平均的な発達というのは，あくまで多くの子どもの反応を集約したものであって，一人ひとりの子どもの発達は個性的なものである。一般的な発達と著しく異なるかどうかについては，正常の幅についての知識や検査経験がないと判断が難しい。しかしながら，何の主訴もない健常の子どもに発達検査を行う機会には恵まれていない。したがって，子どもの発達にかかわる専門家であり，新K式検査を使用する立場であれば，およそ平均的な発達を示す子どもに対し発達検査を実施する機会を得るよう努め，経験を重ねることが望まれる。

　また，検査結果から何らかの発達上の問題があると確信をもっていうことはそれほど容易なことではない。すでに述べたように，発達に関する問題は，経過観察を行うことが重要である。生活世界の広がりや生活経験の蓄積にともなって，子どもの発達がどのように変化していくのかを保護者や療育者らとともに観察し，より望ましい発達促進のために環境調整をどのように行えばよいかについて検討する材料を共有することが望まれる。新K式検査を通じて，検査者は，子どもと出会い，保護者と出会い，支援者と出会う。そうした出会いを通じて子どもの発達に関する理解を深め，有効な支援を引き出すことができれば，まさに検査結果が十分に活かされたといえるであろう。

IV-3　乳幼児健診および就学前相談での活用

　この節では，乳幼児健診における発達相談および就学前相談などでよく用いられている新K式検査の項目について取り上げ，それぞれにおける留意点について述べる。なお，乳幼児健診の時期は各々の自治体によって多少異なっているが，厚生労働省の定め（平成10年4月8日児発第285号厚生省児童家庭局長通知）により，1歳6か月児健診は，およそ1歳6か月から8か月あたり，3歳児健診は，3歳から3歳6か月あたりとされている。ここでは，1歳6か月児健診，3歳児健診という表現を用いるが，自治体により実施時期は異なっており，必ずしも1歳6か月，あるいは3歳0か月ちょうどをさすわけではない。なお，笹森ら（2010）の調査によると，1歳6か月児健診の受診率は95.2％，3

歳児健診の受診率は 92.1％といずれも高い。

　以下では，1 歳 6 か月児健診，3 歳児健診，就学前相談について，それぞれの年齢水準周辺の留意すべき項目を取り上げ，参考文献の紹介とあわせて経験に基づいた視点からの解説を加える。なお，どのような年齢段階であっても，検査者の心構えとして，これまでの節で述べてきたことを念頭においていただきたい。とくに，健診時は保護者の同席のもとで検査（スクリーニングとして，あるいは発達相談として）を行うことがほとんどであるため，子どもの反応を見守る保護者の様子や親子関係などを同時に観察することが支援に役立つであろう。また，ゲゼル（Gesell, 1940）は，子どもがまちがいをするのを見ていると，何が困難であるかをよく見通すことができると述べている。そして，子どもの行動に解釈を付け加えすぎることは危険であるが，表情や付随した行動によく注意することは有用であり，かつ教えられることが多いとも述べている。したがって，子どもが自然にどのようなことばを発したかや満足げな表情で課題を終えたかどうか，なども検査者の観察のポイントとされたい。

IV-3-1　1 歳 6 か月児健診

　1 歳 6 か月児健診では，とくに言語や対人面の発達を中心としたスクリーニング検査が多くの自治体で行われている。このスクリーニング検査では，新 K 式検査の項目が部分的に使用されているようである（森下，2008 など）。また，スクリーニング検査で発達の問題が疑われ，精密健診を行うことになった場合にも新 K 式検査が用いられることが多い（我妻，1995 など）。

　笹森ら（2010）による 1 歳 6 か月児健診の予診での診査項目についての調査では，ことばの発達に関する項目（「表出言語」「理解言語」「指さし」）はほとんどの自治体で調べていたが，人との関わりに関する項目（「母親への愛着行動」「呼名への反応」「周囲の人や他児への関心」）は，ことばの発達に関する項目に比べるとやや低い率であった。しかしながら，この年齢での健診では，これらの項目に関連する社会的参照行為の有無や三項関係の成立，対象児のコミュニケーション手段なども確認しておくことが重要である。

　P19 〜 P24 積木の塔　　幼児の検査では，積木の塔から始めることが一般

的である．子どもにとってなじみのある材料であることから扱いやすく，導入の課題として適している．このように，検査はできるだけ容易な課題から始めるのが望ましい．

　扱い方（投げたり，口に入れたりするのか，積み上げるのかなど），手元への注視の様子，つかみ方，積み上げることへの興味や目的をもっているか，などを観察する．

　ゲゼル（Gesell, 1940）によると，いったん2個の「積木の塔」ができるようになるとそれ以後，いくつまでの安定した塔ができるかは，運動的巧みさ，すなわち，ここでは重ねていく積木を注意深く置く能力と積木をまっすぐに積む能力にかかっている．また，3歳以下の子どもの場合は，注意の範囲にも影響される．

　1歳6か月児健診で要観察となった子どもで，3歳児健診時に依然としてことばの遅れが解消していない群と解消した群，および一般群について，新K式検査の通過項目の違いと予後との関連から比較した研究結果が報告されている（岩堂，1985）．要観察児の基準は，1歳6か月児健診時に語彙3語が未獲得か，あるいは，問診票の言語・理解領域項目の半数以上が不可となるかのいずれかに該当するというものであった．なお，この研究では，出産時および新生児期に異常があったものや運動発達面に明らかに遅れが認められたものは対象から除かれている．岩堂（1985）の報告によれば，1歳6か月児健診時の「積木の塔3」の成否が言語発達の予後に強く関連していることがわかり，この課題が，相手の要求・指示に対する理解力，目標達成に向けての継起的な努力，細かい指先の操作と制御力などを総合した知的能力の発達を示すものであると考察されている．さらに，1歳6か月児健診の時点で，「積木の塔2」と「（小鈴を）瓶から出す」のいずれかができた子どもが，解消群に多く認められたことも報告されている．岩堂（1985）の研究当時，新K式検査は1983年版であったため，2001年版に含まれている項目がすべて調べられたわけではない．また，一般群に比べ，要観察となった対象群の数が少ないため，2001年版を用いた追跡研究がなされることが望ましい．しかしそれでも，岩堂（1985）の研究結果から言語発達と認知発達との連関は十分示唆されよう．

P68 ～ P70 課題箱　課題箱は子どもの興味を引きつける刺激材料である。しかし，そうであるからこそ，検査の早い段階で呈示すると他の課題へ切り替えにくくなることがある。

　左利きの子どもには，課題箱を置く際に角穴の位置をずらすなどの配慮が必要である。検査時には，お手つき反応があるかどうか，形にどの程度着目して扱うか，などを観察する。

P71 ～ P75 はめ板　課題箱同様，興味を示し，固執する子どもがいるので，呈示するタイミングに気をつける。この年齢では，形をみただけですぐに正しくはめるよりも，適当にはめてみたら，たまたまうまくはまったという反応が一般的である。そのため，はまっているものをはずして，次のものをはめようと試行錯誤することがある。このような試行錯誤を通して形に対する認識が育っていくのであろう。

P76・P77 入れ子　2歳半くらいの子どもの場合は，5個から試行し，できなければ3個を試している。このような順序については手引きでとくに指定しているわけではないが，練習効果が含まれないようにとの配慮から，この方が望ましいと思われる。講習会で「色で分類してしまう子どもがいるが，どう判断すればよいか」という質問を受けることがある。確かに，子どもによっては発達の過程で色に反応しやすい時期があるかもしれないが，課題意図が理解できておれば2色でも3色でも問題なく通過することが標準化の際のデータ収集で確認できている。

　入れ子に限らず，検査場面で子どもが課題の要求するところをどのように理解しているかは，観察の大切な視点となる。高橋（1987）は，入れ子課題で「2つのコップを持って打ちならす」「一度遂行してしまうと修正しない」など課題の理解がみられないように思われる場合でも，子どもなりに与えられた材料を用いた行動のレパートリーのなかから一つの行動を選択して適用していると考えられると述べている。したがって，その子どものもつプランという視点から分析してみることが必要である。さらに，前述の高橋（1987）は，幼児を対象とした図形模写と入れ子課題の遂行状況の分析から，幼児期に特有な解決方略

についても考察している。そして，初期の解決方略はいずれも，いったん向けた注意を他へ移さずに済むもので，作業記憶や短期記憶に対する負荷が少ない方略であるとしている。また，試行錯誤による解決の仕方についても幼児のプランニングの特徴として述べている。

　入れ子課題については，他にも，入れ子操作と言語の統語構造の発達との関連について調べた研究や入れ子課題を通じて問題解決の際のプランの構造を分析した研究があり（Greenfield et al., 1972 ; 丸野，1985，など），それらの結果からも入れ子課題の解決方略が発達的に変化していくことが読み取れる。

P97・P98 隠しコップ　　言語発達の基盤をみる重要な項目である。ものの永続性の理解を前提としている。検査者の設定を待てない子どもの場合は，この項目の実施が難しい。すなわち，静観的な態度の形成の有無や他者とテーマを共有できるかどうかなどが，課題の遂行に影響を与える。

　コップ課題ができない場合は，「予期的追視」や「包み込む」を行う。「包み込む」では，子どもが布を持って振ると，布に包まれていたミニカーがうまい具合に出ることがある。しかし，「包み込む」は，検査者によって目の前でミニカーが包み込まれる様子を観ていた子どもに，逆の手順で布を開いてミニカーを取り出す反応を求めている。また，子どもが，ミニカーのみに興味を示し周囲の大人の反応には無頓着であるか，それともミニカーを取り出せた喜びを検査者などその場にいる大人と共有するかといったことも，前言語機能の発達をみるうえで重要な観点となる。

P99 なぐり描き 例後・P100 なぐり描き 例前・P101 円錯画模倣　　鉛筆の慣用的操作を獲得しているか，腕の回旋運動ができるか，および利き手が成立しているか，などを観察する。

　描画課題では，発達的に随意動作がどのように調節できているかが重要である。岩田（1997）は，描画における随意動作の調節では，動作の結果に基づいて運動をコントロールするフィードバック・コントロールも必要であるとしている。そして，大人の脳損傷患者らの事例などをふまえ，このフィードバック・コントロールに必要な入力として，自分の手が今どこにあり，どのように動い

ているかをリアルタイムで知るための深部感覚情報と，自分の手が目的の運動を遂行したかどうかの結果を見るための視覚情報の2種類のものがあると解説している。発達途上の子どもの場合，フィードバック・コントロールに関連して，鉛筆を握り大人の動作の模倣をして紙の上で動かしてみると何か描けたという段階から，自分の描いたものを楽しむ段階を経て，検査者の手本と見比べながら模倣しようとする段階へと進んでいくようである。

ゲゼル（Gesell, 1940）は，模倣に必要な力について，①必要な運動を自発的にする，②検査者の運動をよく観察して，それを自分の運動に移す，ことができねばならないと述べている。

V30 指さし行動　聴取だけで判定せず，必ず観察することが大切である。検査場面で指さし行動が観察できない場合は，「指さしへの反応（指示対象が，近くの場合，遠くの場合，視線と同じ方向の場合，視線と異なる方向の場合，のそれぞれについて確認する）」「バイバイ」「ちょうだいに渡す」「ボールのやりとり」など2葉後半の言語・社会の項目を実施する。これらの項目は，言語発達の基盤となる三項関係が成立しているかどうかを確認するうえで重要である。とくに図Ⅳ-3のような検査プロフィールの場合には，これらの項目を丁寧に観察することが必要である。

子どもが最初に指さしができるようになると，相手（母親など）の注意を方向づけるために指さしをした後，相手が対象に注意を向けているかどうか振り返って確かめること（確認行動）が報告されている。また，このような確認行動を伴う伝達的な指さしと初期の語彙発達には正の相関があることも見出されている（Butterworth & Harris, 1994）。

V45 語彙3語　この項目は聴取でもよいとされているが，反響語は数えないことになっているため，聴取の際にどのような文脈でその語を用いるかを詳しく確認することが必要である。また，マンマ，ワンワン，ブーブーなど初語として一般的なものか，テレビのCMのフレーズや形容詞など比較的珍しいものかといった点にも留意する。シーグラー（Siegler, 1986）は，初期の言語発達に関する研究で，いつの時代も，世界中どこでも，最初のことばとして報告さ

126　Ⅳ　新K式検査2001を用いたアセスメントと発達相談

領域		1:0超~1:3		1:3超~1:6		1:6超~1:9		1:9超~2:0	
姿勢・運動 (P-M)	＋	歩く2・3歩	T12		T17	手すりで登降	T18	両足跳び	T13
	＋	片手支持登る	T16	片手支持降りる	T21				
	＋	積木の塔 2	P20	積木の塔 3	P22	積木の塔 5	P22	積木の塔 6	P23
認知・適応 (C-A)	＋	丸棒 例後 1/3	P68			角板 例後 1/3	P69	角板 例別 1/3	P70
	ー	瓶から出す	P52			形の弁別Ⅰ 1/5	P81	形の弁別Ⅰ 3/5	P82
				はめ板全例無	P74	はめ板 回転全1/4	P75		
	＋	なぐり描き例前	P100	円板回転	P73	円描画 模倣	P101		
	ー	包み込む	P65	予期的追視	P67	入れ子 3個	P76		
				2個のコップ 2/3	P97	3個のコップ 2/3	P98		
言語・社会 (L-S)	＋	指さし行動	V30	語彙3語	V45	絵指示 4/6	V31	絵の名称Ⅰ 3/6	V32
						身体各部 3/4	V27		

図Ⅳ-3　検査プロフィールの例

れている単語が同じような意味を表現する（たとえば，パパ，ママ，など身近な人やブーブー，食べ物など身近なもの）ことは興味深いと述べている。また，小椋（2007）は，日本の子どもの初期の語彙の発達について他の国の子どもと比較検討しているが，その中で日米の早期表出語がいずれも名詞優位であり意味分野も一致している点を指摘している。一方，筆者の経験の中で，後になって発達の問題が疑われた子どもの生育歴を確認すると，言語発達の遅れはなかったものの初語が一般的でないものであったという例が複数ある。なお，精神発達遅滞児の「語彙3語」の内容については小山（1994）を参照されたい。

V31 絵指示・V27 身体各部　対人場面での応答的指示行動をみる項目である。自分の身体の指示と絵の指示では，対象化のしやすさから，絵を指示する方が容易である。「身体各部」では，他者の顔ならできるというのは，不通過である。また，対人関係に弱さがある子どもの場合は，家庭で養育者が尋ねればできるが，検査室で検査者が尋ねたときは応じない，など場面による差がみられることがあるので，聴取で確認しておく。

　自分自身では見えない身体の部分を指し示すことができるのは，自己の身体を客体として表象化できるからであり，それにともなって他者意識や他者認識が育ち，他者と共有した意味世界をつくり出すために必要なことばの発達へとつながるとされる（岩田ら，1992）。

IV-3-2　3歳児健診

　3歳児健診では，「トラックの模倣」や「円模写」，「大小比較」などの検査項目がスクリーニング検査として用いられることが多いようである。すなわち，模倣や見立て遊び，対人反応，形への関心や事物の操作における手指の巧緻性，抽象的な比較概念の芽生えなどが，この時期の子どもの発達におけるおもな観察項目となるだろう。

　また，補足として次のことを強調しておく。すなわち，近年，知的障害はないが対人社会面に偏りがあり，集団行動が難しい子どもの問題について関心が高まっている。それにともない，3歳児健診時に，その時点では集団に所属していないが，いずれ集団参加するようになると適応が懸念される子どもについ

て，新K式検査の項目を用いてスクリーニングができないかという問い合わせが寄せられることがある。しかしながら，そのような子どもの場合は，項目の通過・不通過よりもむしろ，検査者に対する共感性や親和性といった対人反応や課題への興味，動機づけ，自己統制，達成意欲などを注意深く観察することが求められる。

P25 トラックの模倣・P26 家の模倣　「トラックの模倣」は，「積木の塔」に続いて実施する。トラックの向きは問わない。課題理解が難しい場合は，検査者が呈示した手本に積む，横に長く並べる，などの反応が見られる。同じものが作れない場合でも，例示のトラックを検査者のまねをして「ブーブー」と押して遊ぶなど見立て遊びはするかどうか観察する。

「家の模倣」は，「トラックの模倣」に引き続き，実施する。「トラックの模倣」が不通過でも「家の模倣」はできる場合があるので，必ず実施しておく。「家の模倣」の場合は，衝立の後ろでモデルを構成し，作り方は見せない。不通過の場合は，「トラックの模倣」と同じように衝立なしでモデルを構成してみせ，模倣して構成できるかどうかを見ておく。

P104 円模写・P105 十字模写 例後・P106 十字模写 例前　鉛筆の持ち方や筆圧，図版を見て模写するという課題の理解について観察する。課題の理解が不十分な子どもは，図版を見せて同じものを紙に描くよう教示しても，図版を手に取り，そこに直接書き込もうとしたり，なぞろうとしたりすることがある。また，「十字模写」の50％通過年齢が例前およそ3歳5か月，例後およそ3歳0か月とかなり差がある（生澤・大久保，2003）ことに留意する。

子どもの模写課題における反応で興味深いのは，「まる」「ばつ」「しかく」など形をみて正しく命名することができる段階であっても，模写は難しい時期がみられることである。また，子ども自身も描いたあとで，うまく描けなかったというような評価を示す場合がある。さらに年長児になると，あらかじめ自分にできるかできないかの査定ができるようになる。たとえば「三角形模写」などで，図形を見ただけで「描けない」「無理」と反応することがある。

「十字模写」の際に，中心から放射状に描く子どもがいるが，その場合も接点

を意識し，適切に接合していれば通過とする。発達の一時期には健常児のなかでもそのような反応がみられることがある。すなわち，線を交差させて描くということが難しい段階があると考えられる。この場合，例示をするとまねて交差させて描く場合と，例示をしても描き方が変わらない場合がある。例前と例後の変化をおさえておくことは，子どもの理解の程度を知るうえで重要であろう。

　久保田（1970）は，さまざまな線や図形の模写およびマッチ棒による構成などをいくつかの年齢層の子どもや知的障害のある子どもに実施した結果を分析し，模写や構成においては「対象に即した見とおしと計画が必要である」とし，手本にしたがって模写ができないのは運動を見本どおりに構成する企画ができないためとしている。そのような観点から，「十字模写」の例前・例後は課題に対する子ども側のレディネスが整っているかどうかを観察するのに適していると考えられる。また，高橋（1983）は，幼児の図形模写の発達について，書き順の年齢による変化を分析し，3，4歳で辺と辺の接点の部分からそれぞれの線を描く「分かち書き」がみられ，6，7歳ころまで「一筆書き」傾向が強く，それ以降は上から下，左から右へと線を描く「分かち書き」が増えるという傾向を見出している。

V8 大小比較・V9 長短比較　　大きさの理解や長さの理解を調べる項目である。保護者から，たとえば「お皿にのったケーキは大きい方を取るので，大きい・小さいはわかっていると思う」と聞くことがある。日常的な場面で食べ物など具体物に関して大きい方を選択する場合と比べ，図版を用い言語のみの手がかりで類似した形の相対的な大きさを弁別する課題場面では，具体物ではない，状況文脈やモデルがない，などといった他の要素も含まれるため，子どもにとって難易度が上がると考えられる。ゲゼル（Gesell, 1940）は，子どもの大きさの概念はものによって異なり，それはそのものに対する子どもの経験に依存していると述べている。

　シーグラー（Siegler, 1986）によると，比較の形容詞は子どもにとって意味の難しい語であるが，子どもは最初に「大きい・小さい」を獲得する。その理由として，以下のことが考えられている。「大きい・小さい」は大きさに関する

どんな種類の比較にも用いることができる。すなわち，空間を占める物体のもつ，長さ・広さ・かさなどの数量的な属性で，一般的に一番広く使用できる概念である。対して，「長さ」はものの両端間の距離，「高さ」は基準点から上方向への距離の場合に使用するため，「大きさ」よりも対象が限定される。子どもは最初にもっとも広い範囲で用いられる語から覚えるのである。

　また，一対の比較の形容詞のうち，どちらを先に覚えるかについても一貫した傾向が認められるという。たとえば，「大きい」と「小さい」では，「大きい」は無標，「小さい」は有標と呼ばれ，子どもは常に無標の語から先に覚えるという。無標とはその次元の値について言及せずに使われるもののことを意味する。すなわち，一般に「大きさはどれくらいか」と尋ねるが「小ささ」とはいわない。「小ささはどれくらいか」と問う場合は，すでに「小さい」ということが前提に含まれている。同じことは「長い」と「短い」，「高い」と「低い」，「重い」と「軽い」などにもあてはまる。前述のシーグラー（Siegler, 1986）は，子どもがこのような順序で比較の形容詞を獲得する説明として2つ挙げている。一つは子どもが耳にする相対的な頻度の高い語を先に覚えるというもので，もう一つは子どもが使う機会の多い語を先に覚えるというものである。

V32〜V35 絵の名称・V37 姓名・V37b 年齢　　岩堂（1985）は，1歳6か月児健診時にことばの遅れのあった子どもについて，3歳児健診時の通過項目を比較している。その結果，ことばの遅れが解消していない子どもの群でも，「絵の名称」については過半数が通過しており，むしろ言語を基礎にした応用課題（たとえば大小・長短比較，数復唱，姓名，性の区別）と空間関係の認知や手先の発達（家の模倣，門の模倣，折り紙Ⅱ・Ⅲ，円・十字模写など）で差がみられた。

　ことばの遅れについて懸念されていた子どもが「絵の名称」課題に通過するようになると，同席している保護者や保育者は子どものことばの発達が順調に進んでいるように感じるであろうが，他の項目も含めた全般的な通過・不通過のバランスを丁寧に観察することが望まれる。

V31b 用途による絵指示　　ものの名称はわかっていても，用途で尋ねられ

ると理解が難しい段階がある。不通過の場合に名称で尋ねると正しく指示できるかどうかを確認しておくとよい。

V10b 表情理解Ⅰ・V10c 表情理解Ⅱ　生活年齢が3歳を超えている子どもでは，「表情理解Ⅱ」から尋ね，不通過の場合に「表情理解Ⅰ」を実施したり，「表情理解Ⅱ」の図版で尋ね方を変えてみたりする（「喜ぶ」を「笑う」に変えるなど）。この項目と上記の「用途による絵指示」は，難易度の順に問題が配列されており，「表情理解Ⅱ」では「悲しんでいる」がもっとも難しい課題となっている。「表情理解Ⅰ・Ⅱ」はともに，表情が弁別できるか，表情に応じた感情が言語と結びついているかを確かめる課題であるが，対人的な関心の弱い子どもの場合，とくに「表情理解Ⅱ」が不通過となることがある。

　人の表情からの感情の読み取りに関して，これまで多くの研究報告がある（星野，1969；山田，2000；小松ら，2008など）。これらの研究で用いられている刺激や方法については，顔写真を用いたものや新K式検査の図版よりももっと簡略化された図式的なイラストを用いたもの，感情について自由に命名する方法や感情語を選択させる方法など，さまざまである。とりわけ，近年では，自閉症スペクトラム障害における他者の表情からの感情の読み取りに関する研究が数多く報告されており（村山ら，2001；Baron-Cohen et al., 2001；菊池ら，2001；若松，2001；千住ら，2002；神尾ら，2004；北山，2008；三橋ら，2009など），自閉症児者は表情全体から感情を読み取るよりも部分認知的な傾向があることなどが指摘されている。神尾（2007）は，自閉症スペクトラム障害の顔処理に関するこれまでの研究を概観し，療育的な観点から，他領域の発達との相互連関や早期経験の影響などに関する研究を進めることを推奨している。

Ⅳ-3-3　就学前相談

　3歳児健診後，就学までの間に，自治体によっては5歳児健診が実施されるようになってきている。たとえば京都府では発達障害児等早期発見・早期療育支援事業の一環として5歳児健診を推進しており，事業に参加している幼稚園・保育所の4歳児クラス（いわゆる年中組）の秋頃に，在籍児に一斉に問診票によるスクリーニングと集団行動観察，個別面接を行っている（弓削ら，

2007)。1歳6か月児健診や3歳児健診の場合と異なり，対象となる子どもの年齢がおよそ4歳半から5歳半までと幅があるため，問診票によるスクリーニングについては生活年齢の低い子どもにとって通過基準が厳しくなるおそれがある。そのため，集団行動観察や個別面接をあわせているのである。また，問診票の記入については，保護者と集団指導者（担任）の両方が併行して行うようになっている。他の自治体における5歳児健診もおよそこれと似た内容になっている。

　公表されている5歳児健診の発達問診項目には，新K式検査の項目と同じようなものが含まれている（小枝ら，2007など）。たとえば，「ケンケンができる」「お手本を見て四角が書ける」「自分の左右がわかる」といったもので，日常場面でも観察可能なため，問診で尋ねやすい項目であろう。しかしながら，これらの項目について新K式検査での通過判定は，それほど容易ではない。たとえば，「ケンケン」は片足しかできなくてもよいが，少なくとも2，3歩前進できることが条件である。また，「正方形模写」は，四隅がおおむね直角であることや長辺と短辺の比率などの基準があり，ただ単にまねて四角らしくみえる

表Ⅳ-2　言語行動の発達段階とそれに該当する新K式検査2001の検査項目など（松下ら，2005）

言語行動の発達段階	発達段階の特徴	具体例
Ⅰ　象徴的表現行動とことばの獲得	その場に現前しない事物や事象を表現できるようになる。	「V30 指差し行動」 見立てる遊び（ごっこ遊び） 「V45 語彙3語」 「V31 絵指示」
Ⅱ　一次的ことば	場面の文脈に支えられてことばによるコミュニケーションができるようになる。	「V32～35 絵の名称Ⅰ，Ⅱ」 「V8 大小比較」，「V9 長短比較」，「P85～86 重さの比較」などの比較 「V40～41 色の名称」数の理解
Ⅲ　二次的ことば	ことばの文脈のみに頼って表現したり理解したりすることができるようになる（ことばによって虚構の世界を自由に作り出せるようになる）。	「V48 了解Ⅰ」 「V49 了解Ⅱ」 「V50 了解Ⅲ」 「V51 語の定義」
Ⅲ　抽象的・論理的思考	ことばのもっている形式的可能性を生かしながら，分析的・抽象的・論理的思考ができるようになる。	「V52 語の差異」 「V53 語の類似」 「V47 三語一文」 「V47b～c 文章整理」

だけでは通過とはいえない。さらに,「左右弁別」にいたっては,全正と全逆の二つの発達基準が設けてある。自分の左右がわかる以前に,左右が対であることの理解はできているが,身体軸としての左右は確立していない時期があるので,検査では 3/3 か 5/6 という判定基準を設け,丁寧に観察することになっている。以上のことから,問診票の結果と検査結果が必ずしも一致するとは限らない。また,実際の検査場面で子どもがこれらの課題に応じず,聴取で確認して判定しようとする際は,慎重に尋ねることが望まれる。

　ここでは,5歳児健診の対象となる子どもの年齢級に該当する検査項目のなかから,いくつかを取り上げ,その留意点について述べる。この時期の子どもは,表Ⅳ-2 の「二次的ことば」の発達段階にあり,文脈からことばを理解し表現したり,色や数といった抽象的な概念を獲得し操作したりすることができる。

P27 門の模倣 例後・P28 門の模倣 例前　この項目では,斜めに乗せる積木があるため,「トラックの模倣」や「家の模倣」に比べ,手指の巧緻性や空間関係の理解をさらに必要とする。不通過の場合,構成はわかっているが斜めの積木がうまく乗せられないのか,あるいは構成そのものの理解が不十分なのか,を観察しておく。

P90 ～ P94c 模様構成　この項目では,平面の模様を見本とし,立体の積木を並べ替えて同じ模様を構成するよう求めている。積木を用いた構成課題に関しては,空間表象の操作という観点から,さまざまな条件でさまざまな対象児の成績を比較した研究があり(積山ら,1984;内田ら,1991 など),表象の平面−立体変換という心的操作についての考察や直観−空間的思考(直接的知覚によって分解されたモデルの諸要素を構成のための諸要素へと転化する過程)課題の遂行における言語−論理的思考の影響などが考察されている。実際に定型発達の4歳児にこの項目を実施した際,たとえば模様構成Ⅰの(3)で,「どうやったら黄色の三角がつくれるのか……」とひとり言をつぶやきながら試行錯誤している様子が観察された。この4歳児は「黄色の三角」はみてとれるが,それを立体の積木の模様で構成することが難しかった。また,実際に近いところまで構成しても,平面の見本と部分的に一致していると気づくことができな

かった。

P115〜P123b 積木叩き　視覚的な短期記憶課題である。この項目と数復唱課題の通過の差が，刺激の種類によって注意の持続が変わるかどうかや短期記憶において視覚優位か聴覚優位かの判断材料の一つになるだろう。また，近藤（1989）は，4, 5歳児は直観的な印象に強くとらわれているため，検査者の手本の際の後戻りや飛びこしが強い印象になりすぎて，後戻りしすぎたり，はじめから飛ばしたりと失敗してしまうのだと述べている。

P85 重さの比較 例後・P86 重さの比較 例前　軽重の比較判断は，大小，長短に比べ，視覚的な手がかりがないため，難しくなる。重さを比較する方略として，「持って比べる」ということがわからず，見比べるだけで判断しようとすることがある。そこで，「重さの比較 例後」では，「持って比べてみる」ことを教えるのである。

P95 玉つなぎ　手本をみながら同じものを作らせる課題であるが，ちょうど数の概念を獲得してきている年齢水準に相当するため，形の違いと数の両方に着眼できるか，また手本のどのあたりまで作業が進んでいるかを注意深く点検しながら取り組めるかどうか，などを観察する。さらに，制限時間があるため，課題遂行には手指の巧緻性も影響する。

P107 正方形模写・P108 三角形模写・P109 菱形模写　これらの項目に該当する年齢になると，先の「円模写」「十字模写」で述べたように，手本の図版をみただけで「描けない」と訴えたり，描いたあとで自己評価し「変になった」と自発的に描き直そうとしたりすることがみられる。

　黒田ら（1992）は，幼児の図形模写について縦断的な研究を行い，練習効果が認められることや斜線を含む図形の模写については難易度が高く，認知面だけでなく運筆技能の発達とも関連があると考察している。幼児の図形模写の正確さと運動技能の関連については，高橋（1983）も指摘している。

P110 ～ P112 人物完成　　ゲゼル（Gesell, 1940）は，自発的に人物画を描かせる課題と未完成の人間の絵を完成させる課題をセットで実施し，それらを比較することは興味深いとしている。また，後者の課題で描き足したものについて年齢と性差から分析しているが，女児の方が多く付け足すという結果が出ている。

　未熟な反応としては，顔や体幹部などの空白を塗りつぶしたり，刺激の周囲の空白に絵を描いたりする。課題の意図の理解は不十分であるが，何とか検査者の要求に応えようとしている表れであると思われる。また，描いてあるものを真似て対称に描く場合とまねずに自分流（たとえば二本線の腕や5本指の手など）に描き足す場合がみられる。後者の，子どもが自分流に描き足すときでは，すでに描いてあるものも同じように修正しようとする場合と，描いてあるものには手を加えず対称性に無頓着な場合とがある。このような子どもの反応から，刺激全体に注意を向けているかどうかといったことや対称性や整合性に対する気配りなどがうかがえる。

V40 ～ V41 色の名称　　色の名前と色とが正しく対応しているかどうかをみる。近頃では英語で名称をいう子どもがいるが，そのようなことも生活経験や家庭学習，子どもの興味などと関連する情報となる。「色の名称」が不通過の場合に，検査者が色の名前を挙げ，指さしで答えさせる色指示課題を追加で行うことがある。色の名称を自ら想起することはできないが，名称を聞けば色との対応は可能な段階であるかどうかをおさえるためである。

　本書第Ⅲ章にあるように，「色の名称」は，過去の標準化資料と比べると通過年齢が早くなっている項目である。ゲゼル（Gesell, 1940）の時代では，4歳児で2つ以上の名称が言えるものは42％，5歳児で4色全部言えるものは61％であった。

V13 4つの積木　　新K式検査2001では，数の理解と操作に関する発達を観察するために16の項目が用意されている（表Ⅳ-3）。数を数えることができ，数の操作ができるようになるためには，ゲルマンら（Gelman et al., 1978）による5つの原理の獲得が必要である。それは，①「1対1対応の原理」（ものと数

表Ⅳ-3　新K式検査2001における数の理解と操作に関する検査項目と通過年齢 （松下ら，2005）

記号番号	分類	項目名	50%通過年齢	75%通過年齢
V13	(数の理解)	4つの積木1/3	3:3.4	3:8.3
V14	(同　上)	13の丸10まで1/2	3:8.7	4:2.8
V15	(同　上)	13の丸1/2	4:1.2	4:6.6
V15b	(同　上)	13の丸理解Ⅰ	4:5.5	4:11.6
V15c	(同　上)	13の丸理解Ⅱ	5:11.5	6:10.2
V16	(同　上)	数選び3	3:9.6	4:4.9
V17	(同　上)	数選び4	4:2.9	4:9.7
V18	(同　上)	数選び6	4:8.0	＊＊
V19	(同　上)	数選び8	4:8.9	5:3.4
V20	(同　上)	指の数左右	4:7.6	5:1.4
V21	(同　上)	指の数左右全	4:11.7	5:6.3
V22	(同　上)	5以下の加算2/3	4:10.5	5:7.0
V23	(同　上)	5以下の加算3/3	5:5.8	6:1.6
V24	(同　上)	打数かぞえ3/3	6:2.2	6:10.4
V25	(同　上)	釣銭2/3	7:10.3	8:7.0
V26	(同　上)	20からの逆唱	6:9.8	7:5.0

詞を1つずつ対応させ，1つの要素には1つの数詞しか用いない），②「安定順序の原理」（用いられる数詞は安定した順序性をもつ），③「基数の原理」（数え上げたとき，最後の数詞が全体の数を表す），④「抽象の原理」（数える対象が何であっても，①から③の原理が適応できること），⑤「順序無関係の原理」（数える順序は関係ない），というものである。

　この「4つの積木」では，積木と指を1対1対応させて数え上げるよう求められる。直線状に配列してあるので始めと終わりがはっきりするため，無作為に並んでいるものを数えるよりも容易である。この課題には，「同じ積木を重ねて数えたり，飛ばしたりする」「一つの積木に同じ数詞をあてはめる」「指と数詞が対応しない」という3つの誤りがある（Gelman et al., 1978）。

　不通過の例の中で，「いち，さん，よん，ご」というように数え間違っていても，一つの積木に一つの数詞をあてはめていれば，上記①の「1対1対応の原理」は獲得していることがうかがえる。積木を1個数えとばしたり，同じ積木を2回数えたりする場合も，子どもが用いる数詞の順序が一定であれば，原則

は理解しているが手続きを実行するうえで誤ると考えられる。一方,「数える」という教示そのものがまだ理解できていない幼い段階の子どもの場合は,検査者の教示をまねて指を当てる動作はするが,数詞をあてはめるということはしない。

　発達的には,順序を間違えないで数を唱えることはできても,対象物に指を当て1対1対応させて数を数えることはできない段階がある。ゲゼル(Gesell, 1940)によると,数系列を学習する初期の段階では,次にどの数がくるかを思い出すことに強く注意が集中される。そのため,1対1対応させて数え上げる課題では,指を次々と対象の一つ一つにあてはめて動かさねばならないという負荷がかかるため,難しくなるのであろう。実際の検査場面でも,指は正しく1対1対応して動かせるが上記のように数のあてはめが不十分である子どもに対し,再試行を促すと,今度は正しく4まで順唱できるが指の対応はおろそかになる,といったように,どちらかにしか注意が向かない様子が見受けられる。

V14 13の丸 10まで・V15 13の丸 全　　10までしか数えられない段階と13まで数えられる段階とで,50%通過年齢におよそ数か月の差がある(生澤・大久保,2003)。小さい子どもにとって,対象物に一つ一つ指を当てながら10以上の数を数えることが,いかに難しいかは,実際に子どもに検査をしてみるとよく理解できよう。10まで上手に数える子どもでも,10を越えると途端に数えられなくなることがある。10までとそれ以上で,はっきり段階が分かれているのは,日常的に10まで数える経験の方が多いためではないかと思われる。

　この検査項目は「4つの積木」を通過している子どもが対象となるため,上記の①「1対1対応の原理」や②「安定順序の原理」は理解できている。また,積木であっても,紙に書かれた丸であっても,同じように数えることができれば,④「抽象の原理」も獲得しているといえよう。

V15b 13の丸 理解(Ⅰ)・V15c 13の丸 理解(Ⅱ)　　13まで数えたあと,丸は全部でいくつか尋ねる。上記③の「基数の原理」が理解できていれば,読み上げた最後の数が全体を表すということで,すぐに答えられるはずである。また,全部で「13」と答えられた場合は,反対から数えたらいくつになると思う

かを問うのであるが，上記⑤の「順序無関係の原理」が理解できていれば，数えなくても「13」とわかるはずである。この項目が不通過の子どもの反応として，「12」と数を減らして答えたり，反対側から数えようと試みたりする。一方で，通過する子どもは「反対から数えても 13」と明確に答えることができる。

V16 〜 V19 数選び 3 〜 数選び 8 自分の年齢がいえるようになっている子どもは，およそ 5 以下の数の操作は直観的にわかるようである（サビタイジング〈即座の把握〉：配列されている要素の数の多さに関する知覚的な把握は，さまざまな研究から，およそ 3，4 歳の幼児では 3 から 5 あたりとされている）。また，子どもの発達としては，「5 以上は"たくさん"」と把握する段階から，それ以上の数が理解できる段階へとすすんでいく。

この課題に該当する年齢では，まず数えて指示された数の積木を確認してから指定された容器に入れることがみられる。また，数え上げながら容器に入れていっても，途中でわからなくなり，また最初から数え直すという行動もみられる。数えていくつあるかを確認する様子から，子どもは上記の③「基数の原理」を理解していることがうかがえる。

手続きに柄付きコップを用いるとあるため，検査を学んでいる人は「数え直しは許されない」，あるいは「入れた積木が見えないことに意味がある」と思われるかもしれない。しかしながら，そもそもゲゼルは「茶碗に積木を入れる」教示の変形として検査者に手渡しでもよしとしており，大切なのは検査者の表情や目の動きなどで正答を子どもに暗示させるようなことがあってはならないということである。

V11 〜 V12 左右弁別 左右の概念の獲得については，以下の 3 つの段階があるとされている。すなわち，①自分の腕や足には用いるが，ものには用いない段階，②左右を具体的に区別し自分やものに結びつけて用いるが，知覚的支えが必要な段階，③左右の抽象的な概念をもち，知覚的支えがなくても左右を区別できる段階（Hurlock, 1964）である。この項目では，自分の身体への左右の概念のあてはめができるかどうかを観察している。「全逆」は，先に述べたように，右と左が対であるということはわかっているが，どちら側が右

か（あるいは左か）は正しく同定できない状態を指す。その時期の子どもが教示を受け，左右同定できないままに，よく使う側，すなわち利き手を先に挙げ，その後，対になるよう反応するとき，「全逆」の結果になるのである。

V48 ～ V50 了解問題　　了解問題では，「了解Ⅰ」は経験，「了解Ⅱ」は仮定される場面の行動，「了解Ⅲ」は社会的に期待される行動について尋ねている（松下ら，2003）。

　これらの課題では，ことばを聞いて日常場面を思い浮かべ，さらに，その場面で自分がどうしているかをことばで説明することが求められている。したがって，不通過にも段階がある。まず，問いの理解が難しい段階の子どもの場合は，問題を繰り返す（たとえば「お腹のすいたときには，どうしたらよいでしょうか」に対し，「おなかすいた」と答える）ことがみられる。次いで，問いは理解できるが，適切な説明ができない段階（とくに「了解Ⅱ」や「了解Ⅲ」では文で答える必要があるが，単語だけで答えてしまう，など）がみられる。また，子どもによっては，キーワードから思いついたお話をし始めることもある。たとえば「……バスに乗り遅れたら，どうしたらよいでしょうか」に対し，「遊園地行ったとき，バス乗り遅れた。お父さんとお母さんとぼくと遊園地行ったけど，バス行っちゃって，困ったなーって言って，それでまたバスが来て乗って帰った……」というような反応である。このような反応は，「バスに乗り遅れ」からの連想で「また次のバスに乗った」という過去の出来事を語ってはいるものの，問いに対する適切な答えとして成立していないため，不通過とされる。

V51 語の定義　　この項目は，ものの名前といういわゆる聴覚的手がかりから，そのものの概念を想起し，適切に定義することを求めている。概念には外延と内包があるが，子どもに概念の内包，すなわち，ある概念が適用されるすべての事物がもつ共通属性について問うのである。ものの名を聞き，想起する際には，見た目や色，形，使用している場面など，そのものに関するさまざまな情報が引き出される。そのなかから，問いに対する適切な答えとして，一般化した共通の特徴を抽出し，説明できるかどうかをみている。したがって，類

概念や主要な用途の説明が，この課題に該当する年齢級における言語反応として適切であるとされている。未熟な反応としては，色や形の違いを説明したり，あるいは動作で示したりすることがみられる（表Ⅳ-1参照）。

Ⅳ-3-4　まとめ

　1歳6か月児健診，3歳児健診，および就学前相談（おもに5歳児健診を想定して）で取り上げられやすい項目について，これまで得られた知見を盛り込みながら，留意点についてまとめた。まだまだ不十分で，書き尽くせていないことは筆者自身も認識している。また，今後さらに新しい知見が得られることも期待される。したがって，読者の皆さんには，一つのヒントとして，利用できる個所があれば利用していただくとともに，常に日進月歩の発達心理学の世界について関心をもち続けていただきたい。

　繰り返し述べるが，子どもが新K式検査の項目を通過できるようになっていく背景には，ここで説明しきれていないさまざまな領域を含む発達が並行して進んでいる。その発達を支えるのが，まさに生活体験である。実際に身体を使い，ものを操作し，見守る他者からの意味づけを受けて，子どもの内的な世界が構築されていく。発達検査を行うと，どうしても不通過の項目が気になり，その項目に特有のスキルに注目しがちである。しかしながら，とくに就学前の子どもの場合，全般的な発達を支える基盤を豊かにすることが何よりも大切である。新K式検査を用いる検査者が，検査結果を子どものこれまでの生活体験や現在の生活環境と結びつけて理解し，子育て全般の問題にかかわる助言や支援につなげることを期待している。

文　献

阿部秀樹　2006　新版K式発達検査2001の感覚と運動の高次化による発達領域分析—発達領域分析表（試案）による個人内差の発達評価—　発達臨床研究, **24**, 25-46.

阿部秀樹　2007　新版K式発達検査2001の発達領域分析　第3改訂版—発達領域の改編と検査項目以外の発達領域との関連—　発達臨床研究, **25**, 59-72.

我妻則明　1995　小児保健システムの中での発達障害2次スクリーニングに関する報告—11年間の発達相談について—　岩手大学教育学部附属教育実践研究指導センター研究紀要, **5**, 1-6.

Baron-Cohen, S., Wheelwright, S., Hill, J., Raste, Y., & Plumb, I. 2001 The "Reading the Mind in the Eyes" test revised version: A study with normal adults, and adults with Asperger syndrome or high-functioning autism. *Journal of Child Psychology and Psychiatry, and Allied Disciplines*, **42**, 241-251.

Butterworth, G. & Harris, M. 1994 *Principles of Developmental Psychology*. Lawrence Erlbaum Association Ltd.（村井潤一（監訳） 1997 発達心理学の基本を学ぶ ミネルヴァ書店）

Gelman, R., & Gallistel, C. R. 1978 *The child's understanding of number*. Harvard University Press.（小林芳郎・中島 実（訳） 1988 数の発達心理学 田研出版）

Gesell, A. 1940 *The first five years of life*. Harper & Brothers.（山下俊郎（訳） 1966 ゲゼル心理学シリーズⅣ 乳幼児の心理学 家政教育社）

Greenfield, P. M., Nelson, K., & Saltzman, E. 1972 The development of rulebound strategies for manipulating seriated cups: A parallel between action and grammar. *Cognitive Psychology*, **3**, 291-310.

波多野誼余夫（監訳） J. McV. ハント 1976 乳幼児の知的発達と教育 金子書房

Hurlock, E. B. 1964 *Child development*. McGraw-Hill Book.（小林芳郎・相田貞夫・加賀秀夫（訳） 1972 児童の発達心理学 誠信書房）

星野喜久三 1969 表情の感情的意味理解に関する発達的研究 教育心理学研究, **17**, 26-37.

生澤雅夫・大久保純一郎 2003 「新版 K 式発達検査2001」再標準化関係資料集 京都国際社会福祉センター紀要 発達・療育研究別冊, 21-63.

Illingworth, R. S. 1987 *The Development of the Infant and Child*. 9th ed. Churchill.（松見富士夫（訳） 1989 乳幼児の発達診断 岩崎学術出版社）

岩田純一・古田直子・山上雅子・岡本夏木 1992 発達心理学 有斐閣

岩田 誠 1997 見る脳・描く脳—絵画のニューロサイエンス— 東京大学出版会

岩堂美智子 1985 乳幼児の精神発達 創元社

神尾陽子・斎藤崇子・山本幸子・井口英子 2004 高機能自閉症とアスペルガー障害にみられる表情顔処理の発達的変化 精神医学, **46**, 835-844.

神尾陽子 2007 自閉症スペクトラム障害における顔処理の発達 心理学評論, **50**, 31-39.

川畑 隆 2009 新版 K 式発達検査2001を介在させた発達臨床 心理臨床研究 京都学園大学付属心理教育相談室紀要, **7**, 2-9.

川畑 隆・菅野道英・大島 剛・宮井研治・笹川宏樹・梁川 恵・伏見真理子・衣斐 哲 2005 発達相談と援助 新版 K 式発達検査2001を用いた心理臨床 ミネルヴァ書房

菊池哲平・古賀精治 2001 自閉症児・者における表情の表出と他者と自己の表情の理解 特殊教育学研究, **39**, 21-29.

北山　淳　2008　特別支援教育における発達障害の理解―自閉症児の表情認識について―　四条畷学園大学リハビリテーション学部紀要, **4**, 28-34.

小枝達也・関あゆみ・前垣義弘　2007　ちょっと気になる子どもたちへの理解と支援―5歳児健診の取り組み―　LD研究, **16**, 265-272.

小松佐穂子・箱田裕司・川畑秀明　2008　表情認知の性差と生涯発達―集団式表情認知検査課題を用いた検討―　九州大学心理学研究, **9**, 9-18.

小山　正　1994　精神発達遅滞児における書記言語発達（Ⅰ）―初語の内容―　愛知教育大学研究報告, **43**, 169-175.

近藤文里　1989　プランする子ども　青木書店

久保田正人　1970　図形模写能力の発達に関する一考察　教育心理学研究, **18**, 57-64.

黒田佳代子・田中敏隆　1992　幼児の図形模写に関する発達的研究―縦断的研究を中心にして―　神戸女子大学紀要（文学部編）, **25**, 221-231.

松下　裕・生澤雅夫　2003　新版K式発達検査（1983年版）から新版K式発達検査2001へ　京都国際社会福祉センター紀要　発達・療育研究　別冊, 1-19.

松下　裕・岩知道志郎　2005　認知発達と新版K式発達検査―認知発達の観点からみた検査項目―　京都国際社会福祉センター紀要　発達・療育研究　別冊　特集　新版K式発達検査2001―臨床的適用の諸問題

丸野俊一　1985　プランニングシステムの発達モデル　九州大学教育学部紀要（教育心理学部門）, **30**, 31-54.

三橋美典・中井昭夫・川谷正男・小越康宏・小越咲子・清水　聡・平谷美智夫　2009　発達障害児の表情認知に関する神経心理学的検討　福井大学教育地域科学部紀要Ⅳ（教育科学）, **65**.

森下順子　2008　保健所における発達支援の一事例―医師・保健師・発達相談員の連携に焦点をあてて―　和歌山大学教育学部実践総合センター紀要, **18**, 19-23.

村井潤一　1987　発達と早期療育を考える　村井潤一著作集成三部作Ⅰ　ミネルヴァ書房

村井潤一・小山　正　1995　障害児発達学の基礎　障害児の発達と教育　培風館

村山憲男・山田　寛　2001　広汎性発達障害児の表情認知の特徴　電子情報通信学会技術研究報告, **101**, 1-8.

小椋たみ子　2007　日本の子どもの初期の語彙発達　言語研究, **132**, 29-53.

笹森洋樹・後上鐵夫・久保山茂樹・小林倫代・広瀬由美子・澤田真弓・藤井茂樹　2010　発達障害のある子どもへの早期発見・早期支援の現状と課題　国立特別支援教育総合研究所研究紀要, **37**, 3-15.

積山　薫・竹村保子・福田香苗・柿坂　緑・石本真佐子　1984　「積木問題」における空間表象の操作―脳性マヒ児にみられるつまずきの分析―　教育心理学研究, **32**, 22-28.

千住　淳・東條吉邦・紺野道子・大六一志・長谷川寿一　2002　自閉症児におけるまな

ざしからの心の読み取り—心の理論と言語能力・一般知能・障害程度との関連— 心理学研究, **73**, 64-70.
嶋津峯真（監修）・生澤雅夫（編著者代表）　1985　新版 K 式発達検査法　ナカニシヤ出版
清水里美・山本良平・中瀬 惇・大久保純一郎　2002　新版 K 式発達検査 2001 の標準化 その 3：新旧の項目比較（口頭発表者：清水里美）関西心理学会第 114 回大会発表論文集, 62.
清水里美・山本良平・大森多希子　2007　発達障害への新版 K 式 2001 によるアプローチ —ソーシャルスキルトレーニンググループの効果の検証—　日本 LD 学会第 16 回大会発表論文集, 692-693.
清水里美・松下　裕　2009　清水里美さんからの問いかけ　そだちと臨床, **6**, 124-128.
新版 K 式発達検査研究会（編）　2008　新版 K 式発達検査 2001 年版　標準化資料と実施法　ナカニシヤ出版
Siegler, R. S.　1986　*Children's thinking*. Prentice-Hall.（無藤　隆・日笠摩子（訳）1992　子どもの思考　誠信書房）
高橋　登　1987　幼児の問題解決場面におけるプランの構造　大阪教育大学紀要, IV, 教育科学, **36**, 33-41.
高橋　登　1983　幼児の図形模写の発達について　乳幼児保育研究／京大乳幼児保育研究会［編］, **10**, 52-63.
田中昌人　1999　1 歳児の発達診断入門　大月書店
内田芳夫・樋口美樹　1991　精神遅滞児の構成活動に関する研究　鹿児島大学教育学部研究紀要教育科学編, **43**, 83-94.
若松昭彦　2001　自閉性障害者の表情認知に関する基礎的研究 I　学校教育実践研究, **7**, 21-27.
山田　寛　2000　顔面表情の知覚的判断過程に関する説明モデル　心理学評論, **43**, 245-255.
弓削マリ子・全有耳　2007　5 歳児モデル健診に取り組んで—京都府中丹西保健所と福知山市の協働事業—　LD 研究, **16**, 273-281.

V 肢体不自由児への検査の適用

V-1　肢体不自由児への適用

V-1-1　章の目的

　この章では，肢体不自由児に新K式検査2001を実施する際の留意点について述べる。

　検査を実施するうえでの，基本的な注意事項については，「新版K式発達検査2001実施手引書」（生澤ら，2002），「新版K式発達検査反応実例集」（中瀬・西尾，2001），「新版K式発達検査法─発達検査の考え方と使い方─」（嶋津ら，1985）をよく読んで理解しておかれたい。

　肢体不自由のなかでとくに運動面や姿勢保持に困難をもつ子どもに検査を適用する場合，手引書に書かれた手続きの通りに検査しようとしても，実施できないことが多い。実際，新K式検査の中級講習会や療育セミナーなどでよくある質問は，手引書どおりに検査できない場合にどうしたらよいか，検査手続きをどこまで変えてよいか，結果をどのように解釈したらよいか，という内容である。

　脳性まひなど姿勢・運動の困難さや発達の遅れをもつ子どもでは，検査遂行上のさまざまな問題をもち，実施や解釈に迷うことも多いと思われる。

　そこで，この章では，筆者の臨床経験から検査実施の際の留意点，子どもに合わせた工夫や解釈についてまとめている。肢体不自由を上位概念として，運動障害，まひ，認知機能の遅滞や重複障害などに着目しつつ説明してゆく。また，軽症事例・重症事例を紹介する。

V-1-2 さまざまな肢体不自由

　肢体不自由といっても，さまざまな状態がある。全身の移動運動の発達の遅れ，手先の不器用さや目と手の協応など協調運動の障害，また，姿勢が不安定で同じ姿勢で長く座り続けられなかったり，注意の持続困難や知的な遅れをあわせもつ場合などがある。

　また，脳性まひ，重度・重複障害児・者の場合は，肢体不自由に加えて，視覚障害，聴覚障害，構音の障害をもつことがある。その場合，音声言語で応答する課題も，手を使って反応する課題も共に困難となる場合が多くみられる。

　肢体不自由に慣れていないと，実施方法や反応の解釈について，また出てきた反応をどう判断するかなど，とまどうことが多いと思われる。定型的なやり方では，通過・不通過が判定できないとか，得点を計算できず発達年齢が出せなくなるといったことがおこりやすい。

　そこで，以下に利用目的別に対処法を説明をしていく。

　検査の利用目的は，大別すると二つある。一つは障害程度の判定の目的，すなわち児童相談所（地域によって子ども家庭センターなどの名称で呼ばれている）で療育手帳の発行など，福祉行政による支援のために等級判定する場合，もう一つは発達支援の手がかりを得る目的，すなわち療育相談・発達支援のために，子どもの発達状態を知り，子どもへのより良い支援や働きかけの手がかりを得ようとする場合である。以下にそれぞれについて述べる。

V-2　障害程度の判定

V-2-1　実施方法

　療育手帳の発行など障害程度の判定をするときは，運動発達の遅れや運動障害があっても，検査手順は手引書通りに行い，標準化されたデータ（換算表）に基づいて，指数を算出し判定する。

　ただし，運動発達の遅れや運動障害のために，姿勢・運動領域が測定できない場合がある。また，自発的には移動できない，腹這い前進のみ可能など，運動発達が他の領域に比べ非常に低い得点となり，その影響で，全領域のDAやDQが低くなる場合がある。それらの場合は，以下（1）（2）どちらかの方法で

計算すれば，障害程度の判定は可能である．

V-2-2　発達指数を出す方法
(1) 推定通過（MB+）を用いる方法

実際に通過した項目の得点だけを計算すると，全領域の DA・DQ は実際の発達水準より低くなることが予測される．運動障害のない子どもでも，発達にともなって乳児期にできたことが，成長するにつれしなくなることや，できなくなることもある．たとえば，階段を「這い登る」「人見知り」「足を口へ」などである．このような項目は，検査対象児の年齢が高い場合は，試行せず，推定通過（MB+）として得点計算する．

運動障害のある子どもの計算例を示す．

「寝返り」（0:5超〜0:6）が通過していたら，それより年齢段階の低い引き起し「頭が遅れない」，腹臥位「頭領域Ⅲに保つ」など，0:4超〜0:5以下の課題は，暫定的に「推定通過（MB+）」として計算する．

また，片まひ児は四つ這いをしないまま，「歩く2・3歩」が通過することが多いが，上記と同様に，「四つ這い」（0:4超〜0:5），「這い登る」（0:10超〜0:11）などを含め，0:11超〜1:0以下の年齢級は，すべて「推定通過（MB+）」として計算する．

なお，運動障害が重度で，手引書通りに検査手続で検査できず，「推定通過（MB+）」の項目が多くなる場合は，発達指数を出したとしても，障害程度の判定には使うべきではないだろう．しかし，その子どもの発達経過をみるのには，十分役立つと思われる．

(2) 認知・適応領域と言語・社会領域を用いる方法

上記の「推定通過」が使えないときに用いる．判定のために必要としている数値は，総合的にみた子どもの発達段階を表す発達指数である．そのため，姿勢・運動領域の得点を含めた全領域の発達年齢，発達指数は用いずに，便宜的に，認知・適応領域と言語・社会領域の指数の平均値を用いる．ただしこの方法は全領域の数値をとりあえず推定するため暫定的なもので，数値の信頼性・妥当性については今後の検証が待たれる．

V-3 発達支援の手がかりとして

　運動障害のために発達年齢や指数を正確に出せなくても，療育相談や発達支援をしていくうえで参考になる情報はたくさん得られる。以下にいくつかの留意点について述べる。

(1) 評価できない項目が多い場合

　「推定通過」とも「不通過」とも判断できない項目が多い場合は，その領域の一番上の発達段階にある通過項目を探して，「上限」として，得点・発達年齢・発達指数の欄に記入し，発達評価の目安とする。「下限」も記入することが望ましいが，脳性まひの場合，年齢が高くなっても小鈴が指先でつまめない，指さし行動がない，検査者とのボール遊びができないなど，0～1歳の課題が通過しない場合もある。このような場合，「下限」を探そうとして厳密にすべての検査を実施するようなことは避けるべきである。要領よく課題を選んで検査対象児・者に負担をかけないよう実施することを心がける。

(2) 時間超過

　運動障害・構音障害などがあると，課題を遂行するのに時間がかかって，時間超過（OT）で不通過になることもある。「四角構成」「模様構成」「玉つなぎ」「名詞列挙」その他，時間制限のある課題で時間超過になった際でも，子どもにやる気があり時間に余裕のある場合は，できるだけ反応を観察し内容を記録しておくとよい。そうすると不通過の要因として，運動障害で表現に時間がかかったためか，教示や内容を理解できなかったためかなどがわかり，発達段階や理解の程度をつかんで指導や助言するときに役立つと思われる。

(3) 検査手続きの変更

　手引書通りの手続で検査を実施できず，手続を変更した場合は，詳しく記録しておくとよい。後日同じ手続きで検査を実施して，結果を比較することで，発達の経過を知ることができる。

　姿勢・運動発達の遅れや障害など遂行面の障害をもつ場合（代表的なケースとして脳性まひが挙げられる）は，手引書通りに検査しようとすると，さまざまな実施上の問題が生じる。それらについては，次の「V-4　検査実施上の留意点」で各項目ごとに具体的に説明する。

V-4　検査実施上の留意点

　この節では，おもな検査項目の実施上の留意点を述べる。検査項目の番号と順番は，手引書の項目に合わせている。

V-4-1　姿勢について

　姿勢は，検査全体にわたり重要である。もともと1歳以上の検査は，机に向かって座った姿勢で実施するという前提で，標準化されている。ところが，運動障害があると，検査時の姿勢によって，検査の結果が変わりやすい。イスに座っても姿勢の保持が困難で，注意の集中や持続，動作や発音のしにくさをあわせもつ場合もあるので，検査をどの姿勢で実施するのか，よく検討する必要がある。

　ふだんの生活がおもに仰向けやうつ伏せ，横向きなどの臥位の子どもは，座位で検査できなくても，臥位で検査すると回答できたり，反応の内容がよくなったりすることもある。無理に座らせず，本人の慣れた姿勢を取らせて実施すればよい。また，体の緊張の少ない座りやすいイス（ベビーカー・車イス・リラックスチェアなど）だと，描画ができたり，積木の操作ができるなど，イスによっても反応が違ってくる。

V-4-2　各項目の実施について

(1) 仰臥位の検査 (U1～U35)

　0歳児の検査実施順序（生澤ら，2002）は，定型発達の場合，仰臥位から検査を始めるが，運動障害・運動発達遅滞があると，以下に述べるように仰臥位の検査を後回しにしたり，仰臥位以外の姿勢で観察しなければならないことがある。

　手引書には「寝台の上に仰臥位（あお向け）に寝かせて」となっているが，寝台の上に仰臥位に寝かせると不安になって緊張が強くなる子どもも多い。筋緊張が強い脳性まひ児のなかには，ふだん仰臥位にさせていない（できない）子どももいるので，最初は保護者に抱いてもらって面接し，どの程度の運動発達か大まかに把握する。検査場面に慣れてきたら，寝台の上に仰臥位（または，

うつぶせの方が慣れやすい子なら腹臥位）に寝かせてみる。寝台には寝かせられなくて、畳や床マットの上なら寝かせられる子どももいるので、可能なら試してみる。

　仰臥位でも腹臥位でも、検査が実施できなければ、次のようにする。保護者が抱いたままで、「顔に布掛け」「吊り輪の注視・追視」「ガラガラ」「鐘鳴らし」などの課題を試してみる。判定基準に合った反応が観察されれば「推定通過（MB+）」とし、判定基準に合わなければ「推定不通過（MB-）」とする。また、そのときの姿勢や反応の様子を記録する。

　仰臥位・腹臥位のいずれでも、また、抱いたままで検査を実施しても反応がないときは「NR（反応無し）」とする。ただし、重度・重複障害児は反応が出るまでに時間がかかったり、反応を引き出すためには、何度か刺激を繰り返すことが必要な場合もある。したがって、細かな表情の変化、発声、手の動きを見逃さないようきめ細かに観察する。

　また、小中学校以上の年齢の子どもに幼児向きの検査用具や質問をすると、興味をもたず、答えようとしないこともある。このようなとき、その子どもが興味をもつもの（携帯電話など）を見せると、追視したり持つこともあるので、試みてその状態を記録しておく。

　U7 寝返り　　視線の方向に顔を向け、そり返った反動で寝返ることがある。寝返りは左右どちらか一方へしかできないこともある。一方へ寝返っただけでも「通過」とするが、どちらの方へどのように寝返るか記録しておく。

　U8b 膝をいじる・U8c 足を口へ　　これらの課題について、手引書には「自発的に行わない場合、あやしながら、子どもの両手を持って軽く叩かせたり、足をあげて触らせ、その後の自発的行動を観察するのがよい」と書かれている。しかし体の緊張の強い子どもや筋肉が拘縮して動きが制限されている子どもには、力を加え過ぎないよう注意する。

　U13 手で顔の布を除く・U13b 取ろうとしてもがく　　手が使えない子どもは、顔を左右に動かしたり、身体を動かして布をはずそうとする。そのように

はずしたら「手で顔の布を除く」を「推定通過（MB+）」とする。布をかけた時体を反らせたり，手を動かしてはずそうという動作が見られても，布がはずれなかったら，「手で顔の布を除く」を「不通過」，「取ろうとしてもがく」を「通過」とする。仰臥位でなく保護者が抱いて検査した場合に，布がはずれたり取ろうとしてもがくなら「取ろうとしてもがく」を「推定通過（MB+）」とする。布をかけたとき，緊張が強くなって子どもが不安になりそうなら布を長くかけない方がよい。

U14～U22 吊り輪・U17 追視 あり　仰臥位で顔を上に向けられず，斜め上を向いたり，横を向いている子どもの場合，視野の範囲に5秒間提示する。また，仰臥位がとれず抱いて検査する場合も，足もとから近づけていって視野の範囲に，30cmの位置に提示させて，注視するか調べてみる。

　首のコントロールができていない場合，顔をあまり動かさずに，吊り輪を目だけで追うことが多い。また，仰臥位ではほとんど追視できなくても，楽な姿勢に抱かれてなら，提示された物を追視することもあるので，試してみるとよい。いずれの姿勢でも追視すれば「追視 あり」を「推定通過（MB+）」とする。

U22 片手を近寄せる（吊り輪）　吊り輪に注視し，つかもうと手を動かすが，手を体の上に伸ばすことができないことがある。また，ATNR（非対称性緊張性頚反射）姿勢が優位の場合，両手を伸ばせなくても，ATNRを利用して片手だけ伸ばせることがある。判定基準はU22が「通過」になるが，姿勢の様子を記録しておく。

U23 すぐ落とす（ガラガラ）　ガラガラに注視しない場合も，視線上に提示して，ことばかけをしながら手背に触れたり，掌のなかに柄を入れてやる。

　脳性まひなどで緊張の強い子どもは，手を固く握っていることが多い。この場合，手背を軽く押さえながら指を開いてやると，比較的開きやすい。強く握っているときに，指を無理にこじ開けることをしてはならない。ガラガラの柄を手のなかに入れてやっても，握らずに単に手に引っかかっているような場合も，「すぐ落とす」と同様に考える。

U26 保持5秒以上（ガラガラ）　手のなかに入れてやったガラガラの柄を，手の把握反射によって，固く握ったままになっている場合は，必ずしも「保持」とは考えられない。しかし，脳性まひ児の場合は，把握反射を利用して「保持」することもある。この場合，筆者は「推定通過（MB+）」としている。

U27 片手で振り鳴らす（ガラガラ）　手にもったガラガラを自発的に振り鳴らさない場合，検査者が子どもの手をもって振ってやった後，振った音やガラガラの動きに対して興味を示し，ガラガラを振り鳴らすことがある。この場合は，ガラガラを振ったら音が出ることがわかっていると考えられるので「推定通過（MB+）」と考える。

U33 鐘鳴らし身動き止まる・U34 表情の変化・U35 顔を向ける　障害のために鐘のある方へ顔を向けることのできない子どもが，目だけを向けようとすることがあるが，これは「表情の変化」を「推定通過（MB+）」とする。
　感覚刺激に非常に敏感な子どもで，鐘を鳴らすと，反対側に寝返って横臥位になる場合があった。このように，その子なりの反応しているのであれば，「表情の変化」は「推定通過（MB+）」，「顔を向ける」は「推定不通過（MB-）」と考える。

(2) 座位への引き起し・座位の検査（I1〜I14）

I1〜I2 座位への引き起しの検査　脳性まひで体の緊張が強くてそり返ったり，逆に低緊張で姿勢が保てないときは，この引き起しの検査はしない方がいい。判定不能「？」とする。

I3〜I14 座位の検査　運動障害の場合，体の緊張が強くて，座位のとれないことがある。逆に緊張が弱く，座位がとれても不安定なこともある。子どもの状態に応じて検査者が注意深く支える必要がある。

(3) 立位（T1〜T20）・腹臥位の検査（R1〜R19）

　これらの検査については，まひの程度や状態によって詳しく評価できない場

合が多く，「移動なし・寝返り・腹這い移動・四つ這い・つかまり立ち・つたい歩き・独歩」など，大まかに把握して，認知・適応領域，言語・社会領域の各課題との関連づけをしながら，発達の全体像をつかむようにするとよい．

(4) 自由姿勢の検査（M2〜M29）
　M2 微笑　　人見知りが生じる7か月以上の年齢の子どもに，検査者が「社会的働きかけ」をしても，「微笑」の反応が出にくい．通常は人見知りをしない6か月未満で実施する課題であるから，当然かもしれない．
　年齢が6か月以上で，あやしても微笑まない場合は，以前にそういう反応があったかなど，聴取する必要がある．以前に反応がみられたようなら「推定通過（MB+）」とする．

　M3 人の追視・M4 声の方を向く　　首がすわっていなかったり，筋肉の緊張が強くて自発的に顔の向きを変えにくい場合や，運動発達に重度の障害のある子どもの場合，M3・M4とも，反応しないことがある．反応がなければ「不通過」とするが，少し遅れて反応したり，大きな声に対して驚いて反り返ったりする場合もある．この場合は，様子をみて何度か試み，人の動きを追視したり，声のする方を向けば，M3，M4を「推定通過（MB+）」とする．

　M9「イナイイナイバー」　　「イナイイナイバー」は対人関係の発達と関係がある項目である．しかし，普通の生活ではよほど親しい関係でないとしない遊びである．運動発達が遅れていたり，運動障害がある場合，2，3歳になるまで，「イナイイナイバー」をしてもらったことがない子どもがいて，検査しても「不通過」になることがある．

　M12「バイ・バイ」　　退室時に自発的に手を横に振ったり，手を上に挙げたりしなくても手の開閉だけ，あるいは発声だけでも反応すれば，「推定通過（MB+）」とする．手を動かせない子どもで，保護者が子どもの腕をもって振らせることが習慣になっている場合も見られるが「不通過」とする．なお，子どもの反応のいかんに関わらず，家でどういう様子か聴取をしておく．

M13 呼びかけに反応　「人の追視 M3」「声の方を向く M4」と同じく，呼ばれていることはわかっていても，検査場面では聞いているだけの子がいる。じっと待っていたら，何かしてもらえるという受け身の構えがあるようだ。

運動障害のある場合，手引書通り「振り向く」動作が生じるとは限らない。動作でなくても，呼びかけに対して，表情の変化や瞬き，口開け，舌出し，発声などで，その子どもなりの反応があれば，「推定通過（MB+）」とする。

M14「メンメ」　肢体不自由で動きが少ない子の場合，周囲から制止されるようなことをしたことがない，あるいはできないという子どもも多い。このため「メンメ」に対しても反応がない場合が少なくない。言語・社会領域の発達は，周囲の人や物との関わりのなかで育まれるものであり，運動障害をもつ子どもの場合，経験がないことから不通過になることもしばしば起こる。筆者の臨床経験では，重度の障害をもつ子どもであっても，できるだけ年齢相応の経験ができるように周囲が配慮し生活を豊かにすることで，結果的に子どもの発達が促進されている例を多くみている。検査場面だけでなく，生活の様子など子どもの背景にあるものにも目を向けることで，発達を支援する手がかりが得られるものと考えている。

M15 指さしに反応　姿勢が不安定で首のコントロールが難しい子どもは，指さしに反応しにくいようである。指さしから少し遅れて反応が出ることがあるので注意する。

自ら指さしする子どもは「指さし V30」を「通過」とするが，自ら指さしする子でも「指さしに反応」が「不通過」となる子どもがいるので確認してみる方がよい。

M17「チョウダイ」渡す　「チョウダイ」に反応するが，手を差し出せない子どもには，子どもの手の下に検査者の手を持っていき，子どもが手を開いて離して渡そうとすることができれば「推定通過（MB+）」とする。脳性まひ児で物をもった手を開けないことがある。この場合も，開こうとしているかどうかが問題で，開こうとして開けられないか，観察する。「チョウダイ」に反応し

て，もっている物を渡そうとせず，隠してしまうなどの反応をする場合は「不通過」とする。

M18 手を見る　年齢が上がっても，「ATNR 姿勢優位 U1」が（+）で自分の手がみられない場合，「無反応（NR）」とする。

M25 〜 M28 鏡　鏡は，子どもの自由な姿勢で提示する。座位がとれない子どもの場合は，仰臥位・横臥位でも自分の顔が見えるように鏡を立ててやる。重度の子どもで反応が乏しいときには，注意深く鏡を動かしてやると，自像を追視することがある。筆者の経験では，12 歳のときに，はじめての新 K 式検査を実施するまでは，「みえていない」と言われ，家族が何か見せても反応しなかった重症のケースで，横臥位で鏡を顔の前に提示し，鏡を動かしたときに追視したことがあった。そばにいた母親もこれを認め，療育への大きな励みになった。

M26 自像に発声　姿勢や運動の発達に問題のある子どもは，鏡に対して発声したり触れるなどの反応が少なく，注視するだけに留まることが多いという印象がある。保護者に聴取すると，日常でもみえた物に自分から手を伸ばしたり，口に入れるなどの積極的な探索行動が少ないようである。生活場面の様子を考慮しながら，子どもの探索行動を促すように関わりや環境を工夫するなど，ただみているだけという受身的な生活を変えていくことも大切である。

M27 自像に触る　手を伸ばせず，触れない子どもは，鏡を近づけてやる。横臥位で鏡をみせたとき，自像を注視しているか判別しにくくても，腕を動かして触りに行くことがあった。手で触らず，顔を鏡にくっつける場合もあるが「推定通過（MB+）」とする。

M28 ボールを押しつける　ボールを持つことが難しい場合，ガラガラなど他の持ちやすい物を持たせて様子を見る。鏡に押しつけるような動作が見られたら「推定通過（MB+）」とする。

M29 検者とボール遊び　座位が不安定な子どもの場合，子どもの一番安定する座り方で実施する。一人で座れない子どもは，床のマット上で子どもの後ろから保護者に支えてもらい，向かい合ってボールを転がす。座位がとれない子どもの場合，横臥位でボールを転がして成功することがある。いずれも，相手に向かってボールを転がしたり，相手の転がしたボールを受け止めるか，受け止めようとすれば，「推定通過（MB+）」としている。

(5) 机上の検査1 非言語性項目（P2～P137）

座位がとれない子どもには，適当なイスを用意したり，保護者に抱いてもらって，検査を始める。適当な机がない場合，その代わりとして，検査用具の鏡の裏面を上にして，子どもが見やすい顔に近い位置に水平に保持し，小鈴，紐付き輪，車，瓶と小鈴，鐘，積木などを載せて提示すると便利である。

座位で見ようとしなかったり，触ろうとしない子どもは，横臥位で試みる。いずれも，姿勢や提示の仕方を記録しておく。

運動発達の遅れがあり，自発的に物に触った経験がほとんどない子どもでは，6か月以上でも，積木に限らず，またコップ，小鈴，鐘，紐付き輪などの提示でも，見るだけで，触ろうとしないことがある。その場合は「無反応（NR）」とするが，子どもの反応の内容を記録する。

P2～P18 第1の積木・第2の積木・第3の積木，山積木　注意散漫な子どもで，注視してもすぐに他に興味が移り，触ろうとしない場合，10秒間待たずに近地点に近づけ，反応をみるとよい。場合によっては，早めに弱手（利き手と反対側の手）に積木を持たせるようにする。

P19～P29 積木　座位でできなくても，横臥位でできることもある。運動障害のため積木を自発的に持たない子どもには，検査者が持たせてみる。この場合「自分でつかむ」は「不通過」だが，持った積木を，置いてある積木の上にもっていき，積めれば「積木の塔2」が「通過」になる。積もうとするがうまく手が開かず，押しつけるだけで積めなかった場合，「積もうとする」は「通過」，「積木の塔2」は「不通過」である。

持っている手の肘のあたりを検査者または保護者が保持すると，積木を手から離せることがある。積めたら「積木の塔2」は「推定通過（MB+）」とする。介助しすぎないよう注意して実施する。

P20 ～ P24 積木の塔　　手の不随意運動がある場合，積もうとして他の積木をはじいてしまったり，積んであるのを落としてしまったりすることが多い（「不通過」とする）。肘を支えてやっても積木が積めない場合，「積木の塔2～8」は不通過とする。しかし，2歳以上の子どものなかには，積木の塔が3個以上積めなくても，「トラックの模倣」「家の模倣」ができることがあるので，試してみる。

P37 ～ P45 小鈴　　座位が不安定な子は，保護者に抱かれた状態で試みる。鏡の裏に小鈴を乗せ，視線の位置に提示してみる。それでもなかなか注視しにくい場合がある。その場合はその子どもがふだん遊ぶ際に取っている姿勢で提示して観察してみる。たとえば，横臥位の姿勢ですごすことが多い子どもであれば，床上の視線の位置に提示すると，注視することがある。

腹臥位の姿勢に慣れている子どもなら，腹臥位で顔を上げたとき，顔の前に提示すると注視することがあるので試してみるとよい。

P53 ～ P57 鐘　　振る動作ができず音が出ないときでも，鳴らそうとして腕を動かしていたら「振り鳴らす」を「推定通過（MB+）」とする。

鐘を持とうとしない場合は，柄を持たせてみる。反応がなければ，持たせたまま手を振って音を立ててやる。手を振ることで音が出ることに気がついて，その後一人で振ってみたりするなら，「振り鳴らす」は「推定通過（MB+）」とする。

P58 ～ P62 紐付き輪　　指先で小さな物をつまめない子どもは，紐を持とうとするが持てず，手のひらで引き寄せることが多い。紐を持てなくてもとにかく引き寄せられれば「とにかく引き寄せる」を「通過」とする。

座位が不安定で手がうまく使えない場合に，横臥位で利き手を上にしてやる

と，紐付き輪を手全体を動かして引き寄せることがある。「とにかく引き寄せる」を「推定通過（MB+）」とする。

　座位でも横臥位でも輪をつかめたら，輪を振って紐が揺れるのを見ていることがある。「輪と紐で遊ぶ」は「紐にも関心を示し，手で触れる」という判定基準で「不通過」となる。紐への関心を示しているが，手で触れることができず遊べないことは，運動機能に障害のある子どもにしばしばみかける。輪を持っていないほうの子どもの腕を持って，手を紐に近づけてやると，手で紐に触りはじめることがある。この場合は「輪と紐で遊ぶ」を「推定通過（MB+）」とする。

　P63～P67 自動車（玩具）　座位保持ができない子どもは，保護者に抱いてもらって検査するが，検査用具の鏡の裏に自動車を乗せ，鏡を傾けて動かすとよい。こうすると，子どもが検査者の手の動きを見ずに，自動車を追視することがわかりやすい。また，保護者に抱いてもらっても追視しない場合，横臥位で見せるとよい。提示する位置にもよるが，反応がみられることがある。

　P67 予期的追視　子どもによっては，2・3回試みても，左右どちらか，一方しか反応しない場合がある。一方だけの場合でも，車の出てくる方を予想できているなら，「通過」としている。視野狭窄や眼球運動の問題などが潜んでいる場合もあるので，吊り輪の課題の「追視あり」〜「追視180°」，「玩具（車）の追視」なども，一方に偏った反応かどうか見ておく必要がある。

　P68～P70 課題箱，丸棒・角板　運動発達の障害や遅れのある子どもは，利き手が未確立の場合も多いので，筆者の場合は，取っ手をはずしている。利き手がどちらか，未確立であるかは，他の課題の際にどちらの手を優位に使用するかを観察しておく。

　P72 円板をはめる（はめ板）　腕が動かしにくくて，円孔の上に持ってこられない場合，肘のあたりを支えたり，保持している体を円孔に近づけてやると，うまくはめられることがある。鏡の裏面にはめ板を乗せ，手に近づけてや

ると，実施しやすい。

　手に持っている円板を，円孔の上で離せない場合，はめ板の円孔の手前に円板を置いてやって，子どもが円板をずらして孔に入れることができるかを確かめる。

　P73 円板 回転　　子どもが自分で円板を持てない，あるいは持とうとしない場合は，持たせてみる。自分で円孔にはめられれば「通過」とする。手に持っている円板を離せない子どもは，上記「円板をはめる P72」のように，検査者がはめ板の上に円板を乗せてやって，子どもが手で円板を円孔のところへずらそうとするか，試してみる。この場合，円孔の左右の位置が変わったことに自分で気がついているかを調べたいので，円孔の位置を教えず，また，円板をはめ板の上に乗せる場合も円孔のそばに置かないようにする。

　P81・P82 形の弁別 I 1/5・3/5　　刺激図形を弁別図形の上に置かず，刺激図形の端を同じ形の弁別図形にあてて，同じであることを示した場合も「通過」とする。全く手が使えない子どもでは，目線で示せることがある。また，検査者が順に，あるいはランダムに弁別図形を指さしして同じかどうか尋ねて，表情・身振りで「はい・いいえ」を表現できる子どもがいる。この場合，「推定通過（MB+）」としている。

　P83・P84 形の弁別 II 8/10・10/10　　「形の弁別 I」と同じく，全く手が使えない子どもの場合，検査者が1つずつ「これと同じ？」と尋ねて「はい・いいえ」を答えられることがある。この場合も，「推定通過（MB+）」としている。

　P85・P86 重さの比較 例前・例後　　手がうまく使えない子どもには困難な課題である。不随意運動のある子どもの場合，おもりを握りつぶしてしまわないよう気をつける。

　再質問で例示を行う際，片まひなどで片手でしか操作できない子どもの場合は，片手で順次重さを調べるよう例示し，試行させてみる。

P90〜93 模様構成Ⅰ 1/5〜4/5 「模様構成」は制限時間を設けてあるが，一生懸命取り組んでいる場合，多少制限時間を超えても，させてみる。ただし，脳性まひなどの運動障害のある子どもの場合，単に手がうまく動かないために時間がかかるというより，空間認知の障害をもつために，積木を構成しにくい傾向がある。とくに，「模様構成Ⅰ」の図3以降，積木の模様に斜めの要素が入ってくる模様に，困難をもっていることが多い。

脳性まひなどの運動障害の子どもにとって，「四角構成」や「折り紙Ⅲ」，「模様構成」などの課題は，その年齢段階の他の課題を通過していても，通過になりにくい課題である。時間を長くしても，なかなか手本通りの構成ができないことが多い。

手本通りの構成ができても，いつも方向が旋回している場合がある。「模様構成Ⅰ」の図1と2のように斜めの線が入らない課題なら，旋回せずに作れる場合は，描画課題などにおいても同じような傾向があるかをみると，視覚認知の問題か，目と手の協応の問題によるものかなど，その子どもの傾向をある程度推定できる。

試行錯誤しているうちに偶然手本通りの配置に構成できても，子ども自身は気がつかずに崩してしまったりする。もちろん，この場合は，時間内でも「不通過」である。

P97 2個のコップ 教示通り試行しても，自分でコップに手を出せない子どもは，「ワンワンはどっちにいるの？」「こっちかな，こっちかな？」と順に検査者が指さしして，子どもに「はい・いいえ」の反応を待つ。後で指した方にうなずくことがあるので，逆の順序でも尋ねてみる。

犬の隠した青コップの方を子どもが視線で向けるなど，子どもが青コップの下に犬が隠れていることをわかっているような場合は「推定通過（MB+）」とする。

ただし，検査者や保護者の顔とコップを交互にみたりして，青コップの下に犬が隠れていることをはっきり示さない場合は「不通過」とする。

利き手が未分化な子どもの場合，両手を伸ばして2個のコップを同時に開けようとすることがある。このときは，子どもの片手を押さえて反応させてみる。

P99・P100 なぐり描き 例前・例後，P101 円錯画，P102 横線模倣・P103 縦線模倣　弱手で紙を固定できず，紙が動いてしまう場合は，検査者が用紙の端を押さえたり，接着テープで固定する。手がうまく使えず，中央に赤鉛筆を置くだけでは鉛筆が持てない子どもには，検査者が手に持たせてやる。細い鉛筆が持ちにくい場合，筒状の物にはめて太くすると持ちやすい。鉛筆ホルダーのような物をふだん使っている子どもは，それを用いてもよい。

座位で描くことが困難な場合，仰臥位あるいはリラックスチェアに座らせ，紙を鏡の裏に乗せ，持たせた鉛筆の先が当たるところに近づけると，手を動かしてなぐり書きを始めることがある。自発的に手を動かして描くなら，「なぐり描き例前」を「推定通過（MB+）」とする。例示後に描いたり，検査者が手を添えて描いてやると，その後自発的に描き始める場合がある。その場合，「なぐり描き例後」を「推定通過（MB+）」とする。

尖った方を紙にくっつけて動かすと色が付くことを知っていて鉛筆を使えるということは，鉛筆を絵や文字を書く道具として認識しているといえる。

運動発達の遅れや障害をもつ子どもの中には，鉛筆を顔に近づけそうになり，危ないからと鉛筆を持たせてもらっていない子どもがいる。そういう子どもで，例後ではじめてなぐり描きができたことがあった。

運動障害のある子どもの場合，容易に描画できるように，体の向きと紙の位置の関係に注意する必要がある。用紙にまっすぐに向かって横線を描くつもりでも，手の動きが制限されていて斜めに描いてしまうことが多い。正答基準の範囲で描けなければ「不通過」であるが，用紙を少し回転して描かせると（ただしこの場合の例示は，回転した用紙の辺に平行に横線・縦線を例示），例示に合わせた線が描けることがある。

P104 円模写，P105・P106 十字模写，P107 正方形模写　運動障害のなかでも脳性まひなどの子どもは手指を使う細かな動作ができず，これらの図形模写の課題に不通過となることが多い。子どもが円を「マル」，十字を「バツ（ペケ）」，正方形を「シカク」などと言い，見本通りに描こうとする場合は，形の認識はできていると考えられる。

P108 三角形模写　　運動障害が軽くても，底辺が傾斜することが目立ち，正答基準に達せず「不通過」となる。「縦線模倣」「横線模倣」と同様にして，用紙と見本を回転して提示し模写させてみて正答基準に達するなら，身体的な原因で描けないと推測される。

P113 記憶板　　運動障害があって自分でふたを開けられない子どもの場合，自分の手で開けたい所を押さえられるなら，検査者がそのふたを開けて，花・靴・魚の場所を覚えさせる。2回目以降は，開けたいふたを手で示せるなら，検査者がそのふたを開けてやる。手で示せないなら，検査者が適当にふたを指さして，「ここと思う？」と聞き，「はい」の反応なら開けてやり，「いいえ」の反応なら別のふたを指さして，一通り絵のある場所を教える。10分後の再生時にも，同様の手順で子どもの反応を確かめる。

(6) 机上の検査2 言語性項目（V1～V78）

　運動障害のある子どもに言語性項目を実施する場合，注意を要する。一つは，聴力・聴覚に問題がある場合である。聴力は正常でも，文の聞き取りができなかったり，意味内容の理解ができない場合がある。もう一つは，構音・発語の問題がある場合で，理解はできていても発音が不明瞭であったり，文章表現が不十分であったりすると，判定基準では「不通過」となる場合が出てくる。

　いずれにしても，手引書通りの手続きで検査して，判定基準にしたがって「通過・不通過」を調べるが，運動障害・構音障害のある場合，身振りや手振りなど回答の方法を変えてみると，記憶・理解の程度が把握できて，療育や発達支援に役立つことが多い。以下に，若干検査手順の変更の例を挙げておくので，参考にされたい。なお，子どもの反応は，「はい」のときに発声する，口を開ける，手を挙げる，目を検査者に向ける，身体をそり返る，瞬きをする，舌を出すなど，さまざまであるが，「いいえ」と使い分けているなら，正答と考えることにする。

V8 大小比較，V9 長短比較，V10b・V10c 表情理解　　これらは正しいと思う図形を指さしして答えさせる課題で，子どもが指さしをしない場合は，検査

者が「こちらですか？」と交互に尋ねて「はい」「いいえ」の反応を見る。V10c 表情理解Ⅱでは，検査者が正答を含めていくつかの顔の絵を指さしして，「これですか？」と尋ねていく。この方法で正答基準に達すれば「推定通過（MB+）」とする。

V11 左右弁別全逆・V12 左右弁別全正　　運動障害の子どものなかに，手の動きが悪く，目を指さしして答えるときに目に触ってしまいそうになる場合がある。左目・右目を答えるのに躊躇するときには，検査者が「こっちの目？」と，誘導にならないように尋ねて，正しく回答し判定基準に達すれば，「推定通過（MB+）」とする。目で答えにくい場合，左目・右目の代わりに左足・右足で尋ねると言えることがあるので試みる。

V13 ～ V26 数の理解
V13 4つの積木　　運動障害のため指を当てて数えられない子どもは，手を握ったまま積木を押さえて数えてもよい。

　手を使えない子どもが，みるだけで「4個・よっつ」などが言えるときは「推定通過（MB+）」とする。口頭で答えられない子どもには，検査者が「3個？　4個？　5個？」と尋ねて，「4個」の所で「はい」，その他の所で「いいえ」の反応をすれば，正答として「推定通過（MB+）」とする。

V14・V15 13の丸　　運動障害があると，指先で小さい丸を順に押さえて数えるのは難しい。拡大コピーして大きい丸にしてから，やってみるとできることがある。この方法で13または10を数えられたときは，「推定通過（MB+）」とする。

V16 ～ V19 数選び　　自分で積木を持たない子どもには，「私がこれから積木を一つずつコップに入れますから，私の言った数の所で『はい』と返事をしてください」「3個のときに返事してください」と言って，積木を一つずつコップに入れていく。前もって言った数よりも多い数まで入れて反応を見る。子どもが「はい」と言えない場合，返事は手を挙げたり，開口したりなど身体を使

ってもよい。また「あー」という発声でも構わない。

V20・V21 指の数，V22・V23 5以下の加算　口頭で答えられない子どもには，検査者が正答を含めて前後いくつかの数を尋ねてみて，「はい」「いいえ」の反応を見て，正答で「はい」，他の数を聞いたときに「いいえ」と反応したら，「推定通過（MB+）」とする。

V24 打数かぞえ　「5以下の加算」と同様，口頭で答えられない子どもには，検査者が「（練習課題のとき）1個？　2個？　3個？」などと尋ねて「はい」「いいえ」の反応することを教え，「2個」（正答）で「はい」，他の数を聞いたときに「いいえ」と反応したら，正しく反応したものとみなして，練習手続きを終了する。

続いて，「では，これからもっとたくさん叩きますから，黙って最後まで聞いて数えておいてください。終ったら，いくつか数を言いますから，私が叩いた数のときに返事してください」と言って，(1) 7個，(2) 5個，(3) 8個を順に叩いて，尋ねていく。それぞれの個数の前後の1～2個を含めて，叩いた数を尋ねるとよい。

V27 身体各部　運動障害の子どものなかには手の動きが悪く，目を指さしして答えるときに目に触ってしまいそうになって，答えようとしなかったり，頬を押さえたりすることがある。こういう場合，(2) 鼻　(3) 口　(4) 耳から先に尋ねてみる。

自分でなく他の人の顔なら指せる場合，再質問し，なおかつ自分の顔で答えなければ「不通過」とする。

目や口を問われて，目を閉じたり口を開けたりする場合，再質問して同じ反応をし，質問に対する応答と考えられる場合「推定通過（MB+）」とする。

V30 指さし行動　指でなく手で指し示す「手さし」は実施手引書では「不通過」となっているが，運動障害のある子どもは，手を握ったまま指し示すことがある。どこを指しているか明らかな場合は「推定通過（MB+）」とし，状

態を記録しておく。

　指を使えず，絵指示や比較課題，形の弁別課題などで，握った手や目線で正しく反応した子どもの場合，指さしに代わる伝達機能を獲得していると思われる。

V37 姓名　　発語が困難で姓が言えない子どもには，検査者がその子どもの姓とその他の姓をいくつか取り混ぜて，「あなたの名前は何と言いますか？」「○○さんですか？」「△△さんですか」……というように尋ねてみて，自分の姓のみに反応するかどうか確かめてみる。もし正しく反応したら，課題としては「不通過」であるが，自分の姓を理解していると思われる。

V37b 年齢　　発語が困難な子どもには，「数の理解」と同じく，その子どもの年齢の前後を含め，いくつかの年齢を言って，自分の年齢にのみ反応するかどうか確かめる。

　小中学生や高校生だと，年齢で正しく反応しなくて，自分の学年を含めた前後の数字でどう反応するか，確かめてみるとよい。年齢よりも学年の方がよく正答する傾向があると思われる。ふだんから年齢よりも学年の方を耳にする機会が多いのかもしれない。

V38 性の区別　　手引書にしたがい，男の子には「あなたは男の子ですか，女の子ですか」，女の子には「女の子ですか，男の子ですか」と尋ねたとき，自分に該当する方にことばでなくても身振りや発声などで正しく反応すれば「推定通過（MB+）」とする。

V40・V41 色の名称　　発語が困難で色名が言えない子どもについては，検査者が「赤色はどれ？」「黄色はどれ？」……と聞いて色名の理解を調べておくとよい。「赤・黄」のほかには，「緑・青」など順序を変えたり，「茶・黒」などカードに無い色も聞いてみて，子どもの反応を調べてみる。ことばで色名を答えなければ「不通過」であるが，検査者の問いかけに対して表情や身振りで正しく答えたら，色名の理解はある程度できていると考えられる。

V42・V43 日時 3/4・4/4 　発語が困難で年月日・曜日の言えない子どもには，曜日については1週間分，月については12か月または前後3か月，年については前後2年程度を目安として，検査者が尋ねてみるとよい。表情や身振り，発声により正答基準に達していれば，「推定通過（MB+）」とする。

V48～V50 了解 　運動障害があると，どうしても生活経験に制限が生じると思われるが，この了解Ⅰ～Ⅲについてもいくつかその傾向がみられる。

　たとえば了解Ⅱ（1）「もしも，あなたが学校へ出かけるときに，雨が降っていたら」と尋ねても，いつも車で送迎してもらっている場合とか，了解Ⅱ（3）「もしも，……バスに乗り遅れたら」で，バスに乗ったことが無い場合は，子どもはそういう場合を想像できず，答えられないことが多い。もちろん，自分で「車で行く」というように，日常的にそうしていることが言えれば「通過」である。

　了解Ⅲ（1）「もしも，あなたが何かお友達のものを壊したときには」，了解Ⅲ（3）「もしも，あなたの友達が，うっかりしてあなたの足を踏んだときに」では，身体が動かせなくて友達のものを壊すことや，車イスに乗っていて友達が自分の足を踏むことはほとんど考えられないような子どももいる。この課題を作るときにそういう子どものことは想定していないので，「もし，そうだったとしたら」という仮定のもとに，考えさせる。

　了解Ⅲ（2）「もしも，学校へ行く途中で遅刻するかもしれないと気がついたときには」は，スクールバスで通学していて，「途中で遅刻する」という場面が無い子どももいると思われるが，とりあえず手引書にしたがって尋ね，回答させる。

V-5　肢体不自由児に対する新 K 式検査実施

V-5-1　全般的傾向

(1) 領域間の発達の差

「新版 K 式発達検査法―発達検査の考え方と使い方―」（嶋津ほか，1985）には，脳性まひ児のプロフィールの特徴として次のように記されている。

脳性まひ児のプロフィールは，他の障害児とは異なり，姿勢・運動領域が最も遅れ，認知・適応領域がこれに次ぎ，言語・社会領域が比較的進んでいるというパターンを示すことが多い。脳性まひ児以外の多くのタイプの障害児で，言語・社会領域の優位を示すケースが非常に少ないことからみても，このプロフィールは脳性まひ児の精神発達上の特徴を示すものとして注目する必要があろう。

言語・社会領域発達の優位というよりは，運動障害によって姿勢・運動領域と認知・適応領域の課題が遂行しにくく，結果的に言語・社会領域が比較的高い結果になるとも思われる。たしかに運動障害，とくに中枢性疾患の脳性まひの痙直型の場合は，認知・適応領域の発達年齢と指数が，言語・社会領域の発達年齢と指数に比べ低くなることが多い。また，各領域のなかでも通過・不通過の年齢幅が広く，プロフィールの線から離れて，通過領域にも不通過の項目が混じったり，逆に不通過領域にも通過の項目が混じったりすることがある。そのため，項目の実施もれがないよう注意が必要である。

なお，脳性まひのうちアテトーゼ型は不随意運動や言語障害を伴うことが多いので，認知・適応領域と言語・社会領域の両方に，痙直型とは違った通過・不通過のバラツキを示すことがあり，注意を要する。

(2) 生活年齢の計算

肢体不自由児は，とくに脳性まひを中心として，未熟児が目立つ。例えば，V-5-2の事例のように，胎例28週で出産予定日よりも早く生まれた子どもの場合，生活年齢の計算はどうしたらよいかという質問が講習会で出ることがある。

このことについて，生澤（2005）は月齢を次の2種類の方式で計算し，併用するのが簡単で確実だとしているので引用する。

①方式A　出生日を起算点とする月齢。
②方式B　出生予定日を起算点とする月齢。この方式Bは，その児が満期出産したと仮定して計算した月齢のことで，在胎期間修正年齢とでも呼ぶべきものです。

当然，2種類のDQ（発達指数）が計算されます。回答者の感じでは，方式BによるDQのほうが，発達状態をとらえるのに適していると思います。

また，その子が大きくなった時，早産であることをどこまで考慮すべきかという質問には，

未熟児の成長・発達の資料が，まだまだ乏しいのが現状です。（中略）しかし，DQに話題をしぼれば次のように言えます。上記月齢のそれぞれでDQを求めると，月齢が大きくなるにつれて，2種類の数値は次第に差が小さくなり，同じ値に近づいていくはずです。

実際的には，療育手帳の判定など，公的な施策にかかわる場合は方式Aを，発達状態をとらえるという意味では方式Bを，というように使い分ければいいと思われる。

V-5-2 軽度の脳性まひ児の事例
(1) 検査結果の概要

筆者が1歳から10歳まで9回にわたって新K式検査を用いて経過をみていた脳性まひ児（痙直性両まひ・男）の結果を表V-1に示した。なお，第1～3回は新K式検査1983，第4回以降は新K式検査2001を使用している。検査の施行は，ほぼ「手引書」通りの標準の手続で実施できた。

本児は，1歳以降は四つ這い移動とつたい歩きで，4歳から8歳までは少し独歩できたが，通学・外出はベビーカー・車イスであった。

認知・適応領域と言語・社会領域の発達年齢（DA），発達指数（DQ）を示した。バラツキの幅は認知・適応領域と言語・社会領域のそれぞれの上限と下限を含む年齢級の数で示した。たとえば第7回8歳2か月のとき，認知・適応領域の上限は「積木叩き11/12」（成人Ⅱ）で，下限が「模様構成Ⅱ1/3」（6：6超～7：0）だったので，バラツキの年齢級の幅は10と数えた。また，言語・社会領域の上限は「6数逆唱1/2」（成人Ⅱ）で，下限が「反対語3/5」・「理解（Ⅰ）」（9：0超～10：0）だったので，バラツキの年齢級の幅は7と数えた。

表V-1 脳性まひ児の1歳から10歳まで新K式検査の経過

検査番号	生活年齢(CA)	認知・適応(C-A)DA	言語・社会(L-S)DA	認知・適応(C-A)DQ	言語・社会(L-S)DQ	バラツキの幅(年齢級の数)		
						C-A	L-S	全体
第1回	1:10(1:7)	1:0	1:4	57(66)	73(83)	4	3	4
第2回	2:9(2:7)	2:1	2:11	76(81)	106(113)	1	4	6
第3回	4:0(3:9)	2:11	4:5	73(78)	110(118)	4	5	7
第4回	5:0(4:9)	4:5	5:7	88(93)	112(117)	5	5	8
第5回	6:0(5:9)	5:11	6:9	99(103)	113(117)	7	6	8
第6回	7:2(6:11)	5:11	8:0	83(86)	112(116)	6	7	11
第7回	8:2(7:11)	8:10	11:6	108(112)	141(145)	10	7	10
第8回	9:1(8:10)	8:2	12:8	90(92)	139(143)	8	6	9
第9回	10:2(9:11)	8:5	14:10	83(85)	146(149)	8	9	10

注）（　）内は出生予定日を起算点とするCAとDQ

(2) 第1回K式検査結果（1歳10か月時）

安定した姿勢で両手を使いやすくするため，本児は床マットに割り座[1]で坐り，低いテーブルに向かって検査した。出産予定日からの年齢計算ではCA 1歳7か月（571日）だった。この頃でのDQは，このCAをもとに計算する。

姿勢・運動領域は，DQ 0歳10か月（311日），DQ54だった。四つ這い移動し，尖足でのつかまり立ちはできるが伝い歩きはできなかった。ふだん割り座で両手を使って遊んだりしていた。

認知・適応領域は，DA 1歳0か月（375日），DQ66だった。細かな指先の操作ができず，「積もうとする」「釘抜き状把握」「紐で下げる」「丸棒」「瓶から出す」などの課題は不通過だった。

言語・社会領域は，「指差し行動」「語彙3語」が通過して，DA 1歳4か月（476日），DQ83となった。しかし自分自身を対象化させ，自分では見えない位置を指さすというボディイメージの弱さで「身体各部」が，運動発達の遅れやまひによる日常生活経験の少なさで「絵指示」が不通過になっている。

1　正座の状態で両足を外にして，お尻を床面に付けた座り方。おばあちゃん座り，とんび座りなどともいう。

170 V 肢体不自由児への検査の適用

姓名	第1回			男女	領域	順序	分類		0:6超〜0:7 (184〜213日)		0:7超〜0:8 (214〜244日)	
所属		検査者			姿勢・運動 (P-M)	1	仰臥位					
開始 時 分		終了 時 分				5	引き起し					
検査日 年 月 日			年 月 日			6	座位	身体を起す	I 13	座位 完全	I 12	
生年月日 年 月 日								座位 1分	I 10	座位 10分	I 11	
減算差し引き 年 月		精密差し引き 6ヶ月55				17	立位	脚ではねる	T 2	つかまらせ立ち	T 4	
生活年齢 1年 10ヶ月		換算 22ヶ月						両手支持で立つ	T 3			
領域別	得点	発達年齢	発達指数			18	腹臥位	頭の布を除く	R 16			
姿勢・運動 P-M	49	(0:10) 3月11日	47					方向転換	R 17			
認知・適応 C-A	91	(1:0) 37ヶ月	57		認知・適応 (C-A)	1	仰臥位					
言語・社会 L-S	38	(1:4) 47ヶ月	73			2	吊り輪	片手を近寄せる	U 22			
三領域合計	(P-M)+(C-A)+(L-S)					3	ガラガラ					
全領域						4	鐘鳴らし					
						7	積木	持ちかえ	P 7			
								第3提示 落さぬ	P 10	第2積木を叩く	P 11	
								拇指先把握	P 5			
(注)領域別に発達年齢・発達指数を算出すること						8	山積木	両手に持つ	P 17			
						9	積木とコップ	コップを見る	P 30	コップに触る	P 31	
通常の生活年齢計算						10	小鈴	熊手状かき寄せ	P 38	拇指側かき寄せ	P 39	
								持ち上げる	P 41	鋏状把握 試みる	P 40	
						11	小鈴と瓶					
						12	鐘	柄を持つ	P 54			
								机に打付ける	P 53	振り鳴らす	P 56	
						13	紐付き輪	輪へ伸ばす	P 58			
								とにかく引き寄せる	P 59	輪と紐で遊ぶ	P 60	
						14	自動車	部分隠し	P 63			
						15	はめ板					
						16	描画					
					言語・社会 (L-S)		鏡	自像に触る	M 27			
						随時	対人反応	「名前」に反応	M 13	人見知り	M 11	
							自発遊び	足をいじる	M 20	足を口へ	M 21	
								払い落す	M 22			
						参考項目(聴取)		ビスケット	M 31			
					※得点			① 33、38、15 [86]		① 39、51、19 [109]		

(注) 参考項目は得点に含めない。　　　　※①は重み、P-M累計得点、C-A累計

図 V-1　第1回

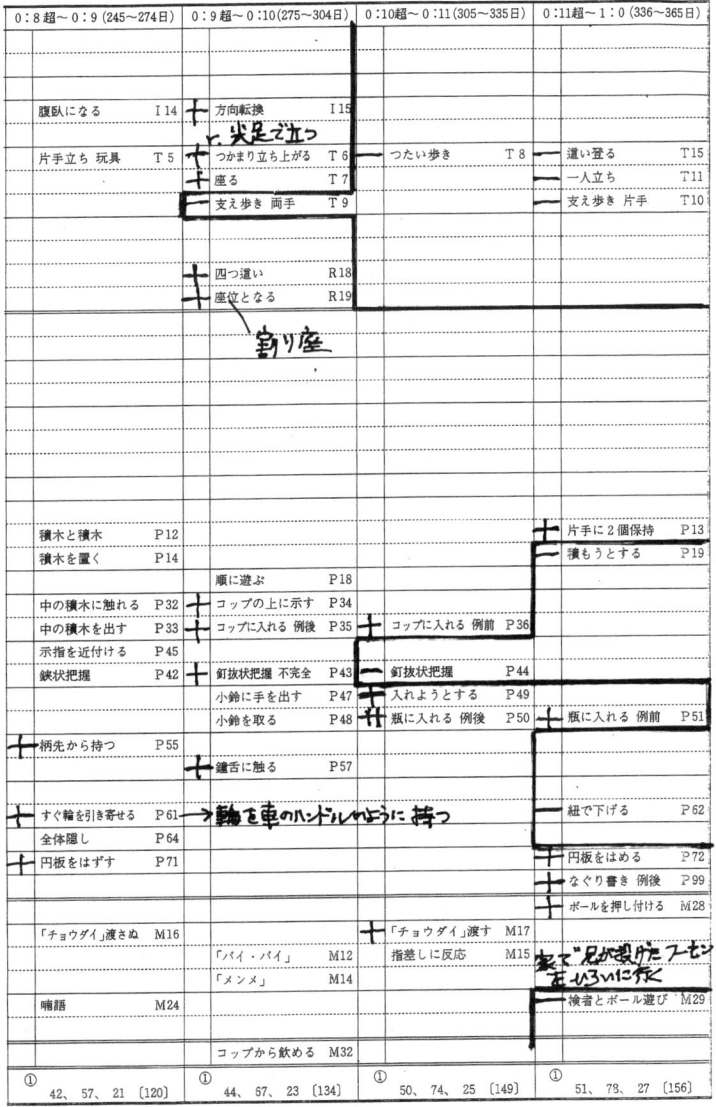

V-5　肢体不自由児に対する新K式検査実施　　171

0:8超〜0:9(245〜274日)	0:9超〜0:10(275〜304日)	0:10超〜0:11(305〜335日)	0:11超〜1:0(336〜365日)
腹臥になる　　I 14	方向転換　　I 15		
片手立ち 玩具　T 5	尖足で立つ つかまり立ち上がる T 6 座る　　　　　　T 7 支え歩き 両手　　T 9	つたい歩き　　T 8	這い登る　　　T15 一人立ち　　　T11 支え歩き 片手　T10
	四つ這い　　　R18 座位となる　　R19		
	割り座		
積木と積木　P12 積木を置く　P14			片手に2個保持　P13 積もうとする　P19
中の積木に触れる P32 中の積木を出す P33 示指を近付ける P45 鋏状把握　P42	順に遊ぶ　　　P18 コップの上に示す P34 コップに入れる 例後 P35 釘抜状把握 不完全 P43 小鈴に手を出す P47 小鈴を取る　　P48	コップに入れる 例前 P36 釘抜状把握　P44 入れようとする P49 瓶に入れる 例後 P50	瓶に入れる 例前 P51
柄先から持つ　P55	鐘舌に触る　　P57		
すぐ輪を引き寄せる P61 全体隠し　　P64 円板をはずす　P71	輪を車のハンドルのように持つ		紐で下げる　　　P62 円板をはめる　　P72 なぐり書き 例後　P99 ボールを押し付ける M28
「チョウダイ」渡さぬ M16	「バイ・バイ」　M12 「メンメ」　　　M14	「チョウダイ」渡す　M17 指差しに反応　　M15	室で兄が投げたフーセン をいろいに取 検者とボール遊び M29
喃語　　　M24	コップから飲める M32		
① 42、57、21 [120]	① 44、67、23 [134]	① 50、74、25 [149]	① 51、79、27 [156]

計得点、L-S累計得点、〔全領域累計得点〕

検査結果　第2葉

172　V　肢体不自由児への検査の適用

					年齢	1:0超 ～ 1:3	1:3超 ～ 1:6	1:6超
姓名	第1回			男/女	姿勢運動 (P-M)	歩く2・3歩　T12		
所属		検査者				片手支持登る　T16	片手支持 降りる T17	手すり
開始　時　分　終了　時　分						積木の塔2　P20	積木の塔3　P21	積木の
検査日　年　月　日				日	認知・適応 (C-A)	丸棒例後½　P68　口に入れる		角板例
生年月日　年　月　日				日		瓶から出す　P52		はめ板
概算差し引き　年　月		精密差し引き　571				糸捲つつこむ	円板 回転　P73	はめ板
生活年齢　1年7月　換算19月						なぐり書き例前 P100		円錯画
領域別	得点	発達年齢	発達指数				予期的追視　P67	入れ子
姿勢・運動 P-M	49	(0:10) 311	54			包み込む　P65　MB	2個のコップ ⅔　P97	3個の
認知・適応 C-A	91	(1才0か月) 375B	66			①布ごとつかんで横へおとす。		
言語・社会 L-S	38	(1才4か月) 476B	83			②布をひらかず、もちかえ、もちあげて出す		
三領域合計		(P-M)+(C-A)+(L-S)						
全領域					言語・社会 (L-S)	指差し行動　V30	語彙3語　V45	身体各
								絵指示

(注)領域別に発達年齢・発達指数を算出すること

出産予定日から生活年齢計算
(84日早産)

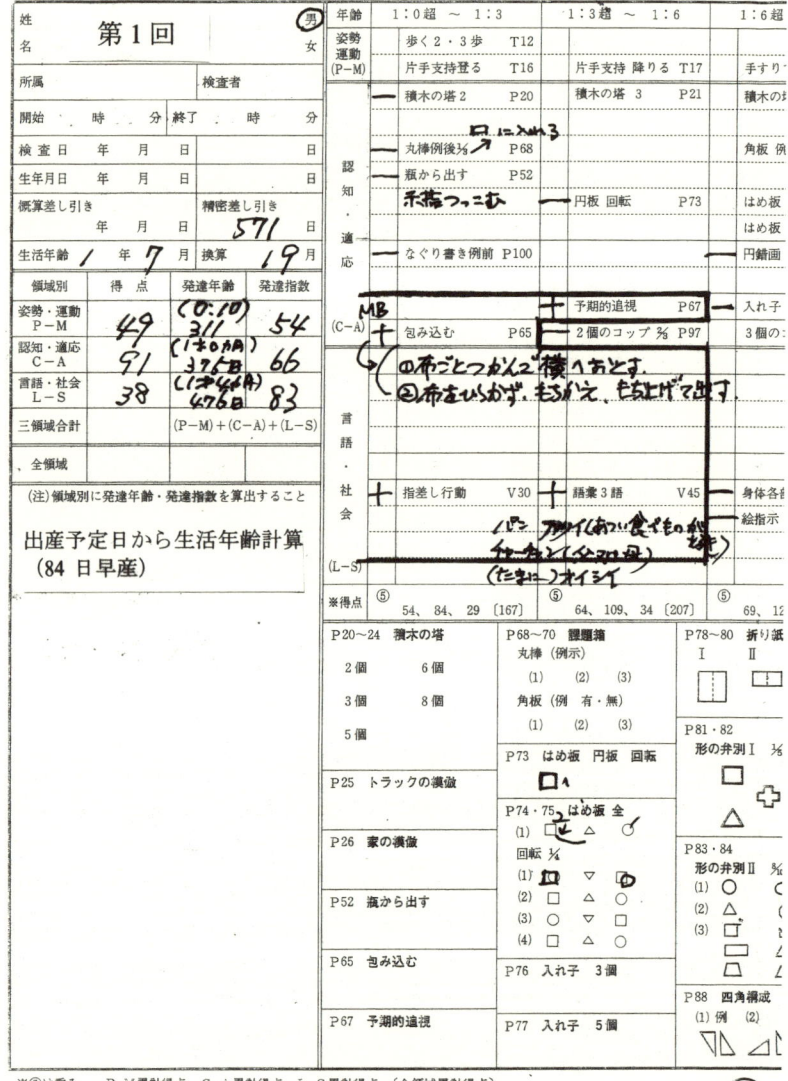

※得点　⑤ 54、84、29 [167]　⑤ 64、109、34 [207]　⑤ 69、1

P20～24　積木の塔	P68～70　理解語	P78～80　折り紙
2個　6個	丸棒 (例示)	Ⅰ　Ⅱ
3個　8個	(1) (2) (3)	
5個	角板 (例　有・無)	P81・82
	(1) (2) (3)	形の弁別Ⅰ
P25　トラックの模倣	P73　はめ板 円板 回転	
P26　家の模倣	P74・75　はめ板 全	
	(1) 回転⅓	P83・84
	(1)	形の弁別Ⅱ
P52　瓶から出す	(2)	(1) (2)
	(3)	(3)
	(4)	
P65　包み込む	P76　入れ子 3個	
P67　予期的追視	P77　入れ子 5個	P88　四角構成
		(1) 例 (2)

※⑤は重み　P-M累計得点、C-A累計得点、L-S累計得点、〔全領域累計得点〕

図V-1　第1回

V-5 肢体不自由児に対する新K式検査実施

～ 1:9	1:9超 ～ 2:0	2:0超 ～ 2:3	2:3超 ～ 2:6	2:6超 ～ 3:0
	両足跳び T13	飛び降り T20		
で登降 T18				交互に足を出す T19
塔 5 P22	積木の塔 6 P23	積木の塔 8 P24		
			トラックの模倣 P25	家の模倣 P26
後 ½ P69	角板 例前 P70			四角構成 例後½ P88
全例無 P74	形の弁別Ⅰ ½ P81	形の弁別Ⅰ ½ P82	形の弁別Ⅱ ½ P83	
回転 全½ P75			折り紙Ⅰ P78	折り紙Ⅱ P79
模倣 P101		横線模倣 ½ P102		円模写 ½ P104
		縦線模倣 ½ P103		十字模写例後½ P105
3個 P76			入れ子 5個 P77	
コップ ⅔ P98			記憶板 ⅔ P113	
		2数復唱 ½ V1		3数復唱 ½ V2
			大小比較 ½・½ V8	長短比較 ½・½ V9
⅔ V27	絵の名称Ⅰ ½ V32	絵の名称Ⅰ ½ V33	絵の名称Ⅱ ½ V34	絵の名称Ⅱ ½ V35
½ V31				姓名 V37
				性の区別 V38

検査結果 第3葉

結果としては，V-5-1（1）に引用したとおり，「姿勢・運動領域がもっとも遅れ，認知・適応領域がこれに次ぎ，言語・社会領域が比較的進んでいるというパターン」になっていた。

(3) 生活体験との関係

本児の場合，年齢が上がるにしたがい，発達年齢も増えている。とくに第7回（8:2）に急に伸びているのは，小学校で学習が増え，集団での生活経験が大きく影響していると思われる。また学習塾やエレクトーンなどの習い事も発達に影響したと思われる。

家族の都合や夏休み期間など，家で実施するリハビリテーションのホームプログラムができない場合がある。すると，検査中も姿勢が側方に傾いてきたり，歩行時に尖足が強くなって歩きにくくなったりすることがある。第6回（7:2）での延びが少ないのは，この検査の前の週に，風邪を引いたあとの不調が尾を引いていたようである。

(4) 姿勢の安定

手先の細かい動作が必要な課題には，姿勢の安定が必要である。たとえば第2回（2:9）の検査時，「積木の塔」の課題は，側板のついている保育園用のイスに座って実施したところ，5個しか積めなかった。しかし低いテーブルで床に割り座で実施すると6個積めた。当然，姿勢の安定は，他の積木課題や図形模写など手先を使うことに影響する。

(5) バラツキ

本児の場合，領域間でDQを比べると，毎回，認知・適応領域のDQより言語・社会領域のDQが高く，領域間の差が大きい。

バラツキの幅を年齢級の数でみていくと，認知・適応領域も言語・社会領域もそれぞれ幅が広い。5歳以上では，認知・適応領域が5〜10の幅，言語・社会領域で5〜9の幅になっている。全体のバラツキ幅も8〜11にわたっている。本人の会話の様子や言語・社会領域での検査結果から，それと同程度の認知・適応領域の発達段階の項目を，いきなり実施してみることは避けるべきであろう。

また，前回通過した項目が次のときに不通過になっていたりする。たとえば第7回で「記憶玉つなぎ2/2」「積木叩き11/12」「6数復唱1/2」は通過したが，

第8回で不通過になっている。このように状況によっては前にできた課題ができなくなることもあるため，実施し忘れることのないよう，注意が必要である。

以上のように多くの課題をもれなく調べようとすると，1時間から1時間半もかかるときがある。数の記憶や図形記憶，文章記憶などの記憶課題は早めにして，注意の集中が途切れないようにし，同じ用具を使う課題は続けてやるなど，負担をかけないようにする。

(6) 第7回新K式検査結果（8歳2か月時）

図V-2に第7回の検査結果の第5葉と第6葉のプロフィール欄をつないで表示した。

姿勢・運動面は，つま先歩きでの独歩ができていた。

認知・適応領域はDA8：10, DQ108で，言語・社会領域はDA11：6, DQ141だった。この2つの領域の数値に大きな差があるが，それぞれの領域の中でも大きくバラツキがある。

認知・適応領域では，「帰納紙切り」「記憶玉つなぎ2/2」「積木叩き」の通過が目立ち，逆に「模様構成Ⅱ」「5個のおもり」「図形記憶1/2」「財布探し（Ⅰ）」の不通過が目立つ。

言語・社会領域では，「数の復唱・逆唱」「3語類似3/4」「閉ざされた箱」「数列3/8」「時計の針」の通過が目立ち，逆に「反対語」「理解（Ⅰ）」の不通過がある。

以上のような傾向は，第8回（CA9：1），第9回（CA10：2）でもほとんど同じパターンがみられ，本児の得意不得意の傾向がよく表れていると思われる。領域ごとに見ても年齢級が7～10もバラツキがあるということは，先にV-5-1（1）で引用した「脳性まひ児のプロフィールは，他の障害児とは異なり，姿勢・運動領域がもっとも遅れ，認知・適応領域がこれに次ぎ，言語・社会領域が比較的進んでいるというパターンを示すことが多い」とは簡単には言い切れない例があることを示している。家庭や学校や塾など生活面・学習面で，本児のやりやすい方法を選び，得意なところをうまく伸ばすことにつなげていくことが大切であろう。

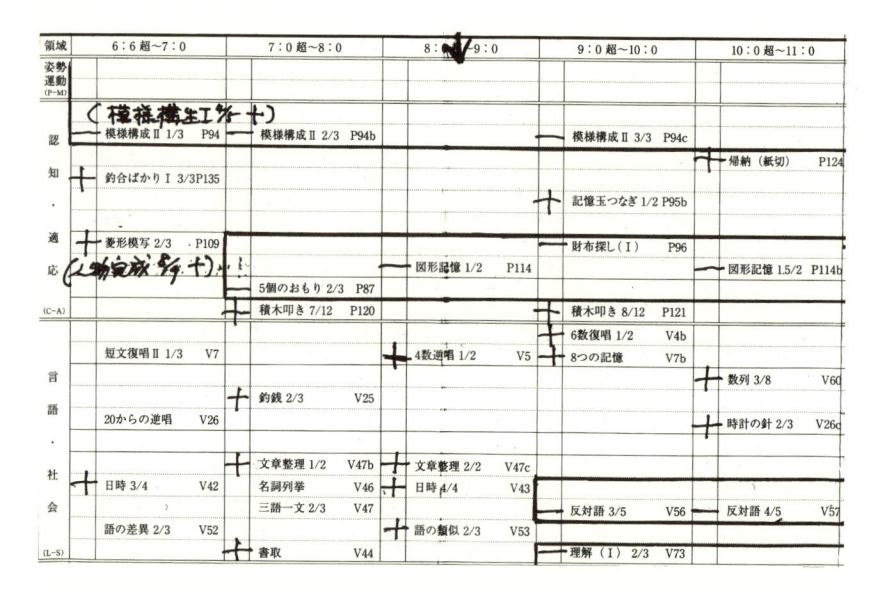

領域 姿勢運動(P-M)	6:6超~7:0	7:0超~8:0	8:0超~9:0	9:0超~10:0	10:0超~11:0
認知	（模様構成Ⅰ%+） 模様構成Ⅱ 1/3 P94 釣合ばかりⅠ 3/3P135	模様構成Ⅱ 2/3 P94b	記憶玉つなぎ 1/2 P95b	模様構成Ⅱ 3/3 P94c	帰納（紙切）P124
適応(C-A)	菱形模写 2/3 P109 （人物完成 %+）	5個のおもり 2/3 P87 積木叩き 7/12 P120	図形記憶 1/2 P114	財布探し（Ⅰ）P96 積木叩き 8/12 P121	図形記憶 1.5/2 P114b
言語・社会(L-S)	短文復唱Ⅰ 1/3 V7 20からの逆唱 日時 3/4 V42 語の差異 2/3 V52	釣銭 2/3 V25 文章整理 1/2 V47b 名詞列挙 V46 三語一文 2/3 V47 書取 V44	4数復唱 1/2 V5 文章整理 2/2 V47c 日時 4/4 V43 語の類似 V53	6数復唱 1/2 V4b 8つの記憶 V7b 反対語 3/5 V56 理解（Ⅰ）2/3 V73	数列 3/8 V60 時計の針 2/3 V26c 反対語 4/5 V57

図V-2 第7回

(7) その他の脳性まひの検査事例

脳性まひ児の検査事例は，「新版K式発達検査法―発達検査の考え方と使い方―」（嶋津ら，1985）に，遂行面の障害と発達検査，中枢性障害を主訴とする7か月の男児例，脳性まひ（左上下肢痙性まひ）を主訴とする4歳の男児例，脳性（左半身）まひを主訴とする11歳の男児例，などがあるので，参照していただきたい。

V-5-3 重度の脳性まひ児の事例

(1) 経過の概要

ここでは，筆者が新K式検査を用いて経過をみていた重症の脳性まひ（痙直性四肢まひ）の女児について示す。なお初回1歳6か月，9歳7か月，11歳4か月の3回は新K式検査1983，第4回18歳9か月では新K式検査2001を行った。当然であるが，毎回，母からふだんの生活の様子を詳しく聞いている。

本児は3000gの満期産で出生。5か月で寝返り，7か月で四つ這いを開始し，一人でお座りができるようになり，10か月で独歩できるなど，元気に成長を遂

11:0 超～12:0	12:0 超～14:0	14:0 超～16:0	成人 I	成人・II
		立体の断面 1/3　P128	立体の断面 2/3　P129	立体の断面 3/3　P130
			三角形置換　P127	
	紙切 I　　　　P125		紙切 II　　　P126	
釣合ばかり II 3/3 P136				
	記憶玉つなぎ 2/2 P95c	心的回転 I 2/3 P131	心的回転 I 3/3 P132	心的回転 II 2/3 P133
財布探し（II）P96b				
	図形記憶 2/2　P114c			
積木叩き 9/12　P122		積木叩き 10/12 P123		積木叩き 11/12 P123b
		7数復唱 1/2　　V4c	8数復唱 1/2　V4d	
	5数逆唱 1/2　V5b			6数逆唱 1/2　V5c
			数列 5/8　V61	
数学的推理 I 2/3 V58		数学的推理 II 2/3 V59		方位 2/2　V26e
	等式の作成 3/8　V63		等式の作成 5/8　V64	
閉ざされた箱 3/4 V26d				
60語列挙　V46b			三段論法 2/3　V66	
		抽象語理解 I 2/3 V76		ことわざ理解 2/3　V78
3語類似 2/4　V54	3語類似 3/4　V55			理解（II）2/3　V74

検査結果（CA8：2）

げていた。しかし，1歳0か月でヘルペス脳炎にかかり，寝たきりの状態になった。2か月間鼻腔栄養をしていたが，経口摂取可能となった。その後，脳の萎縮による慢性硬膜下血腫があり，除去手術をした。

　1歳5か月時，筆者の勤務していたO整肢学園にリハビリテーションのため外来初診。1歳5か月から4週間親子入園をして，ボイタ法を開始した。退園後は自宅にて母親がリハビリテーションを行い，定期的にO整肢学園を外来受診して，診察とリハビリテーションの指導を受けていた。身体障害者手帳1級，療育手帳A（重度）を所持している。

(2) 検査結果の概要

①第1回の新K式検査（1歳6か月時）

　親子入園中，初回の新K式検査1983を実施した。生活年齢1歳6か月，3領域・全領域とも3か月未満の得点であるので，発達年齢に換算しない。

　姿勢・運動領域は0歳2～3か月程度の発達レベルで，仰臥位での検査で「腕の対称優位」「顔を半ば側転」が，腹臥位では「尻を落とす」が（＋）という状態であった。仰臥位で「頭の中央優位」や腹臥位での「肘支持頭上げ」「頭

V 肢体不自由児への検査の適用

姓名			男 ㊛
所属		検査者	
開始	時 分	終了	時 分
検査日	年 月 日		日
生年月日	年 月 日		日
概算差し引き	年 月 日	精密差し引き	日
生活年齢	1 年 6 月	換算	月

領域別	得点	発達年齢	発達指数
姿勢・運動 P－M			
認知・適応 C－A			
言語・社会 L－S			
三領域合計	(P－M)＋(C－A)＋(L－S)		
全領域			

(注)領域別に発達年齢・発達指数を算出すること

領域	順序	分類	0:0超～0:1 (1～30日)	0:1超～0:2 (31～6
姿勢・運動 (P-M)	1	仰臥位	T-N-R姿勢優位 U1 / 頭の側転優位 U2	
	5	引き起し		
	6	座位	頭を垂れる I3	頭を起す
	17	立位		
	18	腹臥位	頭が垂れる R1 / 頭が側転 R3 / 頭上げ領域I R5 / 脚の屈伸 R9	頭を水平 / 頭が下向き / 頭上げ領域II
認知・適応 (C-A)	1	仰臥位	両手とも握る U9	
	2	吊り輪	視線上で注視 U14 / 追視 90° U17	遅れて注視 / 追視 90°以上
	3	ガラガラ	すぐ落とす U23 / 掌を開く U24	保持 3秒程度
	4	鐘鳴らし	身動き止まる U33	表情の変化
	7	積木		
	8	山積木		
	9	積木とコップ		
	10	小鈴		
	11	小鈴と瓶		
	12	鐘		
	13	紐付き輪		
	14	自動車		
	15	はめ板		
	16	描画		
言語・社会 (L-S)	随時	鏡 / 対人反応 / 自発遊び	顔を注視 M1	微笑 / 人の追視 / 声の方を向く
		参考項目(聴取)		
		※得点	① 0、0、0 [0]	① 7、6、1

(注)参考項目は得点に含めない。　※①は重み、P-M累計得点、C-A累

図 V-3

V-5 肢体不自由児に対する新K式検査実施

61日)	0：2超～0：3 (62～91日)	0：3超～0：4 (92～122日)	0：4超～0：5 (123～152日)	0：5超～0：6 (153～183日)
	腕の対称姿勢有 U3	腕の対称優位 U5		寝返り U7
	頭を半ば側転 U4	頭の中央優位 U6		脚を上げる U8
	ふだん右向き		頭が遅れない I1	頭を上げる I2
I4	頭を前傾 不安定 I5	頭を前傾 安定 I6		手をつき座る I8
		頭を直立 安定 I7		座位 3秒 I9
				体重を支える T1
R2				
R4	肘支持 頭上げ R12	*左手握めめ*	腕支持 頭上げ R13	片手首を上げる R15
R6	頭 領域Ⅱに保つ R7		頭 領域Ⅲに保つ R8	
	尻を落とす R10	両脚 伸ばす R11		指で床をかく R14
	両手を開く U10	両手を触れ合わす U11		顔の布を除く R13
	すこしひろげている	身体に触れる U12		
U15	直ちに注視 U16	追視 180° U19	腕の運動誘発 U20	両手を近寄せる U21
U18				
U25	保持 5秒以上 U26	保持 1分以上 U31	片手で振り鳴らす U27	両手で振り鳴らす U32
遊び	両手に持つ U28		自発的につかむ U29	
	つかんで離さぬ U30			
U34				顔を向ける U35
			交互に注視 P1	
			口に運ぶ P3	落としても拾う P6
	片手に保持3秒程度 P2	掌把握 P4	両手に保持 3秒 P8	両手に保持 10秒 P9
	そのまま口に		触れるとつかむ P15	空いた手を伸ばす P16
	注視する P37			瓶に手を出す P46
				玩具(車)の追視 P66
			ちょっと見る、且る之対	
			自像に注視 M25	自像に発声 M26
M2	刺激に発声 M5	引き起し 喜ぶ M7	中断で不機嫌 M8	「イナイイナイバー」 M9
M3	微笑みかけ M6			声をかける M10
M4				
	手を見る M18		顔を覆う M19	取ろうとする M23
				半固形物 M30
14)	① 11、10、4 [25]	① 17、17、7 [41]	① 22、22、8 [52]	① 25、29、11 [65]

計得点、L-S累計得点、〔全領域累計得点〕

第1回検査結果

領域Ⅱ保つ」などは（−）だった。

　認知・適応領域は0歳0か月超〜1か月の発達レベルで，仰臥位で「両手とも握る」（＋），「両手を開く」は，少し広げていた程度だった。吊り輪を「視線上で注視」（＋），「追視90°」（−），ガラガラを「すぐ落とす」（＋），鐘鳴らしは「身動き止まる」（＋）という状態だった。

　言語・社会領域も0歳0か月超〜1か月の発達レベルで，対人反応が「顔を注視」（0：0超〜0：1）（＋），母親からの聴取で「声の方を向く」（0：1超〜0：2）が（＋）だった。「微笑」「人の追視」（0：1超〜0：2）は，ともに（−）。鏡をみせたとき，ちらっと見たが，すぐ目をそらし長く注視することはできず，「自像に注視」（0：4超〜0：5）は（−）であった。このように，音と見えるものには少し反応するが，ほとんど反応がなかった。

　ふだんの生活のなかでも，寝返り・腹這いなどの移動はなく，哺乳瓶を近づけても見なかった。あやしても笑わず，遊びは左手の甲を口にもっていってなめるくらいしかなかった。

　検査用紙の得点・発達年齢・発達指数の欄には，発達の目安を表Ⅴ-2のように記載している。

②第2回の新K式検査（9歳7か月時）

　9歳のときに2回目の親子入園（4週間）をして，そのなかで2回目の新K式検査1983を行った。

　姿勢・運動領域は，0歳2〜3か月程度の発達レベルであった。仰臥位で足で蹴って少しずつ体の向きを変え左へ回っていくことや，仰臥位から左側に横臥位になるようになったが，腹臥位での「方向転換」と「寝返り」は（−）だった。そのほかはとくに変化はなかった。

　認知・適応領域は，上限0歳5か月であった。「鐘鳴らし」に少し遅れて目を

表Ⅴ-2　重症児の第1回発達検査（1歳6か月時）

領域別	発達のめやす
姿勢・運動	移動なし
認知・適応	0歳0か月〜2か月
言語・社会	0歳0か月〜1か月

向けることがみられ，「顔を向ける」(0:5超〜0:6) を「推定通過（MB+）」と判断した。他の課題には興味を示さず，見ようとしなかったり，持とうとしないことが多かった。母親からの聴取では，1年くらい前から自宅で本児の好きな起き上がりこぼうしを仰臥位で左側に置いてやると，左手を近づけて触るようになった。

　言語・社会領域は，上限0歳7か月で，もっとも成長が見られた。鏡の「自像に注視」(0:4超〜0:5) は（+），「自像に発声」(0:5超〜0:6) は（−）であった。養護学校小学部で好きな教員には，声をかけられるとよく発声して返事していたが，嫌いな先生には目を合わさず，給食を介助されても食べようとしなかったりした。こういうことから，対人反応の「人見知り」(0:7超〜0:8) は，「推定通過（MB+）」と判断した。

　母親からの聴取では，1年前から「今日，給食は何を食べた？」と尋ねると「ゴハン」と答え，リハビリをしていると，たまに「イヤー」と言うようになったとのこと。語彙の少なさから「語彙3語」(1:3超〜1:6) は（−）となるが，ことばの理解が少し増えてきていると思われた。

　検査用紙の得点・発達年齢・発達指数の欄には，表V-3のように記載している。今回は，周囲の事物への関心と，周りの人への応答がみられた。しかし，本児に予想される第1葉の左半分の年齢級の項目をすべて検査していないためプロフィールが描けないので，上限の項目を記載し発達の目安とした。

　本児のように重症の場合，年齢が高くなっても，「移動なし」「排泄はオムツ」「食事は全介助」「ほとんど発語無し」「一人で遊べない」ということが多い。そのため，いつまでも赤ちゃん扱いされ，受け身の生活になりがちと思われる。健常な子どもだと，小学校高学年以上になってくると，さまざまな生活経験をして社会性も発達し，自立心も芽生えてくる。それと同じように，重症の子ど

表V-3　重症児の第2回発達検査（9歳7か月時）

領域別	発達のめやす
姿勢・運動	移動なし
認知・適応	上限0歳5か月
言語・社会	上限0歳7か月

もには，周囲の者が意識して成長を促す必要がある。そのためには，親や周囲が決めてしまうのでなく，生活年齢相応の行動や，目標とすべき内容をその子にわかりやすく言葉かけをするなどして，本人の意志を引き出し，自己決定の機会を増やすようにしていく必要がある。その方法としては，V-4に記したように，いくつかの選択肢を示して，それに対して，発声，手を挙げるなどの動作，目や口，舌の動きなど，本人の答えやすい手段を使い，「ハイ・イイエ」を表現してもらうやり方がある。

③第3回の新K式検査（11歳4か月時）

養護学校小学部6年の春に，O整肢学園に3回目の親子入園をし，この時も新K式1983を行った。

姿勢・運動領域は，とくに変化なく寝返りや腹這いの移動はできなかった。認知・適応領域は，小鈴の「注視する」（0:2超〜0:3）（-），「玩具（車）の追視」（0:5超〜0:6）（-）で，他の課題については検査途中で寝てしまったため，検査できなかった。言語・社会領域は，前回と同様の状態であった。

重度の発達遅れがある場合，てんかんなどの合併症をもち，抗けいれん剤の副作用により覚醒水準が低いときがある。生活リズムを整え，体調のよいときに検査を実施する必要がある。

④第4回の新K式検査（18歳9か月時）

O整肢学園に外来受診した際に新K式2001を行った。姿勢・運動領域と認知・適応領域には，第2回，第3回に比べ，目立った変化は見られなかった。

言語・社会領域では，第4節に記したように，「性の区別」（3:0超〜3:6）で「女の子？ 男の子？」と聞いていくと「女の子」のときに「アー」と答え，「推定通過（MB+）」となった。また「年齢」（2:6超〜3:0）も15歳から20歳まで順に聞いていくやりかたで「推定通過（MB+）」となった。しかし「左右弁別 全逆・全正」（4:0超〜6:0）を尋ね始めると，居眠りをして答えようとしなかった。他の重症児でも，ふだん聞きなれていることや，自分に関心があることにはよく反応し，関心がないことには反応しなくなることがよく見られる。

このように，検査の結果では0歳前半にとどまっている。しかし生活面では，母親が気をつけていることもあって，ネイルアートを喜んだり，ディズニーランドやUSJに行くことを楽しんだり，好きなアイドルグループのコンサート

に行ったり，グルメ（ペースト食）を楽しんだりする，年頃の女の子である。
(3) 重症児の新K式検査と生活の質
　肢体不自由が重度で表現手段の乏しい子どもは，いろいろ工夫して検査を実施しても，限られた課題しか反応が得られないことが多い。しかし，本事例でも示されているが，検査での通過（＋）が乳児段階しかなくても，その子の生活面を丁寧にみていくと，その子なりの成長や発達が認められる場合もある。検査でとらえられるのは，全人的な発達の一部であることを心していただきたい。
　本児の場合，成人式の頃から，付き添い・介助は母より，施設職員や同窓生を好むようになり，また，近隣の大学のサークル活動など，いろいろな人との関わりを楽しんでいる。
　22歳の現在，通所施設に付き添いなしで送迎バスを利用して週5日通っている。土曜日はヘルパーが付き添ってヘルパーステーションに通い過ごしている。その後はタクシーに乗せてもらい，一人でピアノ教室に通っている。先生がピアノ伴奏，本児は歌う方に回っている。また重症心身障害児施設のショートステイを毎月7日間利用しているほか，月10回の市の訪問入浴サービス，月2回の老健施設の入浴など，施設や制度をうまく利用している。
　食事やデザートの内容を選ぶこと，遊びの内容，やりたいことなどを，二者択一式に問いかけると，「アー」と発声で答え，意思表示をすることができる。親としても，この子が将来ひとり暮らしができそうだという見通しがもてるようになって，少し安心できているということである。
　「体の成長する18歳までは，家で毎日リハビリテーションを続けるほうがよい」と理学療法士に言われ，ボイタ法によるリハビリテーションを続けていた。その後は体のゆがみや筋緊張が悪化したらリハビリテーションをしていた。また体の変化にあわせて車イスを作り替えたりして，生活しやすいように気をつけている。最近のO整肢学園での外来診察で，側弯がレントゲンで見ても改善し，姿勢がよくなってきている。このように，重症児の場合，健康の維持や生活の質を保っていくためには，身体的なケアやリハビリテーションが重要であることを付記しておきたい。

V-6　おわりに

　以上，おもに肢体不自由児に対して検査を実施する際の留意点を述べた。

　検査者は単なるテスターであってはいけない。発達を支援する立場であり，子どもの良いところを見つけ出してその点をさらに伸ばしてやり，家族や関係者の立場を理解し，連携協力して応援していくような存在であろう。

　以下にこの章のまとめをいくつかあげておきたい。

(1) 検査時の環境作り

　子どものもてる力をできるだけ発揮できるようにすること。反応のしやすい楽な姿勢を子どもに取らせ，精神的な緊張も少なくなるように配慮することが必要である。診察室のような部屋は，白衣の人や色々な医療器具，薬品の臭いなどがあり，余計な不安を子どもに与えるので，避けるべきである。

(2) 検査の本質理解と工夫

　検査は構造化された観察場面であるので，標準的な実施方法を十分理解したうえで，子どもの特性に合わせて，工夫することが必要である。

　重度な運動障害のため，ことばや手を使って課題に反応できないことがある。しかし，丁寧に観察すれば，年月日・曜日や年齢，数の理解，男女，左右の区別など「推定通過（MB+）」と判断できることがある。型どおりの検査法を適用して，「不通過」という結果に終わらないよう心したい。検査方法の変更のある場合はもちろん，子どもの姿勢や運動，発声発語などについて，観察し記録しておく。

(3) 定型発達の理解

　子どもの特性をつかむために，定型発達の子の発達について十分習熟しておくことや，運動障害について医学的な診断や症状についての理解が必要である。まずは，定型発達の子どもの検査を数多く経験して，その感覚を身につけていくとよいだろう。

(4) 生活場面の把握

　運動障害があっても，成長の可能性はいろいろな場面で観察され，内面にその子なりの精神発達をもっていることは，ふだんの生活に見いだせることである。子どもにふだんかかわっている家族の話や，療育施設，幼稚園，保育所，学

校など関係機関の職員から，話をよく聞いて情報を共有し，検査課題での反応と合わせて検討する。

(5) 経過観察の必要性

1回の検査では，その時点の子どもの発達状態を示す情報にとどまる。発達支援に生かすには，できれば一定期間をあけて，同じ実施手順で再度検査をしてみることが望ましい。その子どもなりの発達や変化がみられるものである。

姿勢や運動が悪化したり，環境条件の変化によって，以前できていた課題でもできなくなることもある。逆にリハビリテーションを続けることにより，再び元のよい状態で課題ができるようになることもある。また，検査結果に変化がない場合，姿勢や運動の機能が維持できているとみることもできる。生活面の様子を尋ねてみると，その子どもなりの生活の質の向上がみられることがある。

(6) 結果の返し方

その子の伸びてゆく芽をみつけ，親との対話を通して，伝えていく。今回取り上げた事例では，親が積極的にかかわり，子どもの発達によい影響を与えていると思われた。しかし，子育てに疲れたり，周囲から「がんばって」と言われ，"しんどい"こともある。親の気持ちに共感したり，十分がんばっていることを認めたりして，親が安心して子どもに向き合えるように，心がけることが大切と考える。

以上，この章では，肢体不自由児に限らず，発達につまづきのあるような子どもたちへの臨床に役立つよう意図して述べてきた。もちろん一人ひとりの子どもは違うので，書かれてあることにあまりこだわらず，「習うより慣れろ」のことわざ通り，経験を積んでいくのが重要である。誠実に，子どもと親と，今・ここの時間を共有させてもらっているという気持でかかわっていただきたい。その体験をふまえ，また，いろいろな状況を考慮して，子どもの療育や支援への手がかりとして新K式検査を生かしていただきたい。

文　献

生澤雅夫　2005　資料Ⅱ新版Ｋ式発達検査をめぐる質疑応答　「新版Ｋ式発達検査2001―臨床的適用の諸問題」編集委員会　京都国際社会福祉センター紀要　発達・療育研究　2005.10 別冊　pp.131-132.

生澤雅夫・松下　裕・中瀬　惇（編著）　2002　新版Ｋ式発達検査2001実施手引書　京都国際社会福祉センター

中瀬　惇・西尾　博（編著）　2001　新版Ｋ式発達検査反応実例集　ナカニシヤ出版

嶋津峯眞（監修）・生澤雅夫・中瀬　惇・松下　裕（編著）　1985　新版Ｋ式発達検査法―発達検査の考え方と使い方―　ナカニシヤ出版

新版Ｋ式発達検査研究会（編）　2008　新版Ｋ式発達検査法2001年版―標準化資料と実施法―　ナカニシヤ出版

「新版Ｋ式発達検査2001―臨床的適用の諸問題」編集委員会　2005　Ⅳ運動障害児・者への検査実施の留意点　京都国際社会福祉センター紀要　発達・療育研究　2005.10 別冊　pp.45-57.

あとがき

　本書は,「新版 K 式発達検査法 2001 年版　標準化資料と実施法」(新版 K 式発達検査研究会編, 2008) の序でも触れたように, 2000 年 2 月 13 日の第 39 回 K 式発達検査研究会において, 生澤先生 (故人) が提案された刊行計画 (案) の一部である. 生澤先生としては, 再標準化作業の一部分であるという主旨の提案であったと思われるが, ここまでたどり着くのに 10 年を越える歳月を要してしまった. 研究会として, 曲がりなりにも実現できたものをこの機会に列記してみる.

- 2002 年　新版 K 式発達検査法 2001　実施手引書　京都国際社会福祉センター
- 2003 年　新版 K 式発達検査法 2001 再標準化関係資料集　発達・療育研究 2003.5 別冊　京都国際社会福祉センター
- 2005 年　新版 K 式発達検査法 2001— 臨床的適用の諸問題 —　発達・療育研究 2005.10 別冊　京都国際社会福祉センター
- 2008 年　新版 K 式発達検査法 2001 年版　標準化資料と実施法　ナカニシヤ出版
- 2011 年　新版 K 式発達検査法 2001 年版　発達のアセスメントと支援　ナカニシヤ出版 (予定)

　本書を上梓して, 肩の荷が少し軽くなったところで, もう一度, 新 K 式検査の特色は何かを考えてみた. その一つに「構造化された観察場面」という考え方がある. ティーチ (TEACCH) のなかでも「構造化された指導法」ということがいわれているのを思い出して, その内容を拝見してみた. 内山 (2006) によれば「構造化とは個々の子どもの自閉症特性を理解した上で, その子どもが理解しやすい環境を設定するための工夫である」という. 構造化の力点が, 子

どもが理解しやすい環境，ということに置かれているが，その前段に，子どもは世界をどのように理解するのかというメイン・テーマがあり，理解の内容は子ども一人ひとりの特性にもとづいて異なるという認識がある。

山鳥（2002）は，生命の本質はエントロピーを減少させることにあるという立場から，「意味がわからないと，わかりたいと思うのは心の根本的傾向である。生きるということ自体が情報収集である」といい「わかる，というのは秩序を生む心の働きである」と述べている。また，ホーキンスら（Hawkins & Blakeslee, 2004）は，感覚の入力を予測するシステムとして知能と知識は発生したと述べ，「予測できることが理解の本質だ」という。「理解したこと」は行為に移せるし，予測がはずれると困惑，すなわち，注意が喚起される。また「理解」ということからは，他者と「理解」を共有しあえるようなかかわり方や，さらには発達支援の問題が生じてくる。

理解するということは，上記の脳神経学や人工知能の研究者が指摘するように，創造とか創発と呼ぶのがふさわしい営みであり，それが発達の本質をなしていると思われる。新K式検査の目的は，検査場面を通して，子どもが世界をどのように理解しようとするかを知ろうとすること，すなわち，子どもの発達の様相を明らかにしようとするところにあった。

ところで，新K式検査1983の標準化のときも，解説書を出し，新K式検査をめぐって，検査利用者との間で交わされた「質疑応答」や，子どもの「反応実例」などをまとめる作業に明け暮れていた。そうした作業のなかで再標準化の計画がもちあがってきたことを，昨日のことのように思い出す。この作業には，終わりはないのかも知れない。

2011年2月15日　編著者代表　松下　裕

文献

Hawkins, J., & Blakeslee, S.　2004　*On intelligence*. Times Book.（伊藤文英（訳）2005　考える脳　考えるコンピュータ　ランダムハウス講談社）
内山登紀夫　2006　本当のTEACCH　自分が自分であるために　学習研究社
山鳥　重　2002　「わかる」とはどういうことか——認識の脳科学　筑摩書房

事項索引

あ行

ICIDH　4
　──モデル　5
ICF モデル　5
ICD-10　7
足を口へ　150
　── U8c　77
アセスメント　115
頭 領域Ⅱ保つ　179-180
頭の中央優位　177
安定順序の原理　136
アンバランス　97
家の模倣　128, 130
一次的ことば　42
1歳6か月児健診　120, 140
1対1対応の原理　135
意図的伝達行為の発達　22
イナイイナイバー　153
　── M9　77
入れ子　123
　──5個　27
入れようとする　25
色の名称　94, 135, 165
　── 3/4　80
　　　── V40　77, 94
　── 4/4　80
　　　── V41　77, 94
　　　── V40, 41　97
因子構造　62
因子分析　62
ウェクスラー式の知能検査　113

腕の対称優位　177
運動障害　145
運動能力障害　7
ADHD　103
AB エラー　27
柄先から持つ　112
絵指示　127
SQ　13
NR（反応無し）　150
絵の叙述　28, 119
　── 2/3 V36　77
　── V36　93, 97
絵の名称　115, 118, 130
　── V32 ～ 35　92
エピジェネティックス　104
円錯画　161
　── 模倣 P101　81
延滞模倣　19
円板回転　159
円板をはめる（はめ板）　158
円模写　127, 161
　── P104　81
遅れてきている能力　97
重さの比較 例後　134
重さの比較 例前　134
　── P86　93
重さの比較 例前・例後　159
折り紙Ⅱ・Ⅲ　130

か行

階層構造　4

階層的構造化　18
階段の再生　27
介入　46
顔を注視　180
顔を半ば側転　177
顔を向ける　152, 181
　── U35　77
科学概念　20, 42
化学物質　103
鏡　155
角板　158
隠しコップ　124
学習意欲の階層格差　40
学習障害　7, 99
　──児　99
覚醒度　18
下限　148
数選び　163
数の逆唱　26
数の理解　163
数復唱　130
課題の難易度　54
課題箱　123, 158
形の弁別Ⅰ　159
形の弁別Ⅱ　159
片手で振り鳴らす　152
片手を近寄せる　151
　── U22　77
学級崩壊　42
鐘　157
鐘鳴らし　180
　──身動き止まる　152
感覚運動期　17

感覚運動的構造　27
環境因子　6
環境の豊かさ　35
環境への適応　104
環境要因　74, 100, 102
玩具（車）の追視 P66　77
関係性（社会性）　7
関係の冗長性　47
換算表　59
慣用的操作　124
記憶板　162
記号　30
基数の原理　136
基礎学力　45
基礎技能　45
気になる子　100
機能連関　21
ギビング　22
気分障害　102
QOL　4
9歳の壁　35
教育的介入　37
鏡映像　31
仰臥位　180
　——の検査　149
教授目標　45
鋏状把握 試みる P40　77
協調運動の障害　146
協調行動　34
共同活動　20, 34
共同注意　34
　——行動　19
釘抜き状把握 不完全 P43　77
グッドイナフ人物画知能検査　74, 86, 96
グッドイナフ人物画知能指数　88

クラスター分析　62
クレーン　22
経過観察の必要性　185
経済性　46
形式的言語　37
系列課題　26
K式乳幼児発達検査　92
欠陥仮説　34
結晶性知能　61
言語化　41
言語・社会領域　77
言語性項目　162
検査手続きの変更　148
検者とボール遊び　156
現代の子どもの発達　74
語彙3語　122, 127, 181
5以下の加算　109, 164
行為障害　102
行為の論理　27
構音の障害　146
硬貨の名称　95
　——3/4 V39　77, 95
　——V39　97
構成論的発達　15
構造化された観察場面　184
行動指標　17
行動発達の順序性　17
行動物　28
行動文法　41
広汎性発達障害　7
　——児　99
項目間の関連性　62
効率性　46
口話法　35
声の方を向く　153, 180
国際疾病分類　7
国際障害者年　4
国際障害分類　4
国際生活機能分類　5

5歳児健診　131, 140
50%通過年齢　54, 73, 75, 76, 84
　——の比較　76
小鈴　157
　——に手を出す P47　77
　——を取る P48　77
コップに入れる 例後 P35　77
コップに触る P31　77
コップを見る P30　77
ことばのことば化　43
語の差異　119
語の定義　28, 139
コミュニケーション障害　7
呼名への反応　121
コロニアリズム　36
コンピテンス　38

さ行
差異仮説　34
座位となる R19　77
座位の検査　152
財布探し　27
座位への引き起しの検査　152
左右弁別　138
　——全逆 V11　77, 93, 97
　——全逆　163
　——・全正　182
　——全正　163
三角形模写　81, 128, 134, 162
　——1/3 P108　77
　——P108　81
三項関係　34, 121, 125
3個のコップ　29

索　引　191

3歳児健診　120, 127, 140
シェマ　30
　――が表示している現実　30
四角構成 例前　20
視覚障害　146
自覚性　20
視覚的情報　104
視覚的認知能力　99
視覚優位　134
時間制限のある課題　148
時間超過（OT）　148
試行錯誤　27
指示的身ぶり　29
自己鏡映像　31
自己理解の発達　25
市場原理　46
姿勢　148, 149
　――・運動領域　79
　――の安定　174
視線上で注視　180
視線追従　34
自像に触る　31, 155
自像に注視　31, 180
自像に発声　31, 155, 181
肢体不自由児　145
視知覚認知能力　104
自動車（玩具）　158
自分の行為の効果　32
自閉症　103
　――スペクトラム　7
　――障害　119
社会成熟度　13
社会適応性　14
社会的参照　34
　――行為　121
社会的な相互交渉　33
社会的認知　33

周囲の人や他児への関心　121
就学前相談　120, 140
就学前母子変数　40
13の丸　163
　――10まで　137
　――全　137
自由姿勢の検査　153
十字模写　119, 161
　――例後　128
　――P105　81
　――例前　128
　――P106　81
十字模倣 例後　117
重度・重複障害児　44, 146
終末修正　56
手段と目的の分化　18
主要な用途　140
循環反応　18
順序性を規定する要因　25
順序づけ　27
順序無関係の原理　136
ショウイング　22
障害者の権利宣言　4
障害程度の判定　146
障害の階層構造　4
上限　148
　――と下限　26
鐘舌に触る　25, 29, 112
冗長性（redundancy）　46, 47
情報処理　17
初語　125
自立生活運動　4
尻を落とす　177
新K式検査1983　53, 58, 73, 75, 96
新K式検査2001　53,

73, 75, 96
人格障害　41
シングルタッチ　32
身体各部　127, 164
　――3/4 V27　77
　――V27　97
身体障害者手帳1級　177
身体表現　46
心的操作　30
心内活動　30
人物画知能指数　88
人物画の男女差　89
人物画描画発達　74
人物完成　135
　――3/9 P110　86
　――6/9 P111　86
　――8/9 P112　86
人物画描画能力　91
シンボル活動　29
信頼性　3
随意性　20
推移律課題　26
推定通過（MB+）　147, 184
随伴現象　18, 32
睡眠覚醒リズム　102
数量化　12
すぐ落とす　151, 180
スクリーニング検査　121
すぐ輪を引き寄せる P61　77
図形模写　83
　――能力　91
　――の発達　86
座る T7　77
生活概念　20, 42
生活機能　5
　――・障害・健康の国際

分類　5
――低下　6
生活習慣の変化　96
生活年齢　56
静観対象　28
静観的態度　29, 30
静観的態度の形成　124
正規分布　8
制限コード　37
正常発達　119
精神間機能　19
成人級課題　62
精神障害の診断と統計のマニュアル　7
精神水準　54
精神遅滞　7
精神内機能　19
精神年齢　56
成人用項目　53
成長曲線　12
性の区別　130, 165
――V38　93
正方形模写　81, 134, 161
――1/3 P31　77
――P107　81
精密コード　37
姓名　109, 130, 165
世界保健機構　3
全逆　138
選言　27
潜在クラス分析　62
全般的傾向　166
相関関係　20
相互交渉　33
相互浸透　46
相互模倣　33
操作可能な対象　47
Social Maturity Quotient　13

た行
第1の積木　156
第2の積木　156
第3の積木　156
大衆言語　37
体重を支える T1　77
対象概念　28
――の成立　25
対象の永続性　28
大小比較　118, 127, 129, 162
対象理解の発達　25
多次元尺度法　62
他者理解　33
――の発達　25
打数かぞえ　164
縦線模倣　161
――P103　81
妥当性　3
多動性障害　7
WHO　3
ダブルタッチ　32
多変数（量）間相関　21
多変量解析　62
玉つなぎ　27, 134
男女差　74
知的障害　7
知能指数（IQ）　56
注意欠陥　7
注視　22
抽象的世界　35
抽象の原理　136
聴覚障害　146
聴覚優位　134
ちょうだいに渡す　125
「チョウダイ」渡す　29, 154
長短比較　118, 129, 130, 162
重複障害　145

追視 あり　151
追視 90°　180
追跡調査　21
通過率曲線　62
包み込む　25, 124
積木　156
積木叩き 8/12　80
――P121　77
積木叩き 9/12　80
――P122　77
積木の塔　122, 157
――2　122
積木を置く P14　77
積もうとする　25
津守式乳幼児精神発達診断法　13, 14, 81
釣り合いばかり　26
吊り輪　151
DAM　86
DAM-IQ　88, 89
DSM　7
DSM-Ⅲ-R　7
定型発達　119
――の理解　184
適応行動　14
できること　45
手先の不器用さ　146
手続きを変更　148
手で顔の布を除く　150
手の巧緻性　99
テレビ視聴時間　101
手をつき座る I8　77
手を見る　155
伝達手段　22
動機づけ　17
到達度評価法　13, 14
特異的発達障害　7
トラックの模倣　127
取ろうとしてもがく　150

索　引　**193**

取ろうとする M23　77

な行

内発性動機づけ　17
内発的成熟　21
なぐり描き 例後 P99　81
なぐり描き 例前 P100　81
なぐり描き 例前・例後　25, 161
75％通過年齢　84
難易度　20
二項関係的　34
2 個のコップ　27, 29, 160
二次的ことば　42
　——の危機　47
日時 3/4・4/4　166
入学時知的達成　40
乳幼児健診　120
乳幼児発達検査　97
認識能力　7
認知・対物操作能力　22
認知・適応領域　79
認知スタイル　39
寝返り　150, 180
　—— U7　77
年齢　130, 165
　——尺度　12, 54
　——別通過率　81
脳性まひ　103, 146
能力主義　47
能力障害　4
ノーマライゼーション　4

は行

バーンステイン仮説　38
背景因子　6

這い登る T15　77
バイ・バイ　153
バイバイ　125
パス係数　21
発声　22
発達
　——アセスメント　2
　——の課題　46
　——課題　114
　——曲線　59
　——研究　73
　——支援　146
　——指数　56
　——障害　6, 99, 102
　　——の特徴　99
　——診断　11
　——精神病理学　102, 103
　——段階　16
　——的曲線　12
　——年齢　56
　　——の遅れ　96
　　——の機能連関　32
　　——の最近接領域　19
　　——の順序尺度　17
　　——の性差　97
　　——の多様性　35
　　——の男女差　85
　　——の変化　74
　——連関　62
母親への愛着行動　121
はめ板　123
パラ言語　46
バラツキ　174
反抗挑戦障害　102
反対語 3/5 V56　77
比 IQ　57
非言語性項目　156
膝をいじる　150
菱形模写　81, 134

　—— 2/3 P109　77
　—— P109　81
肘支持頭上げ　177
微笑　153, 180
比知能指数　56
人の追視　153, 180
美の比較 V10　92
紐付き輪　27, 157
描画項目の検討　81
描画項目の年齢別通過率　83
描画に関する項目　81
描画能力の発達　84
描画の項目　96
表出言語　121
標準化データ　96
標準得点　57
標準偏差　57
表象的構造　26
表情の変化　152
表情理解　162
　—— V10b, c　92
　—— I　131
　—— II　118, 131
瓶から出す　25, 122
瓶に入れる（例前・例後）　25
腹臥位　180
　——の検査　152
不通過　148, 184
不利な状態　4
振り鳴らす P56　77
文化 - 歴史的発達理論　19
文化的帰属感　40
分類　27, 28
併存的妥当性　70
ベビーカー　149
偏差 IQ　57
偏差知能指数　57

偏相関係数　21
方向転換　180
ボールのやりとり　125
ボールを押しつける
　　31, 155
保持5秒以上　152
母子交渉　39
母子変数　39
補償教育　34, 37

ま行
まひ　145
丸棒　158
身動き止まる　180
身ぶり　46
無試行通過　25
メンメ　154
持ちかえ P7　77
ものの永続性の理解
　　124
模倣学習　34
模様構成　26, 27
——Ⅰ　160
門の模倣　130
　——例後　117

や行
山積木　156
有用性　46

指さし　22, 121
——行動　29, 125, 164
——に反応　29, 154
——への反応　125
指の数　164
要観察　122
幼児期後半　96
幼児精神発達診断法　13
用途による絵指示　118,
　　131
予期的追視　29, 124, 158
横線模倣　161
——P102　81
予測性　20
4つの積木　135, 163
呼びかけに反応　154
予防教育　34
予防原則　103

ら行
リーチング　22
——行動　18
理解言語　121
立位　152
利便性　46
流動性知能　61
領域別にみた発達の変化
　　77
領域別の発達　79

療育相談　146
療育手帳　115, 146
——A　177
了解　166
——Ⅰ　139
——Ⅱ　139
——Ⅲ　139
——問題　139
　——Ⅰ・Ⅱ・Ⅲ
　　28
両手とも握る　180
両手に保持10秒 P9　77
両手を開く　180
リラックスチェア　149
臨床法　15
類概念　139
累積的欠陥　34
ルージュテスト　32
例後　19
例前　19
論理的に組み込まれた順序
　性　25

わ行
わかること　44, 45
輪と紐で遊ぶ P60　77
輪へ伸ばす P58　77

人名索引

あ行
秋山千枝子　81
東　洋　38
池田友美　100
磯部景子　13
板倉昭二　32
イリングワース（Illingworth, R. S.）　20, 84, 119
岩田　誠　124
岩堂美智子　122, 130
ヴィゴツキー, L. S.　19
ウェクスラー（Wechsler, D.）　57
上田　敏　6
ウェルナー（Werner, H.）　28
ウズギリス（Uzgiris, I. C.）　17
ウルフ（Wolf, T. H.）　2
岡本夏木　42
尾木直樹　42
小椋たみ子　127

か行
カプラン（Kaplan, B.）　28
神尾陽子　131
苅谷剛彦　40
河井隼雄　1
川畑　隆　113
菊池哲平　131
北山　淳　131
キャッテル（Cattell, R. B.）　61

清川輝基　101
グッドイナフ（Goodenough, F. L.）　86
久保田健夫　104
久保田正人　129
黒田佳代子　134
ゲゼル（Gessell, A.）　11, 121, 135
ゲルマン（Gelman, R.）　135
小枝達也　80
小林重雄　88
小松佐穂子　131
小山　正　22
近藤文里　134

さ行
佐伯　胖　44
笹森洋樹　121
シーグラー（Siegler, R. S.）　129
シモン（Simon, T.）　15
シュテルン（Stern, W. L.）　56
杉山登志郎　103
鈴木　茂　41
鈴木みゆき　101
千住　淳　131

た行
ターマン（Terman, L. M.）　12, 56
高橋　登　123, 129, 134
滝川一廣　7

田中昌人　117
津守　真　13
土居道栄　20
ドル（Doll, E. A.）　13

な行
中垣　啓　26
長田洋和　99
中村和夫　19
ニヒラ（Nihira, K.）　14
ノブロック, H.　20

は行
パーマー（Palmer, S.）　102
バーンステイン（Bernstein, B.）　37
パサマニク, B.　20
バンク - ミケルセン（Bank-Mikklessen, N. E.）　4
ハント（Hunt, J. McV.）　17, 114
ピアジェ（Piaget, J.）　15
ビネー（Binet, A.）　10, 54
福岡伸一　1
藤永　保　38
ベイツ（Bates, E.）　22
ヘッツァー（Hetzer, H.）　28
ホーン（Horn, J.）　61
星野喜久三　131

ま行
マッコール（McCall, R. B.） 20
丸野俊一 124
箕浦康子 40

三橋美典 131
村井潤一 112, 116

や・ら・わ行
山口俊郎 1

山田 寛 131
弓削マリ子 131
百合本仁子 32
ロシャ（Rochat, P.） 30
若松昭彦 131

【著者一覧】（*は編著者）
第Ⅰ章　松下　裕*（新版K式発達検査研究会代表）
第Ⅱ章　大久保純一郎（京都橘大学教授）
第Ⅲ章　郷間英世*（姫路大学特任教授）
第Ⅳ章　清水里美（平安女学院大学教授）
第Ⅴ章　山本良平（子どもの心と発達相談室　結　主宰）

新版K式発達検査法2001年版
発達のアセスメントと支援
2012年6月1日　初版第1刷発行　　（定価はカヴァーに表示してあります）
2023年6月20日　初版第4刷発行

編　者　松下　裕
　　　　郷間英世
発行者　中西　良
発行所　株式会社ナカニシヤ出版
〒606-8161　京都市左京区一乗寺木ノ本町15番地
　　　　　Telephone　075-723-0111
　　　　　Facsimile　075-723-0095
　　Website　http://www.nakanishiya.co.jp/
　　E-mail　iihon-ippai@nakanishiya.co.jp
　　　　　　郵便振替　01030-0-13128

装幀＝白沢　正／印刷・製本＝ファインワークス
Copyright © 2012 by Y. Matsushita & H. Goma
Printed in Japan.
ISBN978-4-7795-0577-5

本書のコピー、スキャン、デジタル化等の無断複製は著作権法上での例外を除き禁じられています。本書を代行業者等の第三者に依頼してスキャンやデジタル化することはたとえ個人や家庭内の利用であっても著作権法上認められておりません。

新版 K 式発達検査法 2001 年版
標準化資料と実施法

新版 K 式発達検査研究会 編

新版 K 式発達検査 1983 はなぜ改訂される必要があったのか。2001 年版における改訂の基本方針，主な内容を示すとともに，二つの検査の標準化資料を対照させ，関連性を明確に示す。最後に，2001 年版の実施法を解説する。

A5 判 312 頁 4000 円＋税

新版 K 式発達検査反応実例集

中瀬 惇・西尾 博 編著

児童の発達を見極める新版 K 式発達検査の判定ガイドブック。判定の難しい検査項目を中心に，子どもたちの反応の実例（写真・図）を豊富に掲載し，合否判定のポイントを，検査の考え方に遡って解説する。

B5 判 154 頁 2500 円＋税

新版 K 式発達検査にもとづく 発達研究の方法
操作的定義による発達測定

中瀬 惇 著

取り扱う行動や概念の厳密な定義と確固たる方法論に裏打ちされた，新版 K 式発達検査をもとに子どもの発達過程を記述する。K 式検査の使用者より，むしろ使用者ではない研究にとってわかりやすいよう意を用いた。

B5 判 256 頁 3500 円＋税

樹木画による パーソナリティの理解

K. ボーランダー 著
高橋依子 訳

ユングの分析心理学を基底に置きながら，樹木とその部分に関する膨大な種類・形態を詳細・包括的に分類するなかで得られた，樹木画の分析・解釈のための構造的・客観的根拠を随所に示したもので，投影法の新しい展望を開く。

A5 判 384 頁 6000 円＋税

コラージュ療法
材料からの再考

今村友木子・二村 彩・加藤大樹・今枝美幸 著

コラージュ療法の材料に本当に必要なものは何か。「コラージュ療法基本材料シート集」の開発とそれを通して掘り下げた材料についての考察を中心に，事例やアセスメント，関連技法，海外での状況など幅広く解説する。

A5 判 136 頁 3200 円＋税

実践ロールシャッハ法
思考・言語カテゴリーの臨床的適用

森田美弥子・髙橋靖恵・髙橋 昇・杉村和美・中原睦美 著

「何を見たか」ではなく「いかに見たか」を，被検者の言語表現すべてを分析対象として立体的なパーソナリティを描く名大法独自のカテゴリー・システムを，整理し，活用しやすく解説。人格水準の見立てや治療関係の予測に最適。

A5 判 176 頁 2400 円＋税

スクールカウンセリングにおける
投影描画アセスメント

加藤大樹・鈴木美樹江 著

思春期・青年期の心理的問題や適応とその援助について概観し，不登校傾向の描画特徴など描画に現れる不適応のサインやパーソナリティとの関連を解説。現場で活用可能なエビデンスに基づいた解釈の視点を提供する。

A5判 98頁 3000円＋税

臨床心理アセスメントの基礎［第2版］

沼　初枝 著

心理臨床の現場で働くことを目指す初学者のために，面接や心理検査，知能検査，質問紙など臨床心理の基本的なことをわかりやすく解説した好評テキスト。理解を助ける図や表，資料も多数掲載。

A5判 200頁 2100円＋税

図表で学ぶ心理テスト
アセスメントと研究のために

長尾　博 著

心理テストの歴史や倫理，心得などの理論をはじめ，発達や適応をとらえる様々な心理テストを図表を多用してわかりやすく解説。さらにパフォーマンス編として，自己理解を深めるための自分でできる様々な心理テストも掲載。

B5判 130頁 2000円＋税

心理学基礎演習 Vol.5
心理検査の実施の初歩

願興寺礼子・吉住隆弘 編

基礎を学んで体験してふれる，専門家の技法。知能検査，投映法検査，パーソナリティ検査など，代表的な検査の概要・実施法・事例・実習のしかたを，徹底的に基礎にこだわりながら解説。実際にやってみることで臨床家の世界にふれ，プロとしてあるべき姿勢も学ぶ。

B5判 212頁 2600円＋税

発達と臨床の心理学

渡辺弥生・榎本淳子 編

発達と臨床の基礎を事例で学び現実に活かす。発達段階ごとに特徴的なケースをまず事例として配置し，自分ならどう対応するか考えさせ，発達的課題と臨床のかかわりをからめながら，心理的な問題を抱えている人たちを支援するために必要な知識を実践的に解説する。

A5判 194頁 2000円＋税

発達臨床心理学ハンドブック

大石史博・西川隆蔵・中村義行 編

様々な心の病・障害や対処・支援・治療法について網羅するハンドブック。乳児期〜高齢期まで各発達段階ごとに心理特徴やその段階に多い心の病と障害を概観し，発達臨床心理学のテクニックやそれを取り巻く文化・社会的背景まで解説する。

B5判 270頁 2600円＋税

障害臨床学ハンドブック
[第2版]

中村義行・大石史博 編

かかわりを通して障害を理解するための手引き。症状や診断の基準などの単なる知識だけでは障害者の理解には至らない。本書では、かかわりあいという臨床的視点を実践に結びつけるべく様々な障害やその支援、また早期療育や特別支援教育、親支援まで幅広く解説する。

B5判 288頁 2700円＋税

心の専門家養成講座③
心理アセスメント
心理検査のミニマム・エッセンス

松本真理子・森田美弥子 編

基本的な理論から臨床場面での事例まで、心理臨床領域ごとに専門家として知っておきたい計71の心理検査（質問紙）について歴史的背景から実施・分析方法まで解説。各領域で心の専門家を希望する人のためのテキスト。

B5判 242頁 3500円＋税

心の専門家養成講座④
心理支援の理論と方法

狐塚貴博・田附紘平 編

精神分析、分析心理学、遊戯療法、ヒューマニスティック心理学、認知行動療法、システミック・アプローチの6つのアプローチを中心に、理論と方法を実践的に解説。実践例の解釈についてのディスカッションや実践的問題を取り上げたコラムも収録。

B5判 208頁 3200円＋税

スクールカウンセリングと発達支援 [改訂版]

宮川充司・津村俊充・中西由里・大野木裕明 編

スクールカウンセリングの概念やスキルを学ぶことのみならず、不登校やひきこもり、いわゆる発達障害やその他の精神病理などの理解と支援に欠かせない、発達・臨床の知識を詳しく解説。DSM-5にも準拠・対応した改訂版。

A5判 224頁 2400円＋税

続：特別支援教育におけるコーディネーターの役割
事例を通して考える本人・保護者中心の連携支援体制の展開

藤村励子・郷右近歩 著

子どもが障害を診断されたとき、学校での様子に迷いを感じたとき、その子が成人したとき、誰に相談すればよいのか？ 専門職や保護者との調整役を担ってきた学生たちと脳性麻痺のある当事者との交流を研究者が描く。

四六判 66頁 1200円＋税

特別支援教育を学ぶ
[第3版]

岐阜大学教育学部特別支援教育研究会 編
編集代表 坂本 裕

制度の概要や様々な障害の基礎知識をわかりやすく解説する特別支援教育入門。教員養成段階での特別支援教育の学修の必修化、インクルーシブ教育システムの流れを受けた第3版。制度の変更や新しい法規、統計データの更新に対応。

B5判 240頁 2800円＋税

子どもの発達と学校［第3版］Ⅱ
特別支援教育への理解

宮川充司・大野　久・谷口明子・
大野木裕明 編

新学習指導要領を受け，DSM-5 や ICD-11 の解説を取り入れながら，育ち・育てること，学び・教えることの困難や障害を学校を含めた社会全体で克服するための知識を学ぶ。

A5 判 142 頁 1900 円＋税

通常学級で活かす
特別支援教育概論

柏崎秀子 編

教職を目指す学生に向けて，特別支援教育のエッセンスを簡潔に学べるテキスト。合理的配慮を常に心がけ，様々な教育の場で様々な発達段階にある子どもに個別支援対応するための具体的アイディアを提示する。

A5 判 176 頁 2000 円＋税

特別の支援を必要とする
子どもの理解
共に育つ保育を目指して

勝浦眞仁 編

教職課程コアカリキュラム「特別の支援を必要とする幼児（児童及び生徒）に対する理解」と，保育士養成課程の「障害児保育」対応テキスト。事前課題が演習形式の授業にも役立ち，豊富な図表と事例で生き生きと学べる。

B5 判 152 頁 2000 円＋税

教育職・心理職のための
発達心理学

中道圭人・小川翔大 著

学校教諭・保育士・公認心理師すべての学修内容に対応した発達心理学の初学者向けテキスト。発達段階ごとの章構成で基礎を押さえ，資格のための学修だけで終わらないよう魅力的に解説。充実したコラムも理解を助ける。

A5 判 216 頁 2300 円＋税

多様な人生のかたちに
迫る発達心理学

川島大輔・松本　学・徳田治子・
保坂裕子 編

多様な生き方が求められるいま，私たちは何を学ぶべきか。変化の激しい時代に画一的な発達理論を学ぶだけではもはや対応できない。豊かさあふれる多様な人生のかたちにふれ，しなやかに生きる感性を磨く。演習素材も豊富に提供。

B5 判 160 頁 2600 円＋税

発達心理学

福本　俊・西村純一 編

教員と学生の相互作用が生みだす新テキスト！
身体，認知，社会性などの各論から，歴史・研究法・発達理論，総論へとつづく構成で，講義で生かせる余白をあえて残したテキスト。学生が主体的に学べる仕掛けを施し，教員と学生の相互作用でさらに学びが楽しくなる！

B5 判 164 頁 2000 円＋税